KB270842

“버블붕괴의 역사에서 배운다”

대한민국 신국부론

"버블붕괴의 역사에서 배운다"

대한민국 신 국부론

| 이찬우 지음 |

스마트북스

저자 소개 / 이찬우

고려대학교 경제학과를 졸업하고, 연세대학교 대학원 경제학과에서 석사학위를 받았으며, 2009년 광운대학교에서 경영학 박사학위를 취득하였다. 대우경제연구소 연구원, 교보생명 유가증권 운용관리 부장을 거쳐 사학연금 자금운용단장(CIO, 최고투자책임자), 신용협동조합중앙회 신용공제사업 대표이사를 역임하고, 2010년부터 2013년까지 국민연금 기금운용본부 본부장(CIO)으로 일했다. 현재는 국민대학교 경영학부 특임교수를 맡고 있다.

저자는 지난 30년 동안 국민연금, 사학연금, 신협, 증권사 등 거대 기관투자자들의 자금 운용을 해온 명실공히 '한국 자본시장의 산증인'이다.

그는 국민총생산의 1/3에 육박하는 국민연금의 자금을 운용하며, 월스트리트 및 유럽, 홍콩 및 아시아 자본시장의 넓고 다양한 글로벌 투자세계를 접했으며, 로스차일드가 회장 등 다양한 글로벌 거대 투자자들과 만날 기회를 가졌다.

저자는 이 책에서 3차례 버블붕괴 이후 '저성장 · 저금리 · 저변동성'의 시대가 도래했다고 말한다. 또한 우리나라가 1997년 외환위기, 2008년 글로벌 금융위기 등에서 글로벌 투자세계를 이해하지 못함으로써 '아까운 국부'가 유출되는 것을 지켜보고만 있어야 했다며 안타까워한다. 아울러 자본주의에서는 '위기는 항상 올 수밖에 없다'고 전제하며, 그 위기의 시기를 기회로 삼아야 한다고 역설한다.

'변화하는 글로벌 투자환경에서 한국은 국민들의 미래와 노후를 위해 국부를 어떻게 증진할 수 있을까?', '개인들은 이러한 시대에 어떻게 대응해야 자산을 지키고 불릴 수 있을까?'

그는 변화하는 글로벌 투자환경에서 우리나라와 국민들이 자산을 지키며 선진국으로 도약하려면 대체투자가 필요하며, 넓고 다양한 글로벌 투자세계에 적응하며 앞으로 나아가야 한다고 역설하고 있다.

버블붕괴의 역사에서 배운다

대한민국 신국부론

초판 발행 2014년 11월 10일
3쇄 발행 2014년 12월 20일

지은이 이찬우
펴낸이 유해룡
펴낸곳 (주)스마트북스
출판등록 2010년 3월 5일 | 제313-2011-44호
주소 서울시 마포구 성미산로 84 (성산동) 월드PGA빌딩 4층
편집전화 02)337-7800 | **마케팅전화** 02)337-7810 | **팩스** 02)337-7811 | **홈페이지** www.smartbooks.so

기획 · 편집 서선이, 이단비 | **마케팅** 윤영민 | **일러스트** 김영곤 | **북디자인 · 전산편집** 서가기획

원고 투고 webmars@msn.com

ISBN 979-11-85541-02-0   13320

1년이 채 안된 것 같다. 나와 이찬우 박사 모두 '자유의 몸'이 되어 마주 앉았다. 서로 다른 화제를 꺼내 보려 애썼지만, 결국은 함께 고민했던 국민연금기금 운용 이야기가 대화의 대부분을 잠식해 버렸다.

이찬우 박사는 '진정한 프로'다. 자본시장에서 잔뼈가 굵은 30년의 세월이나, 펀드매니저라면 누구나 한번쯤 해 보고 싶어하는 국민연금의 CIO(최고투자책임자)라는 타이틀 때문이 아니다.

무엇보다도 그가 일해 온 궤적이 돋보인다. 특히 국민연금기금을 맡아 운용하면서 그 폭과 깊이를 획기적으로 더해 주었다. 그가 이룬 성과를 이 짧은 글에서 일일이 써 내려가기보다는 독자들이 이 책을 읽고 짐작하게 함이 나을 것 같다.

나는 일과 성과에 대한 평가에 앞서 그의 논리정연함과 침착함에 더 높은 점수를 주고 싶다. 그리고 공익을 앞세우는 그의 열정에 최고의 점수를 매기고 싶다.

이 책은 이찬우 박사가 가진 이 모든 것들이 한데 모인 결정체이다. 그는 국민연금에서 물러나 후학을 양성하며, 자신의 경험과 지식을 좀 더 폭넓게 나누기 위해 이 책의 저술에 몰두해 왔다. 아울러 이 책에 국민연금기금의 운용이 앞으로 나아갈 방향을 정하는 데 길잡이가 되어 주려는 뜨거운 열정을 담았다.

새로운 시대는 늘 인류에게 새로운 도전을 요구한다. 21세기 인류는 어떤 도전에 직면해 있는가? 누구나 빠짐없이 꼽는 답은 '인구의 고령화'이다. 우리나라의 고령화 상황은 가장 심각하다. 이대로 가다가는 30년 후 우리나라는 세계에서 가장 늙은 나라가 된다.

따라서 국민연금기금의 재정안정은 도저히 포기할 수 없는 국가적 목표이다. 우리 연금기금의 규모는 이제 한해 국민총생산(GNP)의 1/3에 육박한다. 자본시장에서 기금이 차지하는 역할 또한 날이 갈수록 커지고 있다.

이찬우 박사는 이 책을 통해 더 좋은 투자기회를 찾기 위한 철저한 준비와 과감한 도전을 강조하고 있다. 특히 1990년대 일본의 자산시장 버블 붕괴, 2000년 정보통신 버블 붕괴, 그리고 2008년 세계 금융위기 등에 대한 객관적인 분석을 통해, 우리의 자산을 안정적으로 증식해 나갈 방향을 모색한 것은 매우 돋보이는 분석이다.

나는 이 책을 자본시장에서 일하는 다양한 전문가들뿐만 아니라 많은 국민들에게 권하고 싶다. 국민연금이 안고 있는 과제가 얼마나 중요하고 복잡한 것인지를 국민들이 좀 더 깊이 이해하는 데 도움이 되었으면 하는 바람에서다.

독자들이 런던이나 베를린으로 여행을 나가 국민연금이 소유한 공항에 내리고, 유럽 중심 도시의 웅장한 상징 건물들도 알고 보니 매달 연금을 붓고 있는 우리들의 것임을 확인한다면, 이찬우 박사가 이 책을 통해 전하려는 메시지가 더욱 확실하게 느껴질 것 같다.

2014년 10월
㈜보건복지부 장관 임채민

왜 대체투자인가?

지금부터 30년 전인 1984년 5월, 미국 투자자들이 우리나라 주식시장에 간접투자를 하는 폐쇄형 뮤추얼 펀드인 코리아펀드(Korea Fund)가 시작되었을 때, 우리나라의 종합주가지수는 100포인트 대 초반, 1인당 국민 소득은 2,400달러 수준이었다.

당시 우리는 외국인들이 어떻게 투자하여 차익을 얼마나 많이 벌어 가는지를 처음으로 볼 수 있었다. 그리고 13년 후인 1997년 12월 외환위기를 겪으면서 이른바 해외 사모펀드, 국부펀드의 외국 자본들이 우리나라의 은행, 기업, 부동산 등을 말도 안 되는 헐값에 매수하여 천문학적 이익을 가져가는 현실에 분개하면서도 속수무책으로 바라만 보고 있었다.

세상은 돌고 도는 것인지, 2008년 글로벌 금융위기, 2011년 유럽 재정위기를 거치면서 국내 기관투자자들도 비록 규모는 작지만, 위기의 진원지인 맨해튼과 런던의 심장부에서 부동산을 싸게 구입하고, 각종 인프라 자산이나 사모펀드사를 통하여 적지 않은 수익을 올리고 있다.

필자는 이러한 일련의 경험을 겪으면서 기회가 되면 국내 기관투자자들이 대체투자를 전략적 자산배분에 적극적으로 편입해야 한다고 주장하고 싶었다. 마침 2013년에 국민연금 기금운용 본부장직을 마치고 대학에서 강의를 하면서 그동안의 경험과 가지고 있던 자료들을 정리할 수 있게 되어 필자로서는 행복한 지난 여름방학이었다.

지난 30여 년을 자산운용업계에서 일하는 동안 존경스러운 사람이 적지 않았지만, 모건스탠리에서 30년간 일하다가 2003년 6월에 은퇴한 바톤 빅스(Barton Biggs)는 여러 가지 면에서 배울 점이 많았다. 특히 "자산운용을 관리하는 사람들은 언제든 재앙이 시작될 수 있음을 알아야 한다"고 일깨워 준 부분에 매우 크게 공감했다.

금융위기가 재앙으로 번지든 그렇지 않든, 우리들이 매일매일 직면하는 투자의 세계는 생각보다 훨씬 넓고 다양하다. 글로벌 관점에서 살펴보면 더욱 그렇다. 그래서 투자의 세계는 위기가 반복되는 것(Boom & Burst)도 경험적으로 사실이다.

3번의 금융위기 후 3가지 큰 변화

최근 우리나라의 1인당 국민소득은 수년간 2만 달러 중반에서 벗어나지 못하고 있다. 지난 반세기 동안 이루어낸 산업화 과정에서 축적된 금융자산들이 저성장·저금리의 늪에서 제대로 증식되지 못하고 있는 것이다.

필자는 이 책을 통해 지난 30년간 발생했던 3번의 금융위기, 즉 1990년 일본 자산시장의 버블 붕괴, 2000년 전후 우리나라의 외환위기와 정보통신 버블 위기, 2008년 글로벌 금융위기 이후로 달라진 투자 패러다임을 찾아보려고 노력하였다. 그 결과 다음과 같은 3가지의 큰 변화를 정리할 수 있었다.

첫 번째 변화는 바로 물가하락(혹은 디스인플레이션)이었다.
위기 이후 주요 중앙은행들이 엄청난 돈을 시중에 쏟아부었음에도 불구하고, 주요 선진국의 물가는 오히려 하향 안정화되고 있다. 2011년 중동 민주화의 봄이 출현했을 때 잠깐 인플레이션이 발생하는가 싶었지만, 이내 인플레이션 압력은 약해졌고 오히려 디플레이션 위험이 부각되고 있다.

두 번째 변화는 중앙은행을 중심으로 한 정책당국의 강력한 개입

미국 연방준비제도이사회의 양적완화, 유럽중앙은행(ECB)의 장기대출 프로그램인 LTRO 등이 그 예이며, 최근 중국 인민은행의 지급준비율 인하 움직임도 여기서 벗어나지 않는다. 과거에는 중앙은행이 일종의 기준(=물가안정 목표제)에 따라 통화공급을 조절하면 된다는 생각이 지배적이었지만, 이러한 정책 기조는 과거사가 된 것 같다.

세 번째 변화는 주요 자산 수익률 간의 전통적 상관관계가 무너진 것을 들 수 있다.

2008년 글로벌 금융위기 이전에는 주가가 상승하는 시기에는 채권투자의 성과는 부진했고, 반대로 주가가 하락하는 시기에는 채권투자의 성과가 개선되었다. 그러나 금융위기 이후에는 이러한 관계가 완전히 무너져 채권과 주식의 투자성과가 같은 방향으로 움직이고 있다.

물론 이러한 3가지 변화는 독자적으로 이루어지지 않으며, 서로 연관을 맺고 있다. 디플레이션 환경이 지속되면서 중앙은행이 적극적 대응에 나서고 있으며, 이로 인해 채권과 주식 등 이른바 전통적 자산의 전통적 상관관계가 흐트러지고 있고, 이들 자산의 수익 예측에도 어려움이 생겼다.

더 나아가 이러한 현상은 일시적인 일로 끝나지 않고 장기화될 가능성이 높아지고 있다. 왜냐하면 정책 당국자들이 1989년 일본, 2000년 미국, 2008년 미국과 중국에서 발생했던 자본시장 붕괴 사태로 인해 커다란 트라우마를 가지게 되었기 때문이다. 예를 들어 어릴 때 무단횡단을 하다가 교통사고를 당한 사람이 길을 건널 때마다 조심하는 것처럼, 정책 당국자들도 이제는 비슷한 상황만 출현해도 즉각 대응에 나설 태도를 가지게 된 것이다.

반복된 금융위기가 자산시장에 미치는 영향

첫째, 전통자산에만 투자하는 포트폴리오는 수익이 저조할 것이다. 예전에는 자산 포트폴리오 안에 채권과 주식을 함께 담으면, 불황에는 채권가격이 상승하여 수익을 내고, 호황에는 주가 상승으로 큰 성과를 올리는 '분산투자'의 효과가 크게 나타났다.

그러나 반복된 금융위기 이후, 이제 각국 정책당국이 자산가격의 버블 위험에 단호히 대처할 가능성이 높으며, 더 나아가 디플레이션의 위험에 대응하기 위해 적극적인 통화정책을 사용하고 있어 전통적인 자산에 투자하는 포트폴리오는 분산투자의 효과를 누리기 힘들 것으로 보인다.

둘째, 자산가격의 급격한 상승을 기대하기는 힘들 것으로 예상된다.

2013년 하반기 이후의 테이퍼링(=양적완화 규모 축소)에서 보듯이, 예전처럼 '인플레이션'만 쳐다보며 정책을 펴는 과거의 흐름에서 벗어날 가능성이 매우 크다. 이 과정에서 자산시장의 변동성은 줄어들 것이며, 기대수익도 또한 낮아질 가능성이 높다. 왜냐하면 '하이 리스크, 하이 리턴'(High-risk, High-return)의 원칙이 작용할 가능성이 높기 때문이다.

예를 들어 위험이 낮으면서 수익이 높은 자산이 있다면, 이내 수많은 투자자들이 투자 비중을 늘릴 것이기 때문에, 이 자산은 (하락할) 위험이 높고 수익이 낮은 자산으로 변모할 것이다. 반대로 위험은 높고 수익이 낮은 자산이 있다면, 투자자들의 매도 공세로 가격이 폭락할 것이기에 다시 이 자산의 수익성은 높아질 것이다. 따라서 자산의 변동성이 낮아지는 순간, 결국 자산의 미래 수익성도 낮아지는 결과로 이어지게 된다.

전통적 자산뿐만 아니라 대체투자 자산에 관심을 기울여라
―대체투자 자산의 3가지 매력

앞에서 소개한 변화들은 금융시장 참가자들에게 큰 시련을 줄 것으로 예상된다. 하지만 다행히 '대체투자 자산'이라는 대안이 있으므로 이에 대한 관심을 기울일 필요가 있다.

대체투자 자산이란 주식이나 채권 같은 전통적 자산과 반대되는 자산으로, 상품이나 사모펀드, 그리고 부동산과 인프라 투자 등을 의미한다. 이런 자산들은 전통적 자산에 비해 상대적으로 매매의 편의성은 떨어지지만 대신 여러 가지 투자매력을 가지고 있다.

첫째, 대체투자 자산은 상대적으로 안정적인 수익을 가져다준다.
사모펀드의 대표주자인 헤지펀드의 경우 1998년 이후 2012년까지 연 평균 수익률이 6.0%를 기록했다. 물론 같은 기간 우리나라의 종합주가지수는 17.9%라는 놀라운 수익률을 기록했지만, 대신 수익률의 변동성은 헤지펀드보다 훨씬 컸다.

수익률의 변동성을 측정하는 지표인 표준편차를 기준으로 살펴보면, 우리나라의 종합주가지수는 변동성이 35%인 반면 헤지펀드는 10.9%에 불과했다. 특히 같은 기간 미국의 S&P500지수(S&P사가 발표하는 500개 기업의 주가지수)는 연 평균 6.3%의 성과를 기록해 헤지펀드의 수익률과 비슷했으나, 수익률의 변동성은 헤지펀드의 거의 두 배(18.6%)에 달했다.

즉 헤지펀드를 비롯한 대체투자 자산은 과거에 수익률 면에서는 주식에 못 미칠지 모르나, 수익률의 변동성, 또는 수익률의 안정성 측면에서는 월등한 것으로 볼 수 있다.

둘째, 대체투자 자산은 전통적 자산과의 관계가 약하다.
대체투자 자산의 대표주자인 상품(Commodity)은 채권이나 주식 등과

부(負)의 상관관계를 가지고 있는 것으로 유명하다. 여기서 부의 상관관계란 자산가격의 변화 방향이 다르다는 것을 의미한다. 쉽게 이야기해서 채권과 주식의 가격이 상승할 때 상품가격은 하락하고, 반대로 채권과 주식의 가격이 하락할 때 상품가격은 상승하는 경우가 때때로 발생한다.

가장 대표적인 예가 2008년을 전후한 금(Gold) 가격의 움직임일 것이다. 2008년 우리나라의 종합주가지수는 40.7%가 폭락했지만, 금 가격은 25.3% 상승하는 기염을 토한 바 있다. 물론 2013년 글로벌 주식시장이 급등할 때, 반대로 금 가격은 15.5% 급락하는 등 금이 언제나 안정적인 수익을 기록하지는 않는다. 다만, 채권이나 주식 같은 전통적 자산과는 자산가격의 변화 방향이 다른 쪽으로 움직이는 경우가 많아 포트폴리오에 편입하기 좋은 자산임을 알아두자.

셋째, 대체투자 자산은 예전에 비해 투자하기가 훨씬 편해졌다.
10년 전까지만 해도 대체투자 자산은 채권이나 주식에 비해 소액으로 투자하기가 어렵고, 또 팔고 빠져나오기도 쉽지 않다는 생각을 가진 사람들이 많았으며, 이는 부분적으로 사실이었다.

그러나 최근에는 이런 생각이 점점 바뀌고 있다. 일단 부동산 투자를 대행하는 리츠펀드들이 상장되어 거래되고 있으며, 한국형 헤지펀드가 활성화되면서 헤지펀드 투자도 과거에 비해 훨씬 손쉬워졌다. 더 나

아가 다양한 상장지수펀드(ETF)가 개발되면서 상품 혹은 외환, 그리고 헤지펀드 전략을 구사하는 펀드에 투자하는 것이 쉬워졌다. 물론 아직도 현실적으로 국제 거래의 벽이 높은 것이 사실이지만, 이는 완화되는 추세가 뚜렷하다. 따라서 여전히 대체투자 자산을 '투자하기 어렵다'는 이유로 피하는 것은 바른 방식이 아니라고 생각된다.

이 책의 구성

이 책은 3번의 금융위기 이후 변화된 환경에 부응하여 대체투자 자산에 대한 투자가 필요하게 된 경제적 배경, 그리고 대체투자 자산의 종류와 투자방법 등에 대해 설명할 것이다. 이 책은 다음과 같은 순서로 이루어져 있다.

1장에서는 1989년 일본 자산시장의 버블 붕괴에 대해 살펴볼 것이다. 일본 경제가 어떻게 급속도로 성장했으며, 어떻게 디플레이션 악순환에 빠지게 되었는지 알아본다. 현재 전 세계 중앙은행의 행동을 이해하는 데 큰 도움이 될 것으로 믿는다.

2장에서는 2000년 미국 정보통신 버블의 형성과 붕괴를 탐구한다. 주식시장의 참가자들이 어떻게 냉정을 잃게 되는지에 대해 알 수 있는 좋은 기회가 될 것이다. 특히 '그린스펀 풋'의 부각 과정은 왜 자본주의에 버블이 형성되는지 이해하는 데 도움이 되는 탐구자료가 될 것이다.

3장에서는 2008년 미국과 중국의 동시 버블, 그리고 그 버블의 붕괴 과정을 다룬다. 왜 두 경제대국이 동시에 붐을 기록하고 또 역사적 폭락을 맞이했는지 그 배경을 이해하다 보면, 앞으로 세계 경제에서 왜 디플레이션 압력이 더 우세하며, 더 나아가 앞으로 정책당국이 어떤 태도를 취하게 될지 알게 될 것이다.

4장에서는 이러한 3대 버블의 붕괴로부터 얻게 된 교훈을 요약하는 한편, 이 교훈들이 자산시장에 미칠 영향에 대해 정의하였다. 필자는 주식과 채권 등 전통적 자산 간의 관계가 변화하는 한편, 전통적 자산의 수익률이 하락할 가능성에 대비해야 한다고 믿는다.

5장부터는 이상과 같은 자본시장의 변화에 대응해 대체투자 자산을 어떻게 이용할 것인지에 대해 살펴볼 것이다. 대체투자 자산에 어떤 것이 있으며, 각 자산은 어떤 특징이 있는지 구체적인 사례를 통해 설명하고, 아울러 선진국 주요 투자자들의 투자전략도 알아볼 것이다. 헤지펀드나 상품 등 대체투자 자산에 대해 가졌던 과거의 지식이 얼마나 편향된 것이었는지 알게 될 것으로 믿는다.

우리나라는 1960년대 이후 성공적인 산업화 과정에서 2,000조원 이상의 가계금융 자산, 3,000억 달러를 상회하는 외환보유고, 그리고 400조원을 넘는 국민연금 등 대한민국 국부를 형성하였다. 이러한 귀한 국부 자산을 가지고 세계시장을 상대로 글로벌 시각에서 투자하는 것은 무엇보다 중요한 일이라고 생각한다.

　더구나 현재 노령화가 심화되고 복지자금 수요가 증가하고 있는 상황에서 저성장 · 저금리 현상의 지속으로 자산운용의 어려움이 가중되고 있다. 따라서 국부 자산을 어떻게 안정적으로 증식해 나가느냐가 우리들이 당면한 최대의 과제라고 할 것이다. 이런 면에서 이 책이 자산운용의 어려움을 타개하는 데 조금이라도 도움이 되었으면 하는 마음이다.

2014년 10월 국민대학교 연구실에서
이찬우 드림

[차 례]

하이먼 민스키
라구람 라잔
조지 소로스
자넷 옐런
앨런 그린스펀
빌 그로스
존 모건
짐 로저스
존 메리웨더
벤 버냉키
워런 버핏
폴 크루그먼
보도 섀퍼

1990년 일본 자산시장의 붕괴
— 디플레이션의 무서움을 절감하다

1990년 일본 자산시장의 붕괴 이후 디플레이션이 계속되자, 일본 경제는 일종의 '연구대상'이 되었다.
1930년대 대공황 이후 처음으로 디플레이션이 출현한 데다가, 그것이 사회와 경제 전반에 어떤 결과를 초래하는지 낱낱이 알 수 있게 되었기 때문이다.
1장에서는 일본 경제가 어떻게 지속적인 디플레이션을 겪게 되었는지 살펴보도록 하자.

플라자 합의로 촉발된 엔화 강세(=엔고)

항상 어떤 큰 사건에는 그 배경이 존재하고 그것을 알아야 한다. 마찬 가지로 1990년 이후 일본 경제의 장기침체를 설명하기 위해서는 1980 년대의 호황에 대해 알아야 한다. 1980년대의 호황은 미국 레이건 대 통령의 취임으로부터 시작되었다.

1980년대 호황의 배경

1980년 미국 레이건 대통령은 '작은 정부'를 캐치프레이즈로 대통령 선거전에서 대승을 거두었지만, 그의 정책은 정반대였다. 사상 최대 규모의 재정지출을 일으켰기 때문이다. 물론 그는 임기 내내 연방정부 공무원의 숫자를 줄이는 데 앞장섰지만, 재정지출은 전임자인 카터 대 통령 때에 비해 훨씬 증가했다. 연방정부 공무원의 숫자가 줄어드는데 도 불구하고 재정지출이 증가할 수 있는 방법은 단 하나가 있다. 바로 국방비 지출을 늘리는 것이다.

'별들의 전쟁'이라는 별명이 붙었던 대륙 간 탄도미사일 격추 위성 시스템부터 레이더에 걸리지 않는 최첨단 전투기까지, 레이건 행정부는 당시 국내총생산(GDP)의 7.5%에 달하는 어마어마한 자금을 국방비로 쏟아부었다.^{아래 그림 참조}

물론 이런 거대한 자금 투입의 효과는 매우 좋았다. 군수기업에 투입된 돈은 결국 월급이나 하청업체, 그리고 주주들에게 배분되었으며, 이 돈은 다시 은행 등 금융기관을 거쳐 경제에 또다시 투입되었기 때문이다. 이른바 재정지출의 '승수효과'가 나타났던 셈이다.

그러나 '공짜점심'은 없는 법. 대신 미국은 두 가지 심각한 문제에 봉착하게 되었다. 하나는 대규모 재정적자였으며,^{29쪽 그림 참조} 다른 하나는 경기과열에 따른 경상수지 적자였다.

이 자리를 빌려 경기가 과열될 때 경상수지 적자가 발생하는 이유를 간

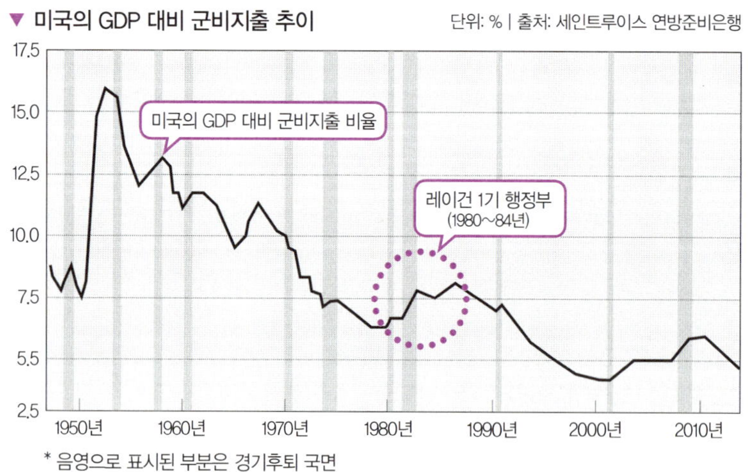

단하게 설명하자면, 어떤 나라의 경제가 호황을 누리면 그 나라에서 생산되는 제품으로 그 수요를 충당하기 힘들어진다.

제일 먼저 자동차 같은 소비재의 공급이 부족해질 것이며, 소비재를 공급하기 위해 필요한 각종 설비를 구입하기 위해서라도 해외에서 수입을 늘리게 된다. 따라서 경기가 과열될 때에는 경상수지가 악화되고, 심지어 적자로 돌아서는 것이 일반적이다.

미국은 레이거노믹스로 호황을 맞았으나, 경상수지 및 재정수지 적자 문제에 직면했다.

경기가 경상수지 및 재정수지 적자가 발생할 정도로 과열되면, 금리와 세금을 인상해 경기를 안정화하는 것이 수순이다. 하지만 당시 레이건 행정부는 이럴 생각이 전혀 없었다. 1984년 대통령 선거를 앞두고 세

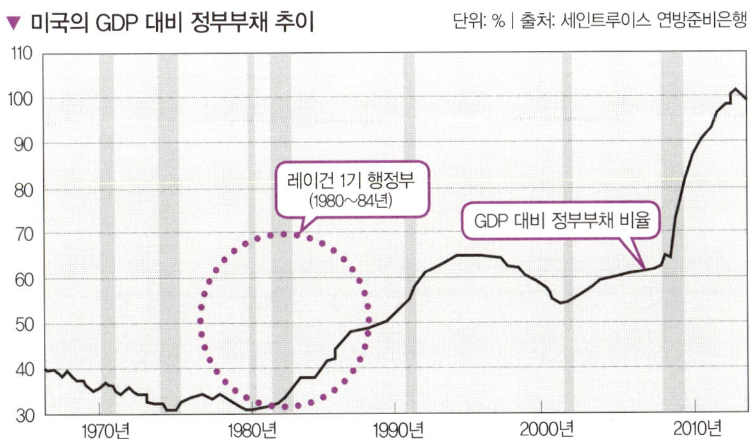

금을 인상할 이유가 전혀 없었을 뿐만 아니라, 다음과 같은 한 가지 방법을 준비해 두고 있었기 때문이다. 그것은 다름이 아닌 외환시장 개입이었다.

경상수지 및 재정수지 적자, 이른바 '쌍둥이 적자' 문제의 원인이 바로 독일과 일본 등 경쟁 상대국의 통화가치가 저평가되어 있기 때문이라고 주장하는 것이 바로 레이건 행정부의 복안이었다.

물론 지금이라면 감히 엄두를 내기 힘든 억지지만, 그때는 그것이 가능했다. 당장 소련에 맞서 싸우는 자유세계의 일원이라는 동료의식이 있었던데다가, 미국에 대한 수출 비중이 높은 독일이나 일본, 프랑스 등은 미국의 환율 조정 요구를 거절하기 힘든 입장이었다.

플라자 합의로 인한 엔화 강세(=엔고)

1985년 9월 22일 뉴욕 맨해튼 중심에 위치한 플라자 호텔에서 열린 선진 5개국(G5) 재무장관·중앙은행총재 회담, 이른바 플라자 회담에서 다음과 같은 두 가지 사안에 합의했다.

첫째, 미국의 무역수지 개선을 위해 일본 엔화와 독일 마르크화의 평가절상을 유도한다.
둘째, 이것이 순조롭지 못할 때에는 정부의 협조개입을 통해 목적을 달성한다.

플라자 회담 이후 일본과 미국의 중앙은행은 달러화 가치 하락을 위해 강력한 시장개입에 나서는 한편, 정책금리의 급격한 조정을 통해서라

1985년 플라자 회담에서 미국의 무역수지 개선을 위해 일본 엔화와 독일 마르크화의 평가절상을 유도하기로 합의했다.

도 달러화의 가치를 떨어뜨리겠다는 의지를 표명함으로써 시장의 분위기를 완전히 바꾸는 데 성공했다.

먼저 헤지펀드 등 정보 포착에 뛰어난 투자자들이 달러 매도에 나섰고, 이어서 은행이 가세하면서 엔/달러 환율은 급격하게 떨어지기 시작했다. 플라자 합의 직전에 엔/달러 환율은 242엔이었으나, 9월 말에는 216엔이 되었고, 10월 말에는 211엔, 11월 말에는 202엔으로 하락했다.

엔화 강세 국면이 일본 경제에 미친 영향

일본 경제는 급격한 엔화 강세(엔고) 국면으로 인해 어떤 일이 벌어졌을까? 이 의문을 풀기 위해 잠시 '환율'에 대해 살펴보자. 환율은 한 나라 화폐의 상대적 가치를 의미한다. 우리나라는 원, 일본은 엔, 미국은 달러 등 다양한 화폐의 교환비율을 '환율'이라고 한다. 예를 들어 원/달러 환율 1,200원은 미화 1달러가 원화 1,200원으로 교환된다는 뜻으로 해석할 수 있다.

예를 들어 원/달러 환율이 어제 1,200원에서 오늘 1,300원까지 상승 (원화 약세)했다고 가정해 보자.

어제는 미국에서 100달러에 팔리는 애플의 아이팟 MP3 플레이어를 우리 돈 12만원으로 구입할 수 있었지만, 오늘은 13만원이 필요해서 어제보다 1만원을 더 지불해야 한다. 아이팟 가격이 원화 기준 13만원으로 오른 반면, 우리나라 MP3 플레이어의 값이 12만원에 머물러 있다면 국산을 구매하려는 사람이 늘어날 것이다.

반대로 원/달러 환율이 어제 1,200원에서 오늘 1,100원으로 떨어진 경우(원화 강세)를 생각해 보자. 환율 상승의 경우와 반대 현상이 나타날 것이다. 미국에서 100달러에 팔리는 한국산 MP3 플레이어의 원화 환산가격은 어제 12만원에서 11만원으로 1만원 떨어지고, 국내 판매제품은 여전히 12만원일 터이니 상대적으로 가격이 비싸 보일 것이다.

1985년 일본에서도 비슷한 일이 나타났다. 엔/달러 환율이 급격하게 떨어지자 수입물가가 하락하기 시작했다. 그리고 원자재 가격 하락 및 수입제품과의 경쟁 심화의 영향으로 경제 전체의 물가도 함께 안정되기 시작했고, 이에 일본 중앙은행의 금리인하가 시작되었다. 중앙은행의 가장 주된 임무는 '물가안정'이기 때문에, 물가가 하락하기 시작하면 금리를 인하해 경기를 부양하려는 마음을 먹는 것이 당연한 수순이었다.

일본의 계속된 정책금리 인하

플라자 합의 직전 일본의 정책금리는 5%였는데, 1987년 초에는 2.5%까지 인하되었다. 그러자 일본 경제에 활기가 돌기 시작했다.

금리가 인하되면 왜 경기가 좋아질까? 가장 큰 이유는 돈을 빌리기 쉬워지기 때문이다. 금리 조건은 부동산 담보대출과 자동차 할부금융 등 목돈이 드는 물건을 구입할 때 큰 영향을 미친다. 그리고 자동차나 주택 같은 큼직큼직한 소비가 증가하면, 기업들의 이익도 증가하게 마련이다. 다만 환율 급락으로 수출 경쟁력이 약화되었기에, 일본 기업들은 수출보다는 국내 소비를 겨냥한 투자, 즉 부동산 및 리조트 등 위락시설 투자가 급격히 증가했다.

상황이 이렇게 진행되니, 주식시장과 부동산시장도 점점 분위기가 달라지기 시작했다. 제일 먼저 '금리인하'의 혜택을 받는 증권업종, 전철, 부동산, 해운, 손해보험, 창고, 건설 등 수출과 큰 관련이 없는 내수업종이 움직이기 시작했다. 물론 실적은 그다지 좋지 않았다. 1986년 상반기 실적을 집계한 결과, 전년에 비해 실적이 개선된 업종은 증권업종뿐이었다. 그러나 1986년 봄을 고비로 내수경기가 회복되면서 실적 부진에 대한 우려는 금방 사라졌다.

국제유가 하락과 일본의 내수경기

1986년을 고비로 일본의 내수경기가 회복된 것은 두 가지 요인 때문이었다. 정책금리 인하의 효과뿐만 아니라 국제 상품가격의 급락도 분

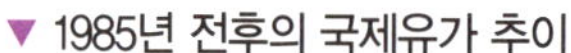

단위: 배럴당 달러 | 출처: 세인트루이스 연방준비은행

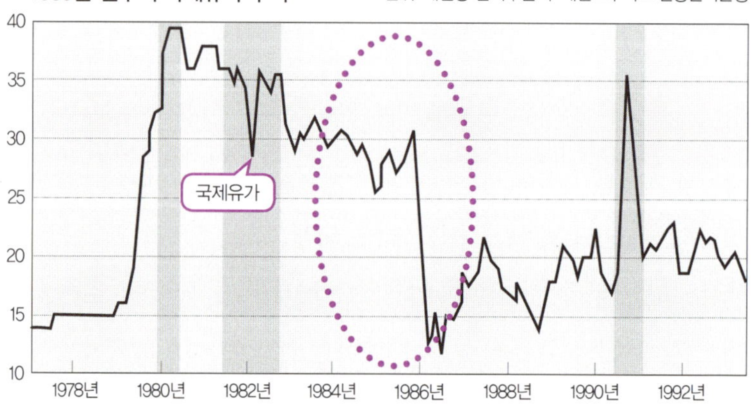

위기를 바꾸는 데 큰 역할을 했다.

1985년 말 배럴당 30달러 이상 수준에서 거래되던 국제유가가 1986년 초부터 급락하기 시작해서 1986년 말에는 15달러까지 떨어졌던 것이다. 국제유가가 하락하면 일본 경제에는 두 가지 이점이 생긴다.

첫째는 물가안정이다. 원유를 전량 해외에서 수입할 수밖에 없는 일본 경제여건에서 유가 하락은 수입물가의 안정을 의미했다.

둘째는 경상수지 흑자이다. 엔화 강세로 수출 경쟁력이 약화되던 상황에서 투입 원재료 가격이 하락하면 수출 경쟁력이 개선된다. 더 나아가 수입대금 지급의 부담이 낮아지니, 수입도 줄어들어 경상수지는 개선될 수밖에 없다. 그리고 경상수지의 개선은 다시 엔화의 강세 요인으로 작용하니, 일본 중앙은행의 개입을 부르게 된다.

이 대목에서 당시 일본의 중앙은행인 일본은행의 입장을 다시 짚어보

자. 플라자 합의 이후 일본은행이 금리를 인하한 것은 수출 부진의 충격을 내수경기 부양으로 메우려는 생각도 있었지만, 금리인하로 엔화의 강세를 완화시키려는 속셈도 있었다. 채권 투자자들은 금리 수준에 민감하기 때문에, 금리가 인하된 나라에 대한 투자를 줄일 가능성이 높다. 따라서 일본은행은 금리인하를 통해 일본으로 유입되는 외화를 억제해서 엔화의 강세를 저지하고 싶었던 것이다.

그러나 국제유가 하락으로 경상수지 흑자 규모가 더욱 늘어나면, 지금까지 지속된 일본은행의 노력은 헛수고가 된다. 따라서 국제유가가 하락한 1986년 일본은행의 금리인하 폭은 더욱 확대될 수밖에 없었다.^{아래 그림 참조}

일본 자산시장의 버블 출현

국제유가 하락과 금리인하에 힘입어 경기가 회복되자, 일본 기업들의

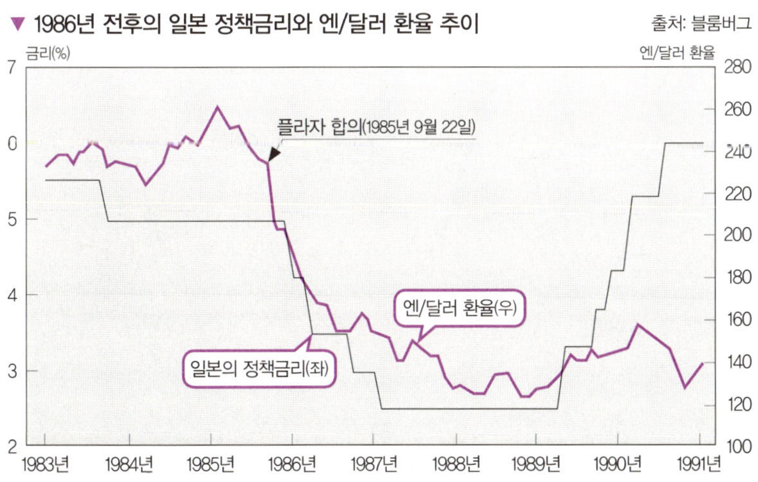

실적도 눈에 띄게 좋아졌다. 이렇게 분위기가 달라지자 개인투자자들도 다시 주식시장에 돌아왔다. 1984년 말에 일본 가계의 주식형 펀드 투자규모는 2,829억 엔으로 전체 보유 금융자산의 7.5%에 불과했지만, 1985년 말에는 4,255억 엔, 그리고 1986년 말에는 5,320억 엔으로 부풀어 올랐다. 아래 그림 참조

기업실적이 개선되고 수급여건도 좋아지니, 일본 주식시장은 거칠 것이 없었다. 1985년 말 일본 니케이지수(일본을 대표하는 225개 종목으로 구성된 주가지수)는 13,083포인트로 마감한 후, 1986년 말에는 18,821포인트까지 상승했으며, 드디어 1987년 1월 30일에는 지수 20,000포인트를 상향 돌파하는 강세를 보였다. 상황이 이렇게 진행되니, 일본은행은 새로운 고민에 빠지게 되었다.

주식시장이 강세를 보이는 것은 매우 좋은 일이지만, 그 속도가 너

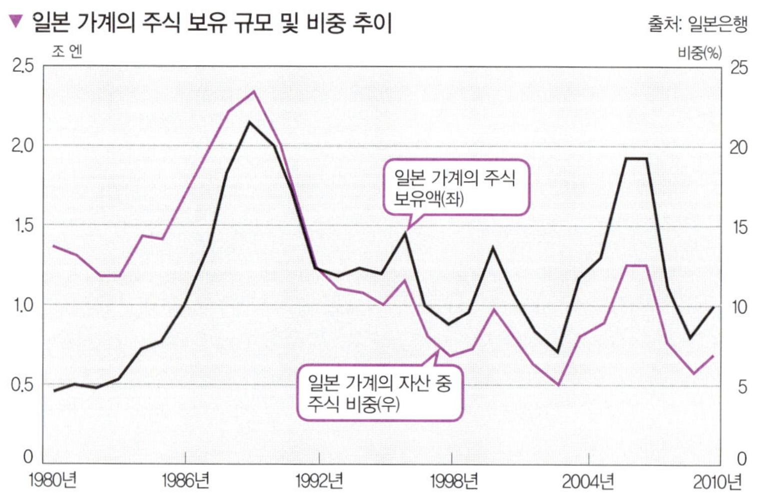

무 빠르다는 것이 문제였다. 특히 주당순이익과 주가의 비율, 즉 주가수익비율(PER)이 1986년 말 주가 기준으로 49.2배에 이른 것은 대단히 큰 부담이었다. 1965년부터 1986년까지 평균 PER이 23.6배였음을 감안할 때, 1986년 말 일본 주식시장은 역사적 평균에 비해 거의 2배 이상 고평가된 셈이다.

더 나아가 산업생산도 1987년 초를 고비로 증가세로 전환되는 등 경기가 회복되고 있었기에, 일본은행은 1987년 정책금리의 인하 기조를 중단하고 인상하는 것이 올바른 방향이었을 것이다. 그러나 1987년 내내 일본은행이 설정하는 정책금리는 2.5%에 머물러 있었다. 왜 일본은행은 초저금리 정책을 그렇게 오래 밀고 나갔을까?

블랙 먼데이가
일본은행의 발목을 잡다

짐작컨대, 1987년 여름부터 일본은행은 금리인상을 고려했던 것 같다. 이렇게 판단하는 이유는 여러 징후가 있었기 때문이다.

1987년 일본은행이 금리인상을 고려한 징후

첫 번째 징후는 정책금리의 변화에 민감한 단기금리의 상승이다. 1987년 봄에 일본의 단기금리는 일시적으로 3%에서 5% 수준까지 급등했는데, 이는 정책금리의 인상 가능성이 부각되지 않으면 불가능한 수준이라고 할 수 있다. 39쪽 그림 참조

더 나아가 내수경기가 살아나고, 주식시장이 강한 상승세를 보이면서 경기둔화에 대한 우려가 완화된 것도 금리인상의 분위기를 조성한 요인으로 작용했다.

이러한 국내 요인뿐만 아니라 미국 중앙은행(연방준비제도이사회, 이하 '연준') 의장으로 취임한 앨런 그린스펀이 '저금리' 정책을 중단하

단위: % | 출처: 세인트루이스 연방준비은행

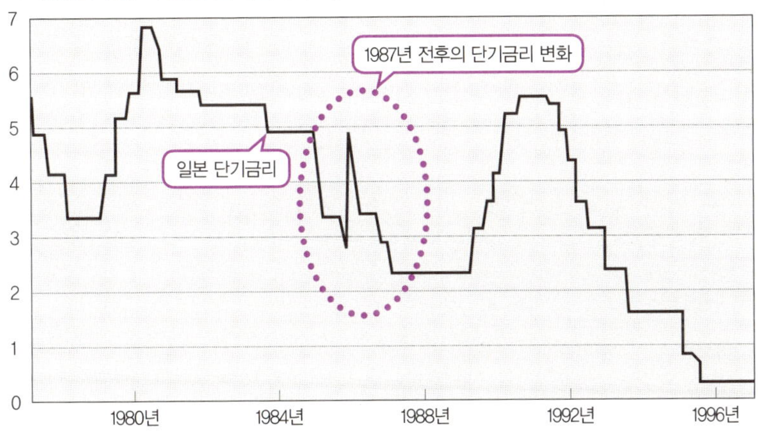

고 금리를 인상한 것도 일본은행의 정책 기조 변경 가능성을 높였다. 혼자만 금리를 올리는 것보다 해외 중앙은행과 함께 행동하는 게 환율에 미치는 충격을 완화시킬 수 있기 때문이다.

그 당시 미국의 연준은 왜 금리를 인상했을까? 그린스펀 의장이 금리를 인상한 이유는 '경기과열'에 있었다. 1985년 9월 플라자 합의 이후 시작된 달러 약세에 힘입어 미국 기업들의 실적이 개선되었고, 특히 달러 약세를 유도하기 위해 단행된 금리인하로 인해 미국 경기는 과열 양상을 보이고 있었기 때문이다.

물론 미국 행정부는 1988년 대통령 선거를 앞두고 금리인상이 단행되는 것에 대해 부담을 느끼고 있었지만, 그린스펀 의장의 태도는 매우 단호했다.^{40쪽 그림 참조}

따라서 일본은행은 금리인상에 부담이 없는 상황이었다. 그러나 일본

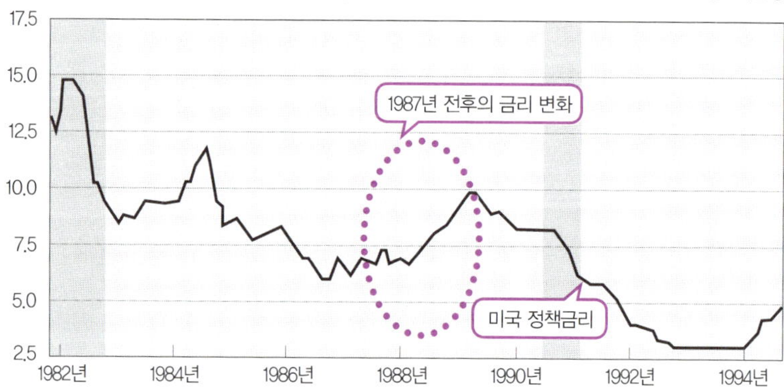

▼ 1987년 전후의 미국 정책금리 추이

은행은 그 기회를 잡지 못했다. 왜냐하면 그해 가을 블랙 먼데이가 출현했기 때문이다. 여기서 블랙 먼데이란 1987년 10월 19일 월요일 하루 동안 다우지수(다우존스 산업평균지수)가 2,246포인트에서 1,738포인트까지 폭락(-22%)한 것을 말한다. 이후 주가가 급락하면 언론에서는 항상 '블랙 ~데이'라는 이름을 붙일 정도로 인상적인 사건이었다.

블랙 먼데이가 발생한 원인

블랙 먼데이가 발생한 원인에 대해서는 다양한 요인이 제기되지만, '지나친 달러 약세'에 대한 우려가 부각된 것을 지적하는 학자들이 많다.

1985년 9월 플라자 합의 이후 달러 약세 흐름이 지속되면서 미국 주식시장 참가자들은 점점 외국인 투자자들의 주식시장 이탈 위험에 신경을 쓰게 되었다.

특히 그린스펀 연준 의장이 1987년 9월 5일 재할인율을 5.5%에서 6.0%로 인상했는데, 이는 미국이 달러의 약세를 저지하기 위해 노력한다는 신호로 인식되었다.

그러나 10월 14일 미국의 9월 무역수지가 사상 최대 규모의 적자를 기록했다는 소식이 전해지자, 달러 약세에 대한 기대가 더욱 강화되고 말았다. 특히 달러의 약세를 저지하기 위한 연준의 금리인상이 경기불황을 초래할 것이라는 우려까지 제기되며, 이미 전 세계 주식시장은 블랙 먼데이 전 주부터 점점 하락폭이 커지기 시작했다.

1987년 블랙 먼데이로 인해 일본은행은 금리인상의 기회를 놓쳤다.

1987년 10월 블랙 먼데이가 그토록 투자자들을 공포에 빠지게 만들었던 가장 큰 이유는 1929년 대공황의 시발점이 되었던 '검은 목요일'과 대단히 유사했기 때문이다. 일단 주식시장의 하락폭이 1929년 대공황 당시의 주가 하락률(-21%)과 대단히 비슷했던데다가, 당시의 주가 폭락이 연준의 금리인상으로 촉발되었다는 것도 투자자들의 공포를 자극했다. ^{42쪽 그림 참조}

일본은행이 즉각적 조치를 취하지 못한 이유

그러나 1929년 연준과 1987년의 연준은 전혀 달랐다. 1929년 당시 연준이 해외로 자금이 유출되는 것을 막기 위해 금리를 대폭 인상했던 것과 달리, 1987년 그린스펀 의장은 블랙 먼데이 당일에 '통화를 풍부

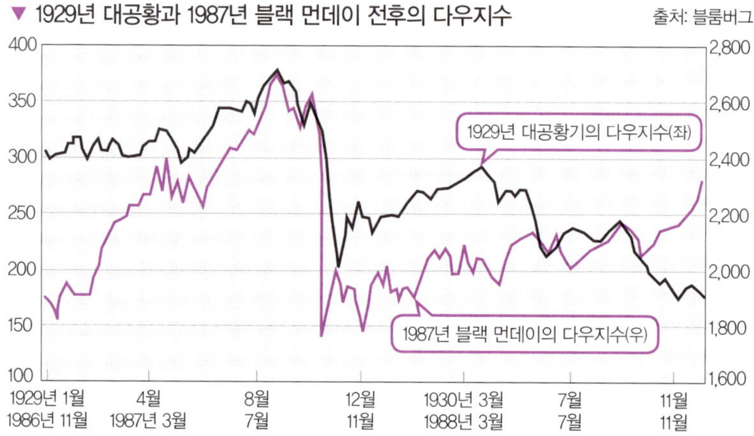

하게 공급하고 금리를 인하할 것'이라는 내용의 성명을 발표했고, 베이커 미국 재무장관은 서독을 방문하여 서독 재무장관 및 중앙은행 총재와 연쇄 회동을 가지며 금리인하를 요청했다.

미국 중앙은행과 행정부의 이러한 노력이 성과를 거두며, 1987년 말 다우지수는 블랙 먼데이 이후의 최저점에 비해 200포인트 이상 상승한 1,938포인트로 한 해를 마감했다.

하지만 일본은행은 연준과 달리 과단성 있는 조치를 취할 수 없었다. 이미 다 짐작하는 바와 같이, 블랙 먼데이 이후 세계 금융시장의 혼란 때문에 쉽사리 금융긴축 정책을 취하기 어려웠던 점이 지적될 수 있을 것이다. 더욱이 미국 재무장관이 주변 국가들에게 달러화 약세에 대한 우려를 자극하지 않도록 '정책금리'의 인하를 요청한 것도 금리인상을 가로막은 요인으로 작용했다.

일본 경제의 유례없는 호황

일본의 경기가 이미 '호황' 국면에 진입했음에도 불구하고, 일본은행의 정책금리 인상이 늦어지자, 역사상 유례를 찾아볼 수 없는 호황을 경험하기 시작했다.^{아래 그림 참조}

일단 주식시장 호황으로 기업들의 증자가 쉬워지자, 은행의 기업 대출이 줄어들기 시작했다. 은행은 돈이 남아도는 반면, 저금리를 이용해 주택을 구입하려는 가계의 대출 수요가 증가하자 부동산시장에

▼ 블랙 먼데이 전후의 일본 주요 거시경제지표

단위: % | 출처: 홍춘욱 외, 『알고 하자 돈 되는 주식투자』(2002)

강력한 모멘텀이 형성되었다. 시중은행의 부동산 업종 대출이 1988년 31조 4,486억 엔에서 1990년에는 42조 4,269억 엔으로, 주택 관련 대출잔고는 1988년 25조 164억 엔에서 1990년 38조 1,509억 엔으로 급증했다.

가계뿐만 아니라 엔화의 강세로 마땅히 투자할 곳을 찾지 못하던 기업들도 '증자'를 통해 마련된 자금을 부동산과 주식에 운용하는 이른바 '재테크'에 몰두함으로써 자산가격의 상승을 부채질했다. 1985년까지 연간 4조 엔에 불과했던 직접금융(시가 증자, 신주인수권부사채, 전환사채 발행 등) 규모가 1989년에 26조 엔으로 크게 증가했다.

부동산 버블이 일본 경제에 미친 영향

돈이 돈을 버는 '재테크' 시대가 출현하자, 부동산시장은 무서운 속도

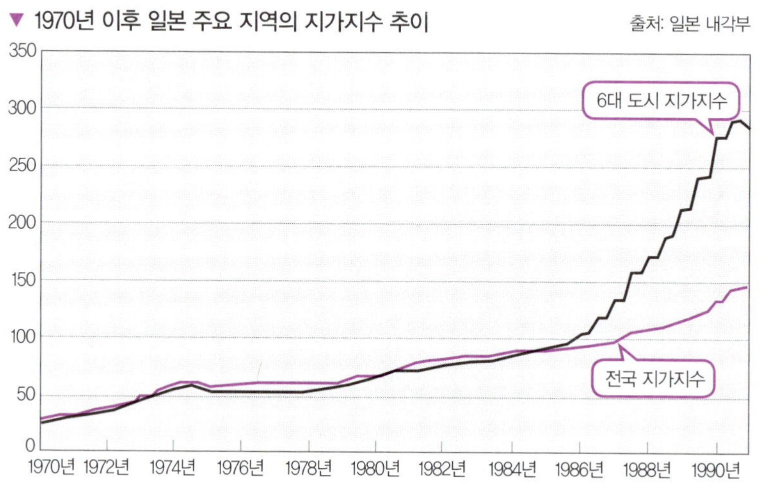

로 부풀어 오르기 시작했다. 1984년 전후에 100포인트에 불과하던 전국 지가는 1990년 160포인트로 급등했으며, 특히 도쿄와 오사카 등 이른바 6대 도시의 지가지수는 무려 300포인트까지 치솟았다. ^{44쪽 그림 참조}

부동산 가격의 상승은 당장의 경기를 데울 수는 있을지 몰라도, 장기적으로는 경제에 큰 해악을 끼친다.

먼저 부동산 투기가 불붙을 때에는 인플레이션 압력이 높아진다. 토지가격이 급등하기 시작하면 임대료가 상승할 것이며, 결국 주택 임대료 폭등을 감당하기 힘든 근로자들이 임금인상을 위한 단체행동을 할 가능성이 높아지기 때문이다. 일본 근로자들의 임금 상승률은 1986년에 4.4%, 1987년에는 3.3%에 불과했는데, 1988년 5.1%를 기점으로 폭발적으로 상승하기 시작해서 1989년에는 9% 선을 넘어서기에 이르렀다. ^{아래 그림 참조}

부동산 버블의 악영향은 물가불안에 그치지 않는다. 더 큰 문제는

▼ 1980년대 후반의 일본 소비자물가 및 임금 상승률

단위: % | 출처: 세인트루이스 연방준비은행

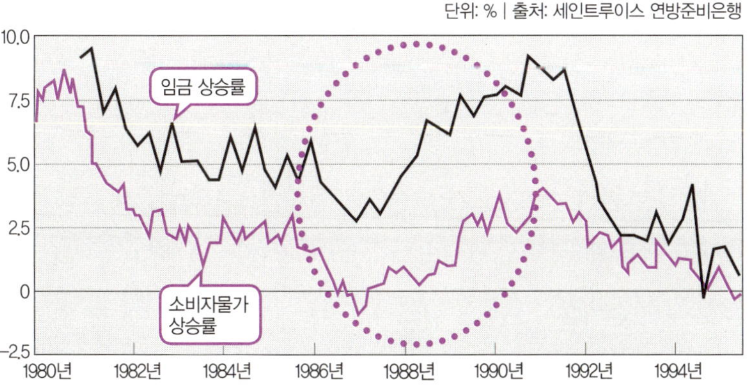

바로 전 국토가 거대한 투기판으로 변한다는 것이다. 지금도 일본 도쿄의 도심을 방문해 보면 짓다 만 것 같은 흉물스러운 건물을 발견할 수 있는데, 이것이 모두 1980년대 부동산 버블의 유산이다.

돈의 힘으로 가격이 상승하는 국면이 계속되면 치밀한 분석 따위가 필요하지 않다. 금융기관과의 네트워크를 이용해 돈을 빌리고 무조건 건물을 짓는 것이 돈을 버는 가장 쉬운 방법이 된다. 결국 돈이 효율적으로 배분될 리가 없다.

문제는 버블이 붕괴될 때이다. 경제성 분석 따위는 모두 던져버리고 지은 건물이 다 팔릴 가능성이 없으니, 손실은 고스란히 금융기관의 몫으로 떨어지게 된다. 그리고 우리나라가 1997년 외환위기 이후에 경험했던 것처럼, 금융기관이 부실화되면 그 충격은 국민경제가 함께 떠안게 된다. 그래서 정책 당국자들은 부동산시장에 버블이 끼는 것을 그토록 경계하는 것이다.

일본 자산시장의 버블과 붕괴

물론 이런 투기판을 만드는 데 일조했던 일본은행에게도 할 말이 없었던 것은 아니다.

당시 일본의 소비자물가 상승률은 이례적으로 낮았으며, 금리인상이 엔화 강세를 다시 촉발시킬 수 있다는 우려가 존재했다. 그러나 연평균 통화 증가율이 12%를 넘어서고, 그 대부분이 부동산 및 주식 투자에 투입되고 있는 상황을 방치한 것은 더욱 말이 되지 않는 일이었다. 당장 서독만 하더라도 미국의 요청으로 '블랙 먼데이' 이후 정책금리를 2.5%로 인하했지만, 1988년 7월 이후에는 정책금리를 4차례나 인상한 바 있었다.

결국 일본은행은 사방의 압박을 견디지 못하고, 1989년 5월 30일 정책금리를 0.75%포인트 인상했다(2.5%→3.25%). 이는 서독 중앙은행에 비해 무려 10개월 뒤에 취한 조치였다. 하지만 자본시장의 참가자들은 별 다른 반응을 보이지 않았다.

일본 니케이225지수는 1988년 12월 27일 대망의 30,000포인트를

▼ 1980년대 니케이225지수와 재할인율 및 주요 사건

출처: 홍춘욱 외, 『알고 하자 돈 되는 주식투자』(2002)

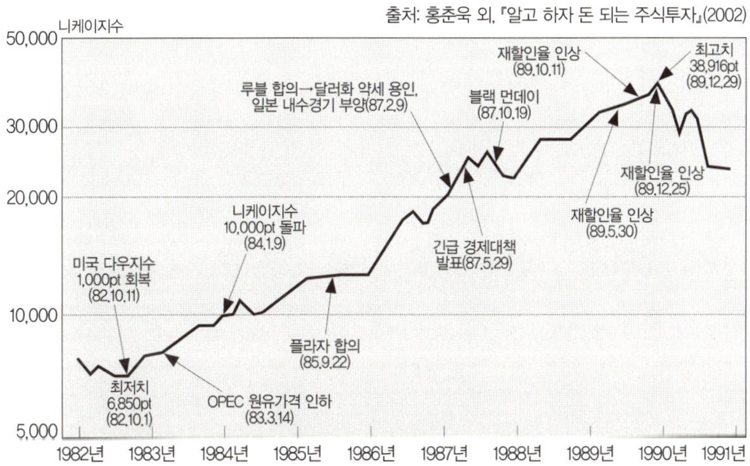

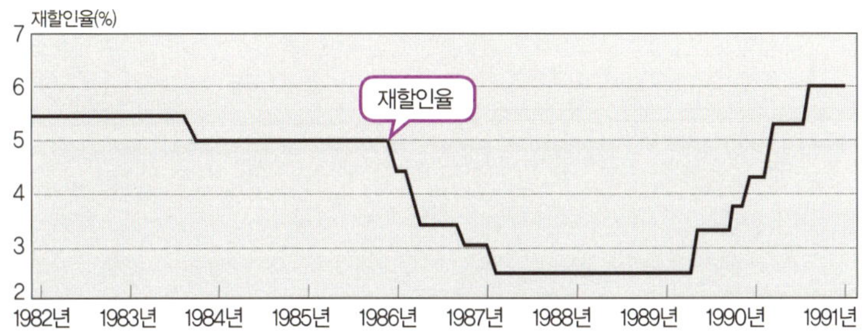

돌파한 데 이어, 일본은행의 금리인상에도 불구하고, 1989년 9월 말다시 35,000포인트를, 그리고 그해 연말에는 무려 40,000포인트에 근접하는 강세를 보였다. 그러자 일본은행은 정책금리를 1989년 10월 11일, 그리고 12월 25일에 연속 인상함으로써 '거품 해소'에 적극 나섰음을 밝히기 시작했다. ^{47쪽 그림 참조}

돌이켜 생각해 보면, 당시 일본 자본시장 참가자들의 행동은 이해하기 힘든 것이 참 많았다. 외국인 투자자들이 본격적으로 매도 공세에 나서고, 니케이225지수는 PER(주가수익비율)이 무려 67배에 도달할 정도로 급등했다. 하지만 이런 위기 경보에도 불구하고, 일본 가계의 주식 보유 규모는 오히려 1987년 7,212억 엔에서 1988년 8,907억 엔, 그리고 1989년 말에는 1조 455억 엔으로 커졌기 때문이다.

결국 1990년 초 일본은행의 금리인상이 계속되던 중에 주식시장이 무너지기 시작했다. 니케이225지수는 1990년 1월 초에 38,916포인트를 역사적인 고점으로 하락세로 돌아섰고, 1990년 말에는 23,849포인트, 그리고 1992년 4월에는 20,000포인트마저 붕괴되고 말았다.

자산시장은 어떨 때 붕괴되는가?

이 대목에서 잠깐 숨을 돌려 자산시장 붕괴의 원인에 대해 살펴보자. 경제학은 매우 약점이 많은 학문이지만, 매우 흥미로운 분석방법론임에 분명하다. 즉 인간의 비이성적인 군집행동(=버블과 패닉)을 설명하는 데에는 대단히 무능하지만, 수요와 공급에 주목하는 그 방법론은 1990년 일본 금융시장의 붕괴 과정을 설명하는 데 큰 도움을 준다.

금융시장의 버블은 오래갈 수 없다

이제 1980년대 말에 상장을 준비하던 일본의 기업가를 생각해 보자. 이 기업의 PER이 4배에 불과하다면 아마 그는 주식시장에 기업공개를 하지는 않을 것이다. 주식시장에 상장하는 이유는 결국 자본을 조달하기 위해서이다. 그런데 이 기업의 PER이 4배라면 주당 투자수익률(주당순이익/주가×100)이 25%라는 것이다. 이때 은행 대출금리가 2.5%에 불과하다면, 굳이 주당 투자수익률이 25%인 주식을 상장하는 것보다 은행 대출을 받는 것이 훨씬 이익일 것이다. 따라서 주식시장이 약세를 보이고, 기업들의 PER이 낮을 때에는 기업의 증자나 상장이 크게 줄어든다.

대신에 주가가 높아지면 반대 현상이 나타난다. 예를 들어 1990년 초의 일본처럼, 돈도 제대로 못 버는 별 볼일 없는 기업의 주식도 PER 100배에 거래되고, 채권금리가 6%를 넘어서고 있다고 생각해 보자. 이 주식의 기대수익률(주당순이익/주가×100)은 1%에 불과한데, 채권금리는 6%를 넘어서니 최고경영자의 선택은 자명하다. 즉 주식발행(= 증자) 규모를 늘려 조달한 돈으로 채권에 투자하는 것이 훨씬 남는 장사라는 것이다. 그런 면에서 지난 2000년 코스닥시장의 버블 때 많은 정보통신 기업들이 증자로 유입된 돈으로 빌딩을 매입했던 것은 매우 합리적인 행동이라고도 볼 수 있다.

▼ **주가 변화에 따른 주식 공급의 추이** 출처: 켄 피셔, 『3개의 질문으로 주식시장을 이기다』(2008)

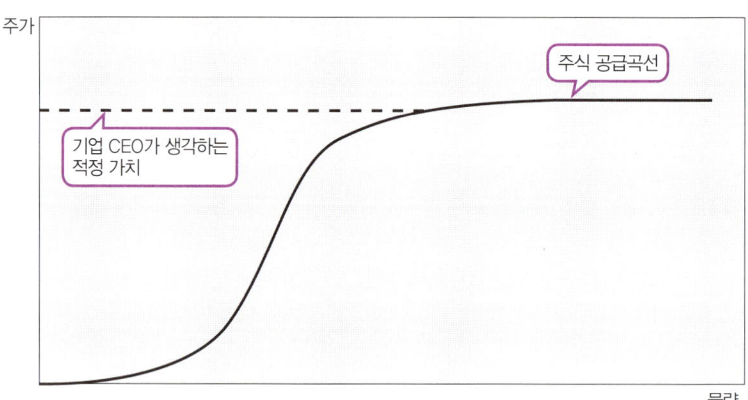

따라서 시장금리가 높은 수준까지 상승한 상황에서, 주식의 PER이 급격히 상승하면 주식 공급은 무한히 증가하게 된다. 그리고 주식의 공급이 증가하면 증가할수록, 주식시장은 상승 탄력을 점점 더 잃어버리게 될 것이다.

정보의 비대칭성과 집단심리

앞에서 말한 이유 때문에 금융시상의 버블은 오래살 수 없다. 불론 1980년대 일본인들은 이런 사실을 애써 무시했으며, 이것은 1990년대 말 정보통신 버블 당시의 미국인들도 마찬가지였다. 1980년대 말의 일본인과 1990년대 말의 미국인들이 모두 이상한 사람들이라서 그런 행동을 보인 것이 아니다. 그들이 그런 행동을 한 이유는 바로 '집단심리'에 답이 있다.

우리나라의 2007년을 잠시만 돌이켜 보자. 한 해 동안 주식형 수익증권에 유입된 자금이 무려 66조 5,000억원에 달했다(주식형 및 혼합형 펀드 기준). 물론 펀드시장의 활성화는 부동산과 예금 등에 편중되어 있는 가계의 자산구성을 다변화하는 긍정적인 영향을 미친 것은 분명하다. 다만 지금이 일기에 특정 상품에 쏠린 것이 문제였다. 종합주가지수는 2007년 말 1,897포인트였는데, 2008년 말 1,124포인트까지 하락해서 한 해 동안 40.7%나 급락했다.

개인 자금이 대거 유입되었음에도 주식시장이 붕괴된 이유는 어디에 있는가? 개인투자자의 자금이 어떤 특정 자산에 집중적으로 유입될 때 그 자산의 가격이 하락하는 이유는 크게 두 가지가 있다.

첫 번째 요인은 정보의 비대칭성이다. 쉽게 이야기해 일반 개인투자자들이 접할 수 있는 정보는 아무래도 시의성이 떨어지게 마련이므로, 기관투자자나 외국인 투자자들에 비해 투자시기가 늦어질 수 있다.

그렇지만 무엇보다 큰 영향을 미치는 요인은 '집단심리'이다. 주변의 지인들이 큰 투자성과를 올렸다는 소식이 들리고, 또 자기만 외톨이가 되고 있다는 생각이 들기 시작하면 평정심을 잃어버리기 쉽다. 그리고 평정심을 잃어버린 투자자는 자산가치의 적정성에 대한 판단력이 흐려질 것이며, 결국 손실의 위험이 높아질 것이다.

집단행동이 발생하는 이유

이제 '집단행동'이 발생하는 이유를 조금 더 파헤쳐 보자. 예를 들어 동전을 6번 던져 앞면이 나오면 H, 뒷면이 나오면 T라고 표시하는 게임을 한다고 생각해 보자.

친구가 먼저 동전을 던져 HTTHTH가 나왔고, 나는 HHHHHH가 나왔다면 어떤 반응이 나타날까? 아마 친구의 눈이 엄청 커질 것이며, 반면 나는 동전 던지기의 달인이 된 양 어깨가 으쓱할 것이다.

그러나 진실은 훨씬 더 평범하다. 동전을 6번 던질 때 HHHHHH가 나올 확률과 HTTHTH가 나올 확률은 둘 다 1/64로 같기 때문이다. 그런데 왜 우리는 동전 던지기 게임에서 HTTHTH가 나오면 무시하는 반면, HHHHHH가 나올 때에는 놀랄까?

이 수수께끼에 대한 답은 우리 인류 역사에 있다. 인간은 단순한 패턴을 감지하여 해석하는 놀라운 능력을 가지고 있다. 이 능력은 원시

조상들이 포식자들을 피하고, 식량 및 안식처를 찾아내 원시세계에서 살아남게 도와주었다. 그러나 우리는 패턴을 찾는 이 뿌리 깊은 습성 때문에, 흔히 질서가 존재하지 않는 곳에서도 질서가 존재하는 것으로 가정하게 된다. 가장 대표적인 곳이 바로 금융시장이다.

예를 들어 주가가 1년간 별다른 조정 없이 꾸준히 상승하는 것을 본 투자자라면, 그는 이 패턴이 앞으로도 계속될 것이라는 판단 아래 주식을 매입하고 싶은 마음이 점점 더 커질 것이다. 즉 주가가 오를수록 앞으로 계속 더 상승할 것이라고 판단하기 쉽다. 안 그래도 이런 패턴을 인지한 상태인데, 주변 사람이 이 패턴을 이용해 돈을 쉽게 벌고 있다면 마음이 어떻게 바뀌겠는가?

그렇다. 그 점잖고 생각 많은 일본인들도 1980년대 말에는 귀신에 홀린 것처럼 행동했다. 시장이 끝없이 올라가고 일본은행이 9년째 금리를 인하해 주니, 영원히 이런 패턴이 지속될 것 같은 착각에 빠졌던 것이다. 여기에 마지막 타격을 가한 것이 바로 외국인 투자자들의 대규모 순매도 공세였다.

외국인 투자자의 순매도 공세

미국 등 선진국의 투자자들은 1960년대부터 일본 주식시장의 매력에 눈을 떴으며, 이때 대일 투자를 주도한 것은 가치투자로 유명한 존 템플턴 경이었다. 잠깐 템플턴 경의 투자철학을 살펴보자.

템플턴의 인생철학 중 하나는 검약과 절약을 실천하는 것이다. 그
리고 그는 이러한 신념을 자신이 투자하고자 하는 나라에도 그대
로 적용했다. 차관이 적고 저축률이 높은 나라는 환율 위험이 아주
적다고 할 수 있다. (중략) 아시아 금융위기와 아르헨티나 외환위기
때 일부 국가가 디폴트를 선언한 것 등은 좋은 사례가 된다. (중략)
템플턴은 수년 전 통화 리스크에 노출된 투자자들에게 리스크가
적은 나라의 특징을 확인하는 방법을 알려준 바 있다. 첫째, 리스
크가 높은 국가를 피하고자 한다면 수입보다 수출 위주의 국가를
선택하라. 둘째, 정부부채가 국내총생산의 25%를 초과하지 않아
야 한다.
— 존 템플턴, 『존 템플턴의 가치투자전략』(2009)

일본은 1960년대 후반에 이러한 두 가지 조건(경상수지 흑자, 수출 성장
국가)을 모두 만족시켰을 뿐만 아니라 주식시장의 PER이 9.6배에 불
과할 정도로 저평가된 상황이었다. 템플턴 같은 장기투자자들이 주식
시장에 참여하면서, 일본 주식시장에서 외국인 투자자의 비중은 1960
년 1.3%에서 1970년 3.2%로, 그리고 1985년에는 5.7%까지 높아졌다.

그러나 1980년대 후반 일본 주식시장이 급등하자, 템플턴을 비롯
한 외국인 투자자들은 '매도의 호기'로 보고 주식을 적극적으로 팔아치
웠다. 특히 '캐나다의 워렌 버핏'으로 불리던 펀드매니저 피터 컨딜은
당시 대부분의 일본 주식들이 더 이상 유지되기 어려운 수준까지 올랐
다고 판단하고, 파생상품시장에서 매도 포지션(주가가 하락하면 이득을
보는 상품을 매수했다는 뜻)을 취하기에 이르렀다. 이 부분을 잠시 인용
해 보자.

피터 컨딜은 당시 대부분의 일본 주식들이 터무니없이 비싼 가격에, 사실상 불가능한 성장을 지속해야만 형성될 수 있는 가격에 거래되고 있다고 믿었다. 결국에는 피터 컨딜이 절대적으로 옳았다는 것이 증명되었지만, 그전에는 분기마다 보유한 니케이지수 풋옵션의 보유 여부를 결정해야 했고, 그럴 때마다 그는 엄청난 압력에 시달렸다. 피터 컨딜은 일본 주식시장이 하락할 수밖에 없기 때문에 풋옵션을 계속 보유하기로 결정했지만, 그런 결정을 지지하는 사람은 별로 없었다.

— 크리스토퍼 리소, 『안전마진: 캐나다의 워렌 버핏, 피터 컨딜의 투자 비밀』(2014)

물론 일본인들의 입장에서야 피터 컨딜 같은 외국인의 매도 공세가 대단히 불쾌한 일이며, 특히 일부는 '일본이 무너진 것은 유대인 투자가들의 음모 때문'이라고 주장할 수 있다고 본다. 그러나 수십 년을 자본시장에서 일한 전문가의 시각에서 볼 때, 1990년 일본은 외국인의 매도 공세뿐만 아니라 금리 상승과 주식 공급물량 증가, 기업실적 악화 등 악재가 계속되고 있었기에, 붕괴는 시간 문제였다고 생각된다.

▼ **일본 도쿄 증시의 외국인 및 투자신탁 보유 비중 추이** 단위: % | 출처: 도쿄증권거래소

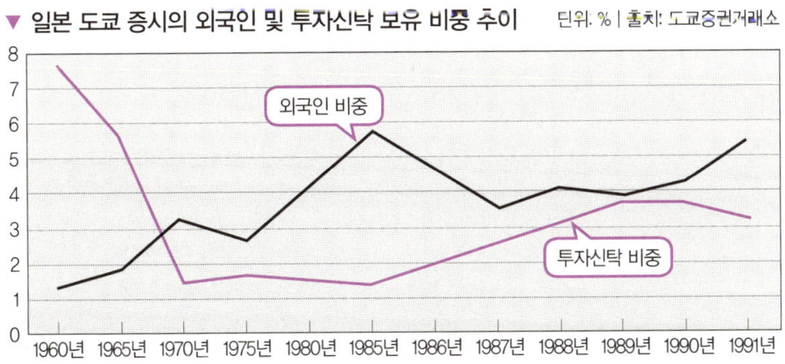

04

일본 장기불황의 원인은?

이제 문제의 핵심을 향해 파고들어가 보자. 1990년 일본 자산시장의 버블 붕괴는 어떻게 보면 필연적인 과정이었다. 금리인상이 지연되며 투자자들이 '저금리' 환경에 길들여졌고, 임대료가 상승하고 임금이 급등하는 가운데 기업들의 실적도 악화되고 있었기 때문이다.

그러나 1990년에 일본이 무너진 것은 그렇다고 쳐도, 불황이 1990년부터 지금까지 20년이 훨씬 넘는 기간 동안에 지속된 것은 언뜻 이해되지 않는다.

왜 일본 경제는 불황이 그토록 오래 지속되었을까?

일본 경제는 왜 그토록 긴 기간 동안 불황이 계속되었을까? 이에 대해 미국 연준은 매우 흥미로운 보고서 한 편을 제출했다. 일본 사례에 대해 다른 나라의 중앙은행이 장문의 보고서를 제출했다는 것은 그만큼 일본 경제상황이 특이하다는 것을 의미하며, 또 자기들도 일본처럼 될

수 있다는 경각심을 가졌다는 뜻으로 볼 수 있다. 이제 미국 연준의 의
견을 경청해 보자.

> 1989년 버블이 붕괴될 때, 만약 일본은행이 정책금리만 공격적으
> 로(200bp 이상) 내렸다면 디플레이션 악순환은 오지 않았을 것이다.
>
> — 연준, 「디플레이션 방어하기: 1990년대 일본 경험으로부터의 교훈」(2002)

간단하게 이야기해서 버블이 붕괴되던 1990년에 일본은행이 금리를
즉각 2% 이상 인하했다면, 일본 경제가 그토록 오랫동안 불황을 겪지
는 않았을 것이라는 이야기이다. 왜 이런 주장을 펴는지 이해하기 위
해서 보고서의 내용을 조금 더 인용해 보자.

> 예를 들어 지나친 경기부양으로 인플레이션이 발생하면 긴축으로
> 전환하여 해결할 수 있지만, 경기부양이 너무 늦거나 규모가 약해
> 경제가 디플레이션의 영역에 진입하면 다시 정상 수준으로 되돌릴
> 방법이 마땅찮기 때문에, 버블이 붕괴될 때에는 일단 시장 참가자
> 들의 미래 경제에 대한 예상을 바꾸어 놓을 정도로 공격적인 경기
> 부양이 필요하다.
>
> — 연준, 「디플레이션 방어하기: 1990년대 일본 경험으로부터의 교훈」(2002)

자산가격의 버블이 터지면서 경기가 급격히 위축될 때에는 적극적인
통화정책이 필요하다는 것이다. 가장 큰 이유는 디플레이션의 위험을
조기에 퇴치할 필요가 있기 때문이다.

디플레이션은 한 번 정착되면 퇴치하기가 무척 어려운 반면, 인플

레이션은 금리인상을 통해 얼마든지 억제할 수 있다는 것이 이 보고서의 핵심 내용이라고 할 수 있다.

디플레이션은 왜 퇴치하기 어려울까?

그럼, 왜 디플레이션은 퇴치하기 힘들까? 그 이유는 바로 '통화정책이 무력화'되기 때문이다. 물가상승률이 마이너스까지 떨어진 상황에서 금리를 아무리 인하해 봐야, 실질금리(명목금리에서 물가상승률을 뺀 금리)는 더 떨어지지 않는 것이다. 단적인 예가 지금의 일본이다. 1990년대 중반 이후 일본은행이 정책금리를 제로금리 대로 유지하고 있음에도 불구하고, 일본의 경기는 회복되지 않는 상황이다.^{아래 그림 참조}

결국 연준은 일본은행이 자산시장 버블의 붕괴에 대해 제대로 대처하지 못하고 머뭇거린 것이 최악의 사태를 불러왔다고 보는 셈이다.

▼ 1990년 전후의 일본 정책금리와 장단기 금리 추이　　　단위: % | 출처: 블룸버그

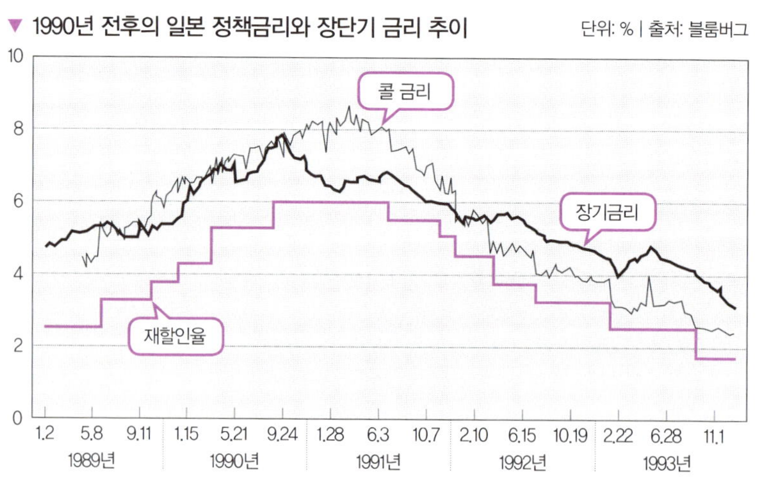

1990년 일본은행이 금리인하를 머뭇거린 이유

그런데 여기서 한 가지 의문이 제기된다. 1990년 일본은행은 왜 버블 붕괴가 시작된 이후 1년 반이 지나서야 정책금리를 인하했을까?

첫째, '디플레이션'에 대한 경험이 너무나 오래전 일이었기 때문이다. 1990년 일본 자산시장이 붕괴되기 이전까지, 세계 주요 선진국 중에서 디플레이션으로 고통받은 나라는 없었다. 오히려 1973년 중동전쟁 이후 시작된 고유가 상황으로 인해 인플레이션이 훨씬 더 두려운 상대였다. 특히 앞에서도 살펴보았지만, 일본의 소비자물가 상승률은 1991년 초까지 계속 상승세를 탔기 때문에, 일본은행은 '금리를 인하하기에는 아직 인플레이션 부담이 있다'고 생각할 수 있었다.

둘째, '전쟁'이 한 요인이 되었다. 일본 주식시장이 무너지던 1990년 8

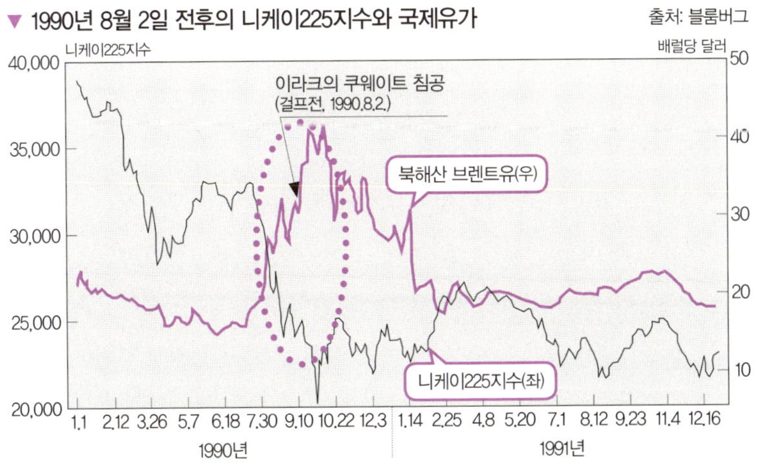

월, 이라크의 쿠웨이트 침공(걸프전)을 계기로 국제유가가 폭등했던 것이다.

국제유가는 걸프전 직전에 배럴당 17달러 선이었는데, 8월 23일에는 31.78달러까지 치솟았고, 이에 따라 일본의 물가도 다시 불안한 모습을 보이기 시작했다. 결국 일본은행은 1990년 8월 30일에 물가불안을 이유로 정책금리를 6%까지 인상하고 말았다.

05

일본은행만 책임이 있는가?

지금까지 일본은행이 버블 붕괴 이후 1년 반이 지나도록 금리인하를 지연했던 이유에 대해 살펴보았다.

디플레이션이 얼마나 위험한 것인지에 대한 인식이 부족했고, 1990년 8월 발발한 걸프전 때문에 금리인하의 타이밍을 잡기 힘들었다는 것이 주된 요인이었다. 그런데 일본이 20년 넘게 장기불황을 겪은 것이 중앙은행인 일본은행만의 탓이라고 보기 힘든 부분이 있다.

금융기관 구조조정 지연

가장 대표적인 부분이 바로 금융기관 구조조정이다. 자산시장이 붕괴된 후 금융기관들은 대출이 부실화됨에 따라 사실상 '좀비'나 다름없는 신세가 되었다. 그러나 일본 정부는 부실 금융기관을 구제하고, 더 나아가 구조조정을 하는 데 대단히 인색했다. 부동산 가격이 폭락하는 순간, 대출이 일거에 부실화된다는 것은 주지의 사실임에도 불구하고,

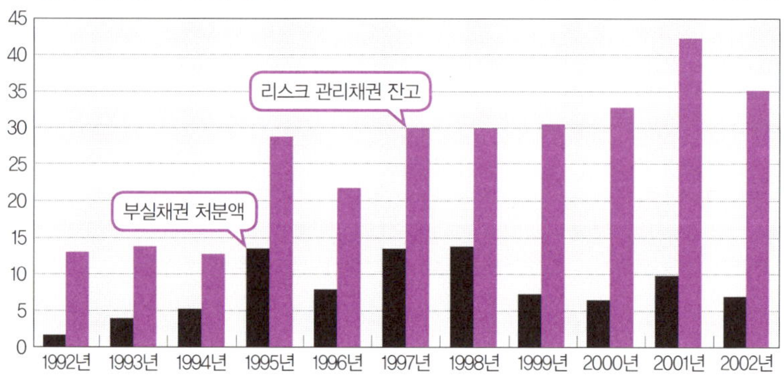

1998년까지 시중은행에 대한 구조조정의 움직임은 눈을 씻고 찾으려야 찾을 수 없었다. _{위의 그림 참조}

금융기관 구조조정 지연은 경제에 심각한 문제를 일으켰다.

첫 번째 문제는 무차별적인 대출회수였다. 안 그래도 고금리 정책의 영향으로 주식 및 부동산 가격이 하락 중인데, 은행들이 '대출회수'를 하게 되면 연쇄적인 악순환이 발생할 가능성이 높다. 즉 대출회수에 의해 기업이 무너지면 보유 자산을 헐값에 처분하게 되고, 다시 이것이 주변 토지의 가격을 떨어뜨리는 것이다.

또 다른 문제는 가계와 기업의 저축 증가이다. 은행들이 대출을 계속 회수하니, 어떻게든 저축을 늘려 대출을 갚으려고 할 수밖에 없다. 문제는 안 그래도 경제가 어려워져 수요가 부족한 상황이라는 점이다. 즉 은행의 부실화는 단순히 은행만의 문제로 끝나지 않고 경제 전체의 악순환을 촉발시킨다. 따라서 1990년을 전후한 일본은행의 실책에만 비판의 화살을 돌리는 것은 너무 가혹한 일이라고 볼 수 있다.

재정건전화 정책의 문제

특히 더욱 문제가 된 것은 1997년의 재정건전화 정책이었다. 국제통화기금(IMF)이 발간한 보고서는 1997년 일본의 소비세(우리나라의 부가가치세에 해당되는 간접세) 인상에 대해 다음과 같이 평가한 바 있다.

(1990년대) 일본의 경험은 우리에게 많은 교훈을 준다. 첫째, 회복의 징후(Green Shoot)는 회복을 보장하는 것이 아니며, 회복기간 동안 신중한 관리가 필요하다. 둘째, 금융 시스템의 약화는 경제에 또 다른 충격을 가져올 수 있으므로 회복이 지속될 수 있기 위해서는 이에 대한 해결이 선행되어야 한다.

— 국제통화기금, 「1990년대 일본의 위기가 2008년 대불황에 주는 교훈」(2009)

즉 경기를 회복시키고 싶다면 먼저 금융 시스템을 건전화해야 하며, 경기가 조금 나아졌다고 성급하게 세금 인상 등의 조치를 취하면 안 된다는 이야기다. 물론 당시 일본 정부도 할 말은 있다. 일본은행의 금리인하가 늦어지자, 정부가 대규모 재정정책을 지속적으로 시행하는 과정에서 국가부채가 걷잡을 수 없이 늘어났으며, 1997년 봄에는 엔화 약세에 힘입어 경기회복의 신호가 강화되었기 때문이다. 즉 '1997년 7월부터 태국 등 아시아 각국이 외환위기를 겪을 줄 누가 알았겠느냐'는 것이 일본 정책당국의 변명이라고 할 수 있다.

결국 1990년 버블 붕괴와 그 후의 기나긴 불황은 몇 가지 실수와 불운이 겹쳐 나타났다고 볼 수 있을 것이다. '운'은 인간이 어떻게 통제할 수 있는 영역의 것이 아니지만, 실수는 다시 반복하지 않을 수 있기에 일본 사례에서 얻은 교훈을 확실하게 정리할 필요가 있을 것이다.

06

일본 경제가 주는 교훈

1990년대 일본 자산시장의 붕괴과정에서 정책당국의 실수는 여러 가지지만, 아마 가장 중요한 실수는 다음의 3가지를 꼽을 수 있을 것 같다.

디플레이션에 대비하라

1990년대 일본의 경험을 통해 인플레이션에 비해 디플레이션이 훨씬 더 까다로운 상대라는 것이 분명해졌다. 따라서 자산시장이 붕괴될 때에는 좀더 적극적인 대응이 필요하다는 교훈을 주었다.

금융 시스템에 대한 구조조정이 필요하다

자산시장의 버블이 붕괴될 때에는 금융 시스템의 안정을 최우선 과제로 삼아야 한다는 것을 알 수 있었다. 특히 부실화된, 이른바 '좀비 은행'을 그대로 내버려둘 경우에는 끊임없는 악순환이 발생한다는 것을 확인했다.

경기회복이 확실해진 다음에 긴축정책을 사용하라

1997년 일본의 세금 인상이 어떤 결과를 가져왔는지는 역사가 잘 보여주었다. 일본은 1998년부터 1999년까지 마이너스 성장을 했을 뿐만 아니라 물가상승률이 마이너스 행진을 계속하는 등 극단적 위기가 찾아오고야 말았다. 물론 의회에서 어떤 결정을 내리느냐에 달린 문제이긴 하지만, 경기회복이 확실해질 때까지 재정긴축 정책을 시행해서는 안 된다는 것은 분명하게 각인되었다고 볼 수 있다.

이제 다음 장에서는 2000년 미국 나스닥 시장의 붕괴과정을 살펴보도록 하자. 일본이 이와 같이 확고한 교훈을 주었음에도 불구하고, 10년 만에 왜 미국 주식시장이 붕괴되었는지 살펴보는 것은 앞으로 금융시장의 미래를 예측하는 데 큰 도움을 줄 것으로 믿는다.

그린스펀 풋과
정보통신 버블

2장에서는 2000년대 초 미국 정보통신 버블의 형성과 붕괴 과정을 살펴본다.

주식시장의 참가자들이 어떻게 냉정을 잃게 되는지에 대해 알 수 있는 좋은 기회가 될 것이다. 특히 '그린스펀 풋'의 부각 과정은 왜 자본주의에 버블이 형성되는지 이해하는 데 좋은 자료가 될 것이다.

일본 경제가 확고한 교훈을 주었음에도 불구하고, 왜 10년 만에 미국 주식시장이 붕괴되었을까? 이는 앞으로 금융시장의 미래를 예측하는 데 큰 도움이 될 것이다.

1990년대 호황의 경제적 배경

1990년대 일본이 디플레이션 악순환에 빠져 허덕일 때, 미국은 유례없는 호황을 누렸다. 미국에서 거래되는 5,000개 주요 기업의 주가를 보여주는 윌셔5000지수는 1990년 초 8.52포인트에서 2000년 43.66포인트까지 412% 급등한 반면, 10년 만기 국채금리는 같은 기간 8.16%에서 6.67%로 하락했다. 70쪽 그림 참조 주가가 4배 넘게 상승했다는 것은 경기가 좋다는 것을 의미한다. 게다가 금리까지 낮으니 주식시장이 상승

1990년대 미국을 대표하는 키워드

하지 않을 이유가 없다. 일본의 사례(1장)에서 심도 깊게 다루었던 것처럼, 금리는 '주식의 공급'을 좌우하는 결정적 요인이기 때문이다.

그런데 한 가지 궁금증이 남는다. 경기가 그렇게 좋은데, 미국의 금리는 왜 떨어졌을까?

1990년대 미국, 왜 경기가 좋은데 금리가 떨어졌을까?

일단 일반론만 이야기하자면, 금리는 인플레이션에 의해 결정된다. 71쪽 그림 참조 그리고 인플레이션은 전쟁 등 특수한 경우를 제외하고는 경기 여건에 의해 결정된다. 예를 들어 경기가 갑자기 좋아져서 100만 대의 생산설비를 가지고 있는 자동차회사에 갑자기 110만 대의 주문이 쇄도하는 경우를 생각해 보자.

기업들은 재고를 어느 정도 가지고 있기 때문에 당장은 문제가 안

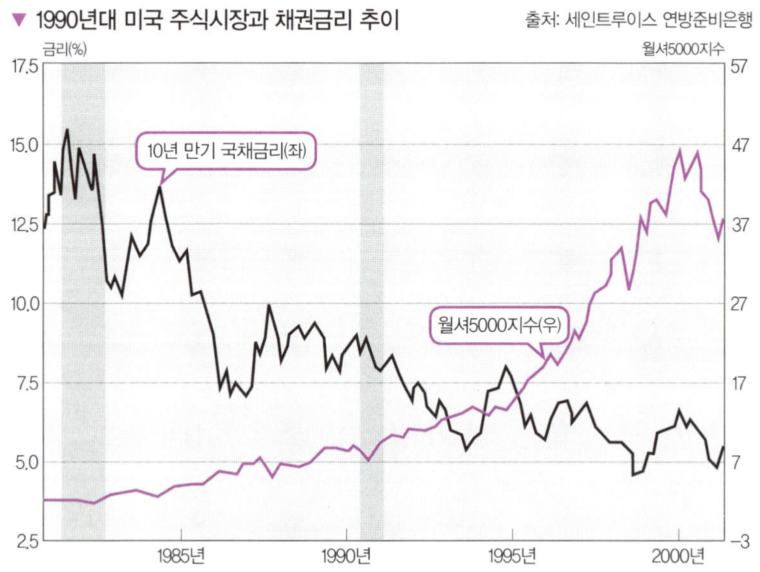

▼ **1990년대 미국 주식시장과 채권금리 추이**　　　출처: 세인트루이스 연방준비은행

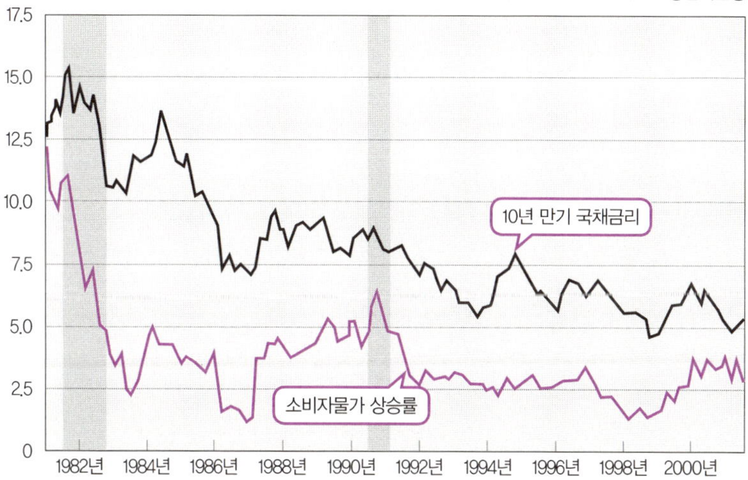

되지만, 경기호황으로 이런 상황이 1년 넘게 지속되면 결국 다음의 두 가지 중 하나를 선택해야 한다.

첫 번째 방법은 생산설비를 증설하는 것이다. 그런데 이는 단기적인 해결책이 되지 않는다. 왜냐하면 생산설비를 더 주문하는 것으로 끝나는 것이 아니라, 새로운 생산설비에서 일할 근로자들을 뽑고 훈련을 시켜야 하기 때문이다. 더 나아가 새로운 생산설비가 이전과 다른 기술을 남고 있다면 이 교육과정은 더욱 길어질 것이므로, 이 공장의 생산성은 아무래도 이전보다 (적어도 초기에는) 떨어질 가능성이 높다. 여기서 생산성이란 '단위시간당 산출량'으로 측정된다. 동일한 노동을 투입하고도 이전보다 더 적은 양의 제품을 생산할 때 '생산성이 떨어졌다'고 이야기한다. 따라서 생산성이 떨어진 기업은 마진이 축소되어 제품가격의 인상 압박을 받게 될 것이다.

또 다른 방법은 제품가격을 올려 수요를 줄이는 것이다.

자동차회사가 100만 대의 생산능력을 가지고 있더라도, 매해 100만 대를 생산하는 것은 매우 위험한 일이다. 왜냐하면 생산시설의 풀가동은 바로 근로자의 피로도 증대 및 설비 노후화로 이어져서 불량제품 생산의 가능성을 높이기 때문이다. 따라서 기업들은 제품가격을 인상함으로써 수요를 적정 수준으로 위축시키려는 동기를 가지게 된다.

물론 소비자들은 '가격 인상'에 거부감을 가지고 있으니, 마케팅 비용을 줄여 사실상 가격을 인상하는 것과 같은 효과를 노릴 가능성이 높다. 즉 자동차 판매 보조금을 축소하고 광고를 줄이는 식으로 대응하는 것이다. 그리고 이 모든 행동은 제품가격의 인상을 유발해서 수요를 위축시킬 것이다.

이상의 예에서 본 것처럼, 경기가 좋아지면 인플레이션이 발생하는 것이 당연하지만, 1990년대의 미국은 그러지 않았다. 71쪽의 그림에서 잘 나타난 것처럼, 걸프전 이후 1990년대 말까지 미국 소비자물가는 지속적으로 안정세를 보였다.

1990년대 미국의 평균 소비자물가 상승률은 3.0%로 1981~89년의 4.7%에 비해 1.7%포인트나 떨어진 반면, 경제성장률은 큰 차이가 없었다. 1981~89년 평균 경제성장률은 3.5%, 그리고 1990년대의 평균 경제성장률은 3.2%로 두 기간의 성장률 차이는 0.3%포인트에 불과하다. 특히 걸프전 때문에 마이너스 성장을 했던 1991년을 제하면, 1990년대의 평균 경제성장률은 3.6%로 높아진다.

1990년대 미국이 '고성장 · 저물가'였던 이유

1990년대 미국 경제가 이처럼 '고성장 · 저물가'라는 두 마리의 토끼를 잡을 수 있었던 이유는 어디에 있을까?

여기에 대해서는 두 가지의 유력한 '가설'이 있다. 가설은 설명하기 어려운 어떤 현상을 이해하기 위해 내놓은 유력한 '설명'이라고 볼 수 있다. 즉 아직 '정설'은 아니지만 경청할 가치는 있는 이야기로 볼 수 있다.

신경제 가설

첫 번째 가설은 '신경제 가설'이다. 워낙 많이 접한 이야기이니 최대한 간단하게 설명하면 다음과 같다.

컴퓨터와 인터넷을 중심으로 한 정보통신 혁명이 발생하면서 경제의 생산성이 빠르게 향상되었다. 그리고 생산성이 향상될 때에는 가격 인하의 여지가 발생한다. 왜냐하면 시장에서 경쟁을 승리로 이끄는 요인 중에 '값싼 가격'만큼 중요한 것은 없기 때문

1990년대 미국 '고성장 · 저물가'의 이유로 '신경제 가설'을 드는 이들이 많다.

이다. 따라서 생산성이 개선될 때 대체로 물가는 안정 흐름을 보이게 된다. 75쪽 위 그림 참조

신경제 가설은 매우 매력적이다. 실제로 1990년대 중반부터 미국의 생산성은 대단히 빠르게 개선되었기 때문이다. 그리고 이를 뒷받침 하듯이, 당시 미국 기업들의 설비투자도 폭발적으로 늘었다. 국내총 생산(GDP)에서 정보통신기기 및 소프트웨어 투자 비중은 1980년대 2.8%에서 1990년대에는 3.5%로 상승했다. 특히 1990년대의 마지막 해인 1999년의 비중은 4.3%까지 치고 올라갔다.^{75쪽 그림 참조}

그럼, 이것으로 모든 것이 설명된 것일까? 그렇지 않다. 생산성의 혁 신은 1990년대 후반에 집중되었지만, 미국의 소비자물가 상승률은 1990년대 초반부터 크게 하락했기 때문이다. 더 나아가 1990년대 말 에는 생산성 혁신이 지속되었음에도 불구하고 강한 물가상승이 발생 한 바 있다. 즉 생산성 혁신 하나만으로는 1990년대의 저물가 상황을 설명하기가 쉽지 않다.

상품가격의 안정

첫 번째 가설의 약점을 보완해 주는 또 다른 '가설'은 바로 상품가격의 안정이다. 1991년 걸프전 발발의 충격에 대해서는 이미 1장에서 자세 히 다루었던 만큼, 걸프전 이후의 상황에 대해 살펴보도록 하자.

걸프전 이후 1999년 초까지 국제유가는 지속적인 하락 흐름을 보 였고, 이는 미국 소비자물가의 안정으로 이어졌다.^{76쪽 그림 참조}

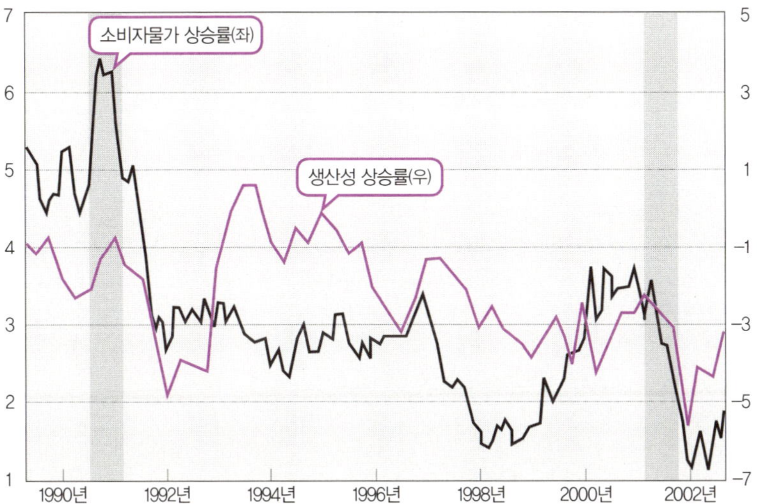

검은색 선은 소비자물가 상승률을 보여준다. 별색 선은 생산성 상승률을 보여주는데, 오른쪽 축이며 값에 (−1)을 곱해 숫자가 거꾸로 표시되어 있다. 즉 생산성 향상 속도가 빨라질 때 물가상승률이 낮아지는 것을 확인할 수 있다.

▼ 미국 국내총생산 중 정보통신기기 및 소프트웨어의 투자 비중

단위: % | 출처: 세인트루이스 연방준비은행

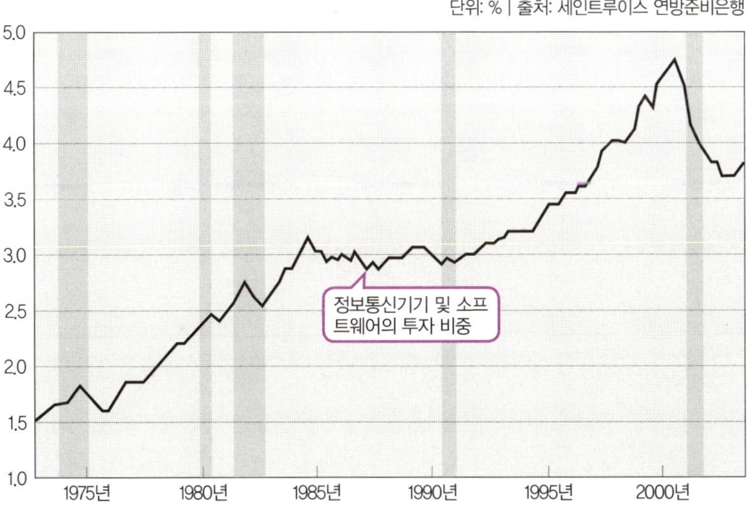

걸프전 이후 국제유가가 계속 하락했던 가장 직접적인 요인은, 1991년 걸프전 이후 생산 차질을 빚던 이라크가 1990년대 중반부터 다시 수출을 재개한 것을 들 수 있다. 생산량은 세계 10위 정도에 불과하지만, 가채 매장량은 세계 3위인 나라가 수출을 재개한 것은 원유시장의 수급 균형을 흔드는 역할을 했다.

더 나아가 1990년대 초반 동유럽의 공산권 국가들이 이탈하고, 더구나 러시아가 국유기업의 개혁과정에서 경제난이 발생하자 외화 확보를 위해 원유 수출량을 늘린 것도 국제유가의 하락 요인으로 작용했다.

마지막으로 가파른 성장세를 보이던 아시아의 4마리 용, 즉 우리나라와 대만, 홍콩, 싱가포르가 1997년 아시아 외환위기로 인해 경제성장에 브레이크가 걸린 것이 결정타를 가했다. 특히 이 4개국은 모두 원유를 100% 해외에서 수입하고 있었기에, 이들 국가의 원유 소비 감소는 국제 원유시장의 수급 균형을 결정적으로 무너뜨렸다. 이에 국제유가는 한때 배럴당 7달러 수준까지 떨어졌다.

결론적으로 국제유가가 이처럼 떨어지면, 물가는 오르려야 오를 수가 없는 법이다. 1990년대 미국의 저물가·저금리 환경은 미국 자체의 노력(=생산성)뿐만 아니라 큰 운이 따랐기에 가능한 결과였다고 볼 수 있다.

02

LTCM 위기와 그린스펀 풋

미국 주식시장은 1991년 걸프전 발발 이후의 하락을 마지막으로, 2000년 봄까지 거의 10년에 걸친 강세장을 지속했다.

강세장이 출현한 이유는 이미 설명한 것처럼, 미국의 경제성장률이 높은 수준을 유지하는 가운데 금리가 낮은 수준을 지속했기 때문이다. 그러나 이것만으로 강세장을 모두 설명할 수는 없다. 왜냐하면 당장 지금의 중국만 봐도, 2008년의 불황 이후 6년째 7%가 넘는 고성장을 기록하고 금리도 사상 최저 수준으로 떨어졌지만 주식시장은 부진을 좀처럼 벗어나지 못하고 있기 때문이다.^{79쪽 그림 참조}

주식시장은 성장률과 금리에 따라 자동적으로 결정되는, 계산이 딱딱서는 곳이 아니다. 주식시장이 역사적인 강세장을 경험하기 위해서는 성장률과 금리 여건뿐만 아니라 또 한 가지 요소, 즉 투자자의 심리 개선이 필요하다. 그런데 투자자들의 심리는 미리 예상하기 어렵다. 다

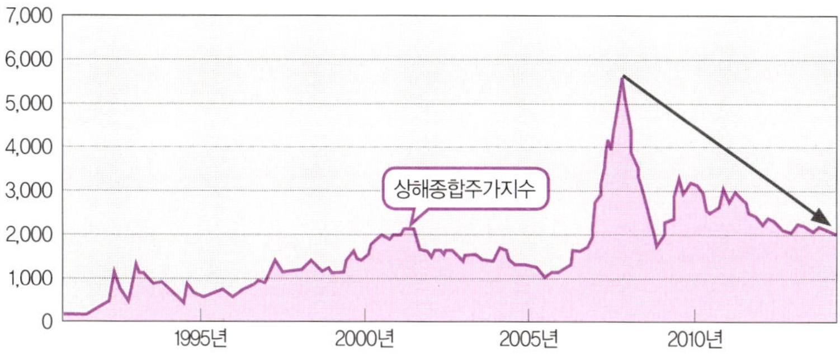

만, 역사적인 버블 사례를 살펴보면, '절체절명의 위기를 예상외로 쉽게 극복했을 때' 투자심리가 크게 개선되는 것을 공통적으로 발견할 수 있다.

1985년 플라자 합의 이후 엔고 불황이 닥쳤을 때, 일본 주식시장의 참가자들은 큰 충격을 받았지만, 적기에 이루어진 금리인하와 국제유가 하락으로 이를 이겨내면서 본격적인 급등 장세가 출현한 것이 대표적인 예가 될 것이다. 그리고 이 비슷한 일이 1990년대 말 미국에서도 펼쳐졌다.

거대 헤지펀드 LTCM의 파산 사태

1998년 가을 거대 헤지펀드인 '롱텀캐피털 매니지먼트(이하 LTCM)의 파산 사태'는 절체절명의 위기를 예상외로 쉽게 극복했을 때, 투자심리가 크게 개선될 뿐만 아니라, 때로는 버블 형성의 계기가 된다는 것을 보여주는 사례이다.

미국 헤지펀드의 특성

최근 우리나라에서도 헤지펀드가 인기를 끌고 있으니, 이 자리를 빌려 미국의 헤지펀드가 무엇이며, 어떤 특성을 지니고 있는지에 대해 살펴보자.

> 헤지펀드는 미국 증권거래위원회(SEC)에 등록할 필요가 없었고, 일부만이 워싱턴의 상품선물거래위원회(CFTC)에 제한적인 보고를 했다. (중략) 실제로 헤지펀드는 옵션 거래나 공매, 고단위의 차입 거래 등을 자유롭게 구사할 수 있었다. 그 대신 가입자에 제한을 두어 사설 클럽처럼 운영되었다. 법적으로 헤지펀드는 각각 100만 달러 이상의 계좌를 가진 99명 이하의 투자자로 제한되어 있었다.
>
> — 로저 로웬스타인, 『천재들의 실패』(2009)

한 마디로 말해 헤지펀드는 법의 제약에서 벗어난, 부자들의 돈만 받는 펀드라고 할 수 있다.

헤지펀드와 일반 펀드를 가르는 또 다른 차이는 바로 투자전략이다. 헤지펀드들은 '롱·숏 전략'을 즐겨 사용한다. 여기서 롱(Long)이란 매수 포지션을 의미하며, 숏(Short)은 매도 포지션을 뜻한다. 매수 포지션은 주식이나 채권 등 기초자산의 가격 상승으로 이익을 보는 포지션이며, 반대로 숏 포지션은 기초자산의 가격 하락으로 이익을 보는 포지션을 의미한다.

결국 '롱·숏 전략'이란 동시에 매수 및 매도를 함께 진행하는 것을 의미한다. 다시 말해 A 자산을 매도하고, 동시에 그 돈을 이용해 B 자산을 매수하는 것이다.

물론 원래의 의도대로 매도한 자산의 가격이 빠지고, 매수한 자산의 가격이 상승하면 헤지펀드의 수익률은 천정부지로 뛰어오를 것이다. 하지만 반대로 이 전략이 잘못되어 매도한 자산의 가격이 상승하고, 매수한 사산의 가격은 급락해 버리면 파국적인 결말을 맞게 될 위험도 존재한다. 따라서 롱·숏 전략을 펼치기 위해서는 자산가격이 '적정 수준'에서 크게 이탈했다는 확신이 있어야 한다.

LTCM의 대규모 차입 차익거래

그럼, 어떤 경우에 자산가격이 '적정 수준'을 이탈했다고 말할 수 있을까?

가장 대표적인 경우가 '차익거래'가 발생하는 상황이다. 예를 들어 같은 농장에서 생산된, 그리고 품질도 같은 사과가 이쪽에서는 1,000원에 팔리고 길 건너편에서는 2,000원에 팔린다고 가정해 보자.

누군가가 이쪽에서 사과를 1,000원에 사서 길 건너편에서 2,000원으로 팔면 한 번의 거래로 1,000원을 벌 수 있다. 이런 거래는 가격차가 좁혀지기 전까지는 수익을 계속 낼 수 있으니, 거래량이 많으면 많을수록 좋다. 1,000원에 팔리는 사과를 사서 2,000원에 파는 거래처럼, 한 시장에서 자산을 매입하고 다른 시장에서 매도함으로써 이익을 얻는 것을 '차익거래'라고 한다.

LTCM의 존 메리웨더. 그는 1980년대 후반 월가에 돌풍을 일으킨 채권 트레이더였다.

1998년 문제가 되었던 헤지펀드인 LTCM은 대규모 차입 차익거래로 명성을 얻었다. 차익거래가 발생할 환경이 출현하면 자기들이 가진 자본금의 수십 배에 달하는 돈을 빌려서 투자했다.

물론 신중한 금융기관들이 아무에게나 큰돈을 빌려주지는 않는다. 그러나 LTCM은 예외였다. 1980년대 후반 월가에 돌풍을 일으켰던 증권사인 살로먼 브라더스의 채권 트레이딩 팀을 이끌었던 존 메리웨더, 노벨경제학상을 받은 로버트 머튼과 마이런 숄스가 가세한 LTCM은 투자자들이 가장 선호하는 헤지펀드였다. 그리고 1998년 직전까지 매년 탁월한 성과를 기록했기에, 50개가 넘는 금융기관들이 LTCM과 서로 거래를 트려고 경쟁하던 상황이었다.

이제 LTCM의 전략을 좀더 구체적으로 살펴보자. 예를 들어 미국의 국채금리와 독일의 국채금리가 같이 움직이는 경향이 뚜렷하다고 하자. 그런데 어느 날 미국 국채금리가 상승한 반면 독일 국채금리는 하락했다면 이를 이용해 투자하는 것이다.

물론 채권시장에는 그렇게 많은 '틈'이 없으므로 둘의 금리 차이가 0.01%에 불과할 수 있다. 하지만 자본금의 수십 배 이상을 빌려 투자하는 LTCM에게는 이 정도의 차이도 큰 성과를 주기에 충분했다.

예를 들어 차익거래 한 번으로 0.01%의 수익을 올렸다고 해도, 자기자본의 30배의 돈을 빌려서 투자했다면, 수익률은 자기자본의 0.3%에 달하기 때문이다. 그리고 이런 거래가 1년에 100여 회 벌어진다면, 연간 거의 30%의 성과를 내는 것이 가능해진다. 그런데 LTCM의 이러한 전략은 자신들만의 어떤 비법에 기초한 것이지만, 누구나 이 전략을 모방할 수 있다는 것이 문제였다. 그 결과 LTCM의 수익률은 서서히 떨어지기 시작했다.

LTCM은 어떻게 파산했는가?

결국 LTCM은 1997년부터 선진국 국채뿐만 아니라 개발도상국의 채권까지 손을 대기 시작했다. 개발도상국 채권시장이 선진국에 비해 상대적으로 덜 발달되어 있기에, LTCM이 수익을 올릴 여지가 있다고 판단했던 것이다.

세계 경제여건이 계속 정상적으로 흘러갔다면, 개발도상국의 채권시장에 주목한 LTCM의 전략은 대성공으로 끝났을지 모른다. 그러나 1997년 여름 태국이 외환위기를 겪으면서부터 서서히 문제가 불거지기 시작했다.

LTCM은 1997년 말부터 개발도상국, 그중에서도 러시아 채권시장에 본격적으로 투자를 하고 있었다. 그런데 러시아마저 위험의 징후가 높아졌다. 일단 아시아 외환위기 이후 국제유가가 10달러 이하로 떨어지면서 러시아의 경상수지가 빠르게 악화되기 시작했다. 더욱이 정치적 혼란이 계속되고, 국영기업의 개혁이 제대로 진행되지 않으면서 글로벌 투자자들의 눈이 점점 차가워지고 있었다.

상황이 이렇게 악화되자, LTCM에게 남은 선택은 두 가지밖에 없었다. 하나는 자신들의 판단이 틀렸음을 인정하고 러시아의 채권을 손절매하는 것이고, 다른 하나는 자신들의 판단이 맞다고 고집하면서 가격이 내린 러시아 채권을 더욱 매수하는 것이다.

LTCM의 선택은 후자였다. 승승장구했던 과거의 경험, 그리고 자신들의 차익거래 시스템에 대한 확신 등으로 인한 행동이었지만 결과는 최악이었다. 경쟁자들은 LTCM이 러시아 채권에 거액을 투자했다는 것을 알아차린 후 일제히 이 채권을 매도하기 시작했을 뿐만 아니라, 러시아 정부도 적극적인 환율 방어의지가 없었기 때문이었다.

결국 1998년 8월 운명의 날이 밝고 말았다. 러시아 정부가 채권에 대한 지급 정지, 즉 디폴트를 선언해 버린 것이다.^{85쪽 그림 참조} 다시 말해 러시아 채권은 언제 상환될지 기약 없는 '부도채권'이 되어 버린 셈이다.

LTCM은 자본금의 수십 배에 이르는 돈을 빌려서 러시아 채권을 매입했는데, 이 채권들이 부도처리가 되었으니 파산은 기정사실이 되었다. 그러나 LTCM을 바로 파산시키는 데에는 아주 큰 문제가 있었다. 이 헤지펀드를 파산시키는 순간, 50개가 넘는 금융기관들이 줄줄이 빌려준 돈을 떼이면서 경영위기를 맞을 판이었던 것이다.

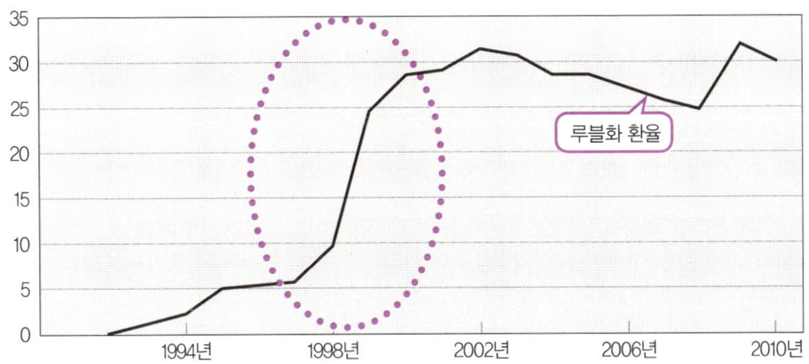

'원' 부분은 1998년 러시아 파산 시점으로, 미 달러당 5루블이던 환율이 30루블까지 급등한 것을 볼 수 있다.

그런데 이런 비밀은 지켜질 리가 없다. 결국 금융시장에 일대 쇼크가 찾아왔다. 특히 8월 27일에 미국 1,2위를 다투는 부자인 워렌 버핏이 LTCM 인수를 거절하면서부터 주가 하락이 더욱 가팔라지기 시작했다.

뉴욕타임스는 "현재 시장의 혼란은 역사상 가장 심각했던 금융재난에 비교할 수 있다"고 보도했다. (중략) 일본 대장성 장관인 미야자와 기이치는 "가장 기본적인 것은 공황으로 이어져서는 안 된다는 점입니다"라며 선진국 정책당국의 즉각적인 개입의 필요성을 강조했다. 그날 러시아의 주가는 12% 하락하여 연초 대비 84%가 떨어졌다. 사실 전 세계의 주식시장이 모두 폭락세에 있었다. 런던은 3%, 스페인은 6%, 브라질은 10%가 떨어졌다.

미국 주식시장도 동반 폭락했다. 다우지수는 357포인트가 떨어져 4% 하락했다. 상품가격도 세계적인 경기후퇴에 몸서리치며 21년래 최저 수준으로 떨어졌다. 8월 28일 월스트리트저널은 이와 같은 사태를 "전 세계적인 마진콜"이라고 불렀다. 러시아에 대한 어리석은 투기에 질린 투자자들은 어떠한 리스크도, 심지어 합리적인 리스크조차 거부했다. 이에 미국 재무부가 발행한 10년 만기 채권의 수익률은 5.35%로 떨어졌는데, 이는 1960년대 린든 존슨 시절 이래 가장 낮은 수치였다.   — 로저 로웬스타인, 『천재들의 실패』(2009)

그린스펀의 즉각적 대응

이때 그린스펀 연준 의장이 행동을 시작했다. 즉시 정책금리를, 그것도 1번도 아닌 3번이나 인하한 것이다.

그린스펀 의장의 행동은 1990년 일본의 경험에서 배운 교훈, 즉 '시장이 패닉에 빠지고 자산시장이 붕괴될 위기에 처할 때에는 적극적으로 행동해야 한다'는 것을 그대로 실행에 옮긴 것이었다. ^{87쪽 그림 참조}

LTCM 사태 후 그린스펀의 즉각적인 대응은 시장에 자신감을 주었고, 이후 '그린스펀 풋'의 형태로 나타났다.

공포가 컸던 만큼 안도감도 빠르게 커졌다. 특히 연준이 절체절명의 위기를 막아주었다는 느낌은 투자자들에게 강한 자신감을 주었다. '이제 끝장이다'라고 느낀 순간에 강력한 주가 상승세가 시작되자, 투자자들의 기세는 오히려 더 높아졌다. 특히 그린스펀 의장에 대한 신뢰는 이제 드디어 '그린스펀 풋'의 형태로 구체화되기 시작했다.

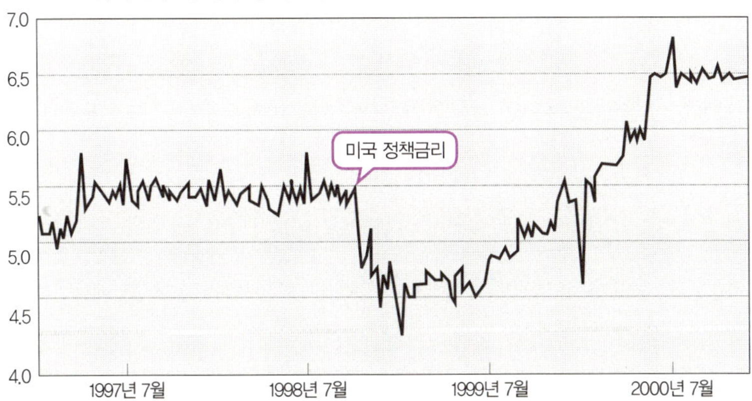

여기에서 옵션에 대해 자세히 살펴보자.

옵션은 '밭떼기'라고 볼 수 있다. 예를 들어 강원도 평창 고랭지의 500 평 밭에 심어져 있는 배추를 가을 김장철에 포기당 1,000원에 살 수 있는 권리를 '밭떼기'라고 한다. 가락동 농수산물 시장의 중간 도매상이 밭떼기를 하는 이유는 '기상이변'의 가능성 때문이다. 가뭄이 들어 전라도 배추 산지가 말라붙으면, 강원도 고랭지 배추의 가격은 급등할 수밖에 없다. 따라서 극단적인 경우가 발생하더라도 일정량의 배추를 확보하기 위해서 밭떼기를 하게 된다.

물론 밭떼기에는 비용이 든다. 500평 밭의 배추를 포기당 1,000원에 살 수 있는 권리는 500만원이 될 수도 있고, 어떨 때에는 1,000만 원이 될 수도 있다. 그런데 만일 기상이변이 나타나지 않으면 어떻게 될까? 그때에는 밭떼기의 권리를 포기하면 그만이다. 즉 500만원의 손실을 입는 대신 전라도에서 값싼 배추를 대량 매입하면 된다.

이제 강원도 배추농가의 입장에서 생각해 보자. '기상이변'이 발생해 전라도의 배추밭이 새카맣게 타버리는 상황이 벌어지면, 강원도 배추의 가격은 금값이 된다. 따라서 이런 경우는 밭떼기를 하지 않는 게 낫다.

그러나 2013년처럼 가뭄이나 태풍 등의 재해가 없는 해에는 어떻게 될까? 그러면 강원도 배추는 포기당 100원, 200원까지 떨어질 것이다. 가격이 이 수준까지 떨어지면 배추를 수확해서 파는 것보다 그냥 밭을 갈아엎는 것이 더 낫다. 따라서 배추농사를 짓는 입장에서도 밭떼기는 나쁜 선택이 아니다. 농가의 경영을 매우 안정시킬 수 있는 안전판 역할을 하는 셈이니까 말이다.

여기서 한발 더 나아가 보자. 엘니뇨 등의 기상이변이 수년째 계속된다고 생각해 보자. 아마 밭떼기 가격은 예전보다 2,3배 이상은 오를 것이다. 특히 기상이변이 2년 동안 계속되던 해의 봄에는 치열한 눈치작전이 벌어질 것이며, 3년째 되는 해에는 수급의 균형이 배추농가로 넘어가 있을 것이다.

반대로 풍년이 2,3년 지속된다면 어떻게 될까? 더 나아가 기상청이 개발한 슈퍼컴퓨터가 새해가 될 때마다 우리나라에 찾아올 태풍의 숫자를 정확하게 예보한다면? 아마 밭떼기 가격은 폭락할 것이다. 농산물 시장의 중간상인들 중 누구도 강원도의 배추농가를 찾지 않을 테니 밭떼기 가격은 100만원, 아니 50만원까지도 떨어질 것이다.

LTCM의 파산과 1998년 미국의 주식시장

1998년 가을 미국 주식시장의 상황이 이와 같았다. 그린스펀이라는 '슈퍼컴퓨터'가 태풍의 진로를 모두 알려주고 또한 방비대책도 알려준다면, 밭떼기(=풋옵션)를 굳이 매입할 필요가 없는 상황이라고 할 수 있다. 기상이변이 없을 때는 초보 농사꾼도 얼마든지 풍족한 수확을 올릴 수 있는 것처럼, 미국 주식시장의 초보 투자자들도 큰 성과를 올리는 것이 가능한 상황이 펼쳐진 셈이다.

"파산이 없는 자본주의는 연옥이 없는 지옥과 같다"고 누가 말한 것처럼, 파산(=주가 폭락)의 위험이 없다면 주식을 먼저 매입하는 사람이 임자가 될 것이다.

물론 미국 주식시장이 1992년부터 7년째 상승했으니 시장에 값싼 주식은 씨가 말랐지만, 대부분의 투자자들은 이를 전혀 신경 쓰지 않았다. 워렌 버핏 같은 가치투자자들은 시장에 "매력적인 주식이 없다"고까지 경고했지만, 도취된 개미투자자들에게 그의 말이 귀에 들어올 리가 없었다.

03

이상과열의 출현

'주가가 비싸다', 혹은 '주가가 싸다'고 이야기할 때에는 주가수익비율(PER)의 숫자를 이용한다. 예를 들어 어떤 주식의 PER이 10배인데, 상장 이후의 평균 PER이 8배라면 주가가 싸다고 말하기는 쉽지 않을 것이다. 그런데 만일 이 주식의 PER이 30배라면? 아마 상당수의 분석가들은 주가에 거품이 껴 있다고 말할 것이다. 1990년대 말 미국 주식시장이 딱 이랬다.

2013년 노벨경제학상 수상자인 로버트 쉴러 교수는 2000년 초에 발간한 『이상과열』에서 미국 주식시장이 더 이상 유지하기 힘든 상황에 처했다고 조목조목 지적했다. 이제 그의 주장을 경청해 보자.

91쪽 그림은 1871년부터 2000년까지의 미국 월간 실질 S&P500지수(소비자물가지수로 인플레이션을 조정한 지수)를 S&P500 기업의 연간 실질수익 지수와 함께 보여준다. (중략) 우리는 최근 주식시장이 과거와 비교해 얼마나 다르게 움직이고 있는지를 알 수 있다. 주식시장은 1982년 바닥을 친 이후 줄곧 상승해 왔던 것이다. 특히 1992년에서 2000년까지의 주가 폭등은 놀랄 만하다. (중략)

그러나 1982년 이후의 이 극적인 주가 폭등은 실질수익의 성장과는 상응하지 않는다. 아래 그림을 보면, 최근에 기업의 실질수익이 크게 증가하지 않았음을 알 수 있다. 사실 기업의 수익은 지난 1세기 동안에 진동하면서 느리고 점진적인 성장 경로를 따르고 있는 것으로 보인다.

미국 주식시장의 역사에 최근과 같은 폭등은 전례가 없는 일이다. 물론 1929년 주가 대폭락으로 끝난 1920년대의 유명한 주가 폭등이 비슷하기는 하다. 아래 그림은 이 시기의 호황을 '첨탑'과 같은 모

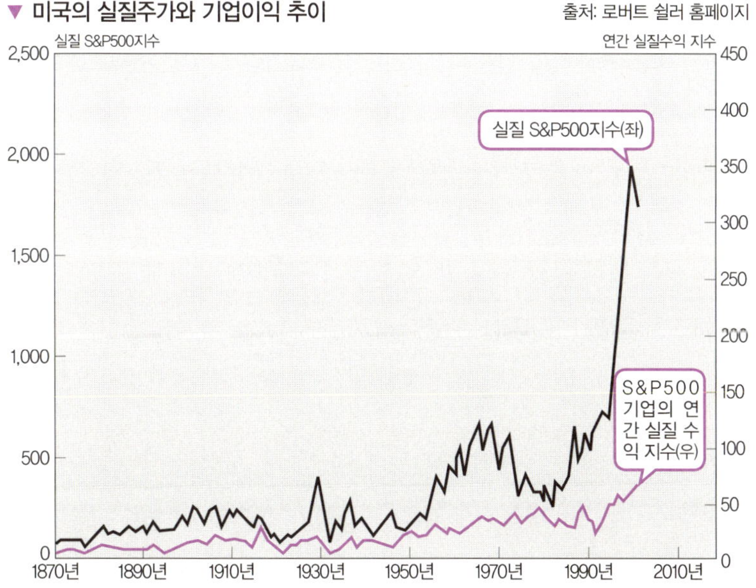

좀더 자세한 자료는 로버트 쉴러 교수의 홈페이지(http://www.econ.yale.edu/~shiller/data.htm)에서 확인할 수 있다.

습으로 보여준다. 그리고 현재의 주가 축척을 조금 줄인다면, 1920
년대의 이 사건과 최근의 주가 폭등이 유사한 것을 알 수 있다.

— 로버트 J. 쉴러, 『이상과열—거품증시의 탄생과 몰락』(2003)

호황에 도취된 투자자들에게 현재의 주식시장이 1929년의 그것과 대
단히 비슷하다고 일갈한 셈이다. 특히 쉴러 교수는 2000년 주식시장
의 PER이 1901년과 1929년, 그리고 1966년의 주가 고점보다 훨씬 더
높다고 경고했다.

> 93쪽 그림은 주가수익비율(PER), 즉 실질 S&P500지수를 실질수
> 익으로 나눈 값을 보여준다. 기간은 1881년부터 2000년까지의 월
> 간 자료이다. PER은 기업이 벌어들이는 수익에 대해 시장이 얼마
> 나 기업의 가치를 상대적으로 비싸게 평가하고 있는지를 보여주는
> 지표이다. (중략)
> 2000년 초 미국 주식시장의 PER이 44.3배를 기록하는 등, 1997년
> 이후 폭등하고 있음에 주목하라. PER은 역사적으로 그 어느 때도
> 이렇게 높지 않았다. 가장 유사한 시기는 1929년 9월 대공황 직전
> 에 32.6배를 기록했을 때였다.

— 로버트 쉴러, 『이상과열—거품증시의 탄생과 몰락』(2003)

로버트 쉴러 교수의 책이 출간된 다음, 일부 시장 참가자들은 시장
의 장기금리가 낮은 수준을 유지하고 있기 때문에 PER이 높은 수준
을 유지할 수 있다는 반론을 제기하기도 했다. 그렇지만 93쪽 그림에
나타난 것처럼, 시장의 장기금리가 2000년보다 낮았던 1940년대와

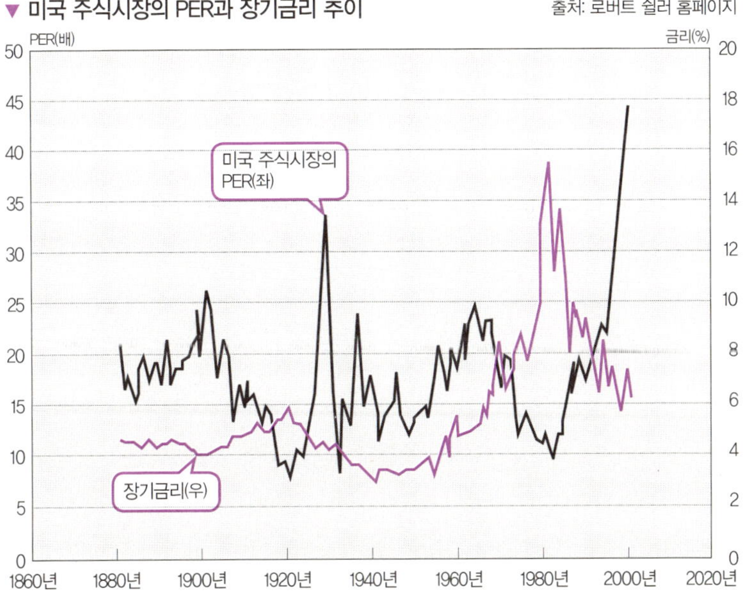

1950년대에 미국 주식시장의 PER은 15배에도 미치지 못했다. 이 점을 감안하면, 2000년 당시 미국 주식시장이 고평가된 것은 분명한 사실이라고 할 수 있다.

특히 연준이 1999년 6월 정책금리를 인상하면서부터 '저금리'에 대한 신뢰도 깨지기 시작했다. 그린스펀 연준 의장도 미국 주식시장이 고평가된 상황이라는 것은 익히 잘 알고 있었기에, 경세가 회복되자 즉시 금리인상을 단행했던 것이다.

04

장단기 금리의 역전 현상 발생

1999년 여름부터 시작된 연준의 금리인상이 주식시장의 붕괴로 이어진 이유는 다음의 두 가지 요인 때문이다.

1999년 연준의 금리인상

1999년 연준의 금리인상 후 주식시장이 붕괴한 요인 중 하나는 심리적인 요인이다. 미국 주식시장의 높은 PER을 정당화하던 것이 저금리였는데, 정책금리의 인상으로 이제 그 시기가 끝났다는 느낌이 시장 참가자들 사이에 퍼지기 시작했다.

또 하나 이에 못지않게 중요한 악재는 수급 불균형이었다. 정책금리 인상으로 채권투자의 매력이 높아진 반면, 고PER 기업의 최고경영자들이 주식 공급을 확대할 인센티브가 발생하면서 수급 불균형이 확대되기 시작한 것이다. 당장 '비이성적 과열'이란 용어가 생길 정도로 강력한 상승세가 나타났던 1996년에 미국 전체 신규 상장규모는 488억 달러에 불과했지만, 2000년 신규 상장규모는 1,082억 달러로 부풀었다.

물론 주식 공급이 급증한다고 해서 당장 주식시장이 무너진 것은 아니다. 아래 그림에 나타난 것처럼, 1980년 미국 가계의 주식투자 규모는 1조 달러에도 미치지 못했는데, 2000년 초에 10조 달러까지 부풀어 올랐기 때문이다. 그리고 1980년 제로 수준이었던 뮤추얼펀드의 투자 규모도 2000년 초에는 3조 달러 수준까지 증가해 주식시장에 어마어마한 유동성을 불어넣고 있었다.

그러나 아무리 가계의 주식투자 규모가 증가하더라도 끝도 없는 주식 공급의 확대를 막아낼 방법은 없었다. 결국 2000년 초부터 미국 금융시장에 몇 가지 특이현상이 나타나기 시작했다.

▼ **미국 가계의 주식 및 뮤추얼펀드 투자규모** 단위: 조 달러 | 출처: 연준 "Flow of Fund" 각호

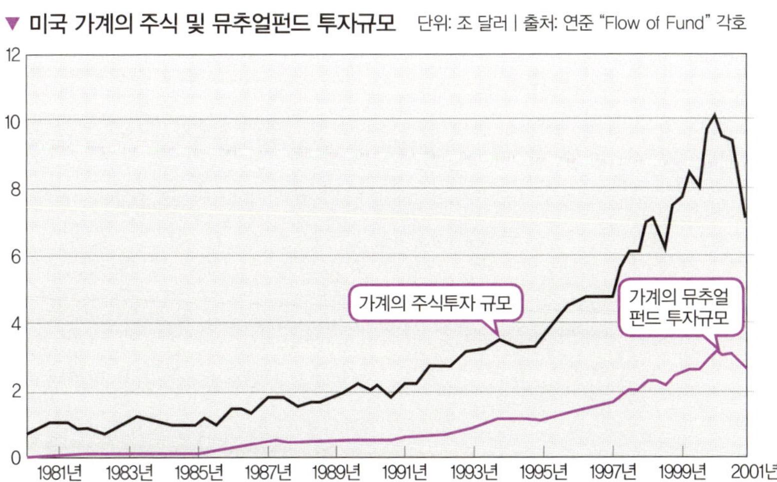

2000년 미국 금융시장의 특이현상

첫째, 미국 나스닥 시장에 상장된 정보통신 기업의 주가 상승률이 더욱 확대되었다.^{아래 그림 참조} 금리인상으로 심리가 위축되어야 마땅하건만, 오히려 주식시장이 더욱 급등했던 것이다.

둘째, 주식시장의 등락폭이 확대되었다. 하루에 주가가 수십 퍼센트씩 폭등하거나, 혹은 1/3 수준으로 폭락하는 기업들이 종종 목격되기 시작했다.

마지막으로 시장금리가 가파르게 상승했다가 급락하기 시작했다. 연준이 1999년 6월부터 정책금리를 인상하기 시작했음에도 시장금리가 하락한 것은 일대 사건이라고 할 수 있다.

이 모든 현상들은 주식시장의 상승세가 이제 끝났음을 알리는 신호탄이라고 할 수 있다. 특히 시장의 장기금리가 정책금리(=단기금리)보다

▼ 1975년 이후 미국 나스닥시장의 장기 추세 　　　　출처: 야후 파이낸스

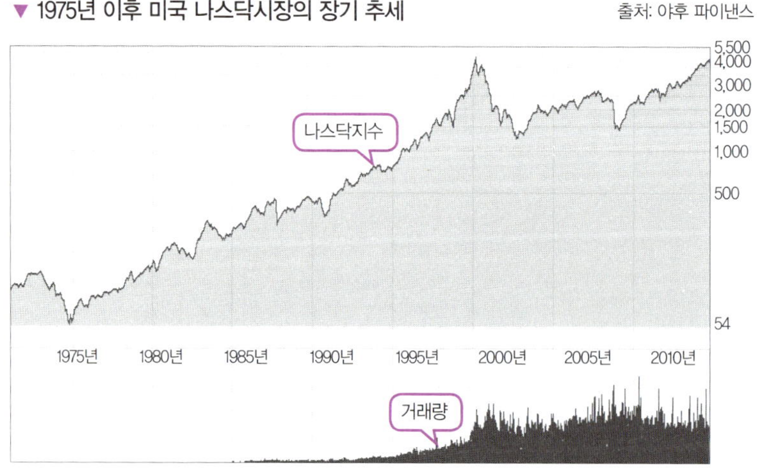

낮은 수준으로 떨어진 것은 매우 의미 있는 신호였다. 97쪽 그림 참조 왜냐하면 장기금리와 정책금리의 스프레드, 즉 장단기 금리차에는 채권시장 참가자들의 경기 예측이 담겨 있기 때문이다.

장단기 금리의 역전 현상

장기채권을 매입하는 사람들은 대부분 기관투자자들과 연금 생활자들로 장기적인 경제전망에 관심이 많다. 장기채권의 만기는 최소 3년 이상이므로, 장기채권 투자자들은 당장의 경제여건보다는 3년 혹은 10년 이후의 경제성장률과 인플레이션에 관심이 많을 수밖에 없다.

따라서 장기채권 금리의 상승은 미래의 인플레이션과 경제성장률의 회복을 기대하는 투자자가 늘어난 것으로 볼 수 있다. 반대로 장기채권 금리의 하락은 미래의 경제성장률 및 인플레이션의 수준이 지금보다 떨어질 것으로 예상하는 투자자가 늘어난 것으로 볼 수 있다.

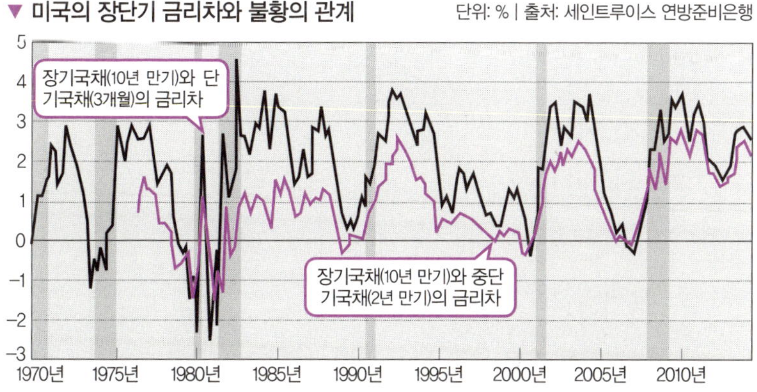

반면 단기채권의 금리는 현재의 통화 정책당국의 태도를 잘 보여준다. 물가가 상승하고 경제가 과열되어 있다면 중앙은행은 정책금리를 계속 인상할 것이고, 이에 따라 중앙은행이 통제하는 단기자금 시장의 금리도 상승하기 때문이다. 반대로 경제여건이 나쁘고 물가상승률이 낮은 수준에서 잘 억제되어 있다면, 정책당국은 정책금리를 계속 인하할 것이고 단기금리도 이에 연동되어 하락할 것이다.

장단기 금리차란 장기채권과 단기채권의 금리 차이를 말한다. 장단기 금리차는 보통 플러스(+)의 값을 가진다. 투자자들은 일반적으로 위험을 회피하려는 태도를 보이기 때문에, 만기가 긴 장기채권을 단기채권과 동일한 금리로 매수하지는 않을 것이기 때문이다. 따라서 일반적으로 장기채권은 단기채권보다 금리가 더 높다.

그런데 정책금리가 공격적으로 인상될 경우, 단기금리가 장기금리의 수준을 넘어서는 '사건'이 발생한다. 정책금리의 지속적인 인상으로 주식가격의 하락 가능성이 높아지면, 장기채권에 대한 수요가 늘어나기 시작한다. 왜냐하면 앞으로 발행될 장기채권의 금리가 경기불황의 영향을 받아 떨어질 가능성이 높으니, 지금이라도 서둘러 장기채권을 사두는 것이 이익이기 때문이다.

이런 이유로 정책금리(단기금리)의 절대 수준이 너무 높다고 판단될 때는, 장기채권에 수요가 몰리면서 장단기 금리의 역전 현상이 발생한다. 따라서 2000년 봄에 나타난 장단기 금리의 역전 현상은 대단히 귀중한 신호였다고 할 수 있다.

그러나 장기호황에 도취된 투자자들은 장단기 금리의 역전 현상이 눈에 들어오지 않았다. 당장이라도 부자가 될 것 같은 꿈에 도취되어 있는데, 고리타분한 경제지표, 그것도 채권금리의 동향이 눈에 찰 리가 없었던 것이다.

결국 2000년 3월, 결코 오지 않을 것 같던 붕괴의 시기가 찾아왔다. 제일 먼저 무너진 것은 기업이익이 뒷받침되지 않은 채 기세로 올랐던 인터넷 및 통신 주식들이었다.^{100쪽 그림 참조} 특히 이들 주식은 내부자들의 주식 매도가 집중되었다는 특징이 있다.

산업 전반에 걸쳐 내부자(Insider)의 주식 매도가 성행했다. 특히 통신주 주가가 정점에 이른 시기에 널리 일어났다. 2000년과 2001년에 글로벌과 퀘스트 등 통신회사의 내부자는 무려 80억 달러 이상의 주식을 매도했다.

— 로저 르웬스타인, 『버블의 기원』(2004)

안 그래도 경기전망이 어두워지고 있는데, 최고경영자 등 내부자들의 주식 매도까지 겹치니 시장의 수급은 급격히 나빠질 수밖에 없었다. 여기에 특히 문제가 된 것은 연준의 행동이었다. 2000년 3월부터 나스닥지수가 폭락하고 있었건만, 연준은 2001년 1월이 되어서야 금리인하를 단행했던 것이다.

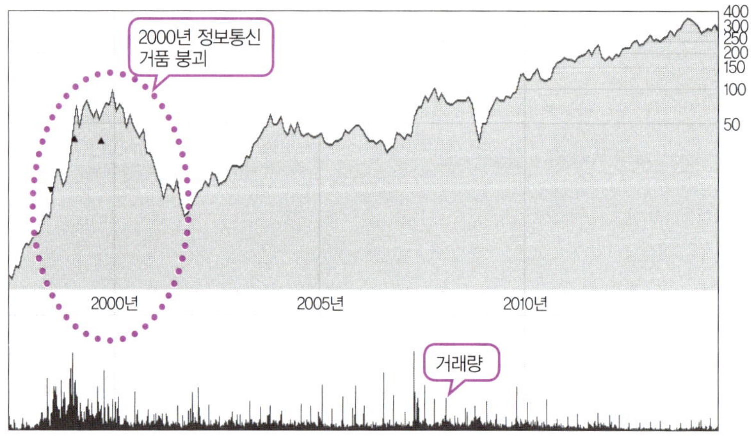

나스닥 시장의 붕괴 후에도 왜 국제유가는 상승했나?

지금 돌이켜보면 연준의 행동이 이상하게 보이지만, 당시에는 지극히 당연한 정책으로 보였다. 연준은 불안한 '물가'에 촉각을 곤두세우고 있었다. 특히 국제유가가 문제였다. 국제유가는 1998년 11월 말에 배럴당 11달러까지 떨어졌는데, 1999년 7월 초에 20달러 선을 돌파했고, 2000년 6월에는 다시 30달러를 뚫고 넘어서 1991년 걸프전 이후 최고치를 연일 갱신했다. 101쪽 그림 참조

2000년 3월 나스닥 시장의 붕괴 이후에 경기가 나빠졌는데도, 왜 국제유가가 더 상승했을까?

그 이유는 바로 원유의 경기 후행성 때문이다. 원유는 소비자와의 거리가 먼 가장 대표적인 상품이다. 여기서 '거리'라 함은 물리적 거리만을 의미하는 것이 아니라 공급사슬의 거리를 말한다.

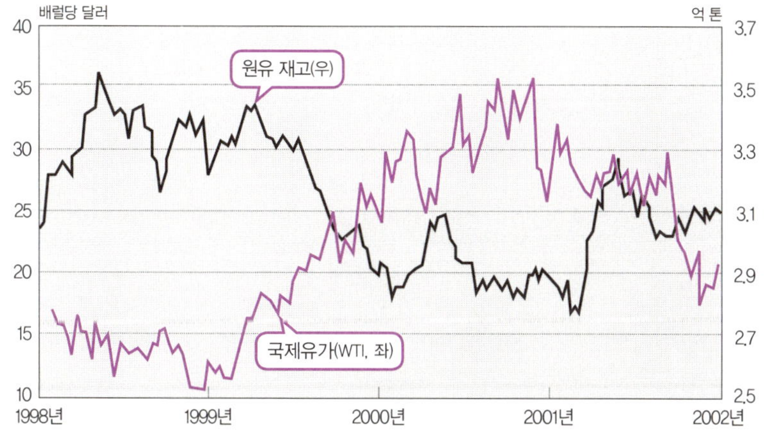

공급사슬이란 '소비자-유통업체-물류업체-제조업체-부품업체-원자재업체'로 이어지는 관계를 의미한다. 소비자들이 마트에서 물건을 구입할 수 있는 이유는 수많은 생산자와 물류업체, 그리고 부품 및 원자재업체들이 부지런히 그 역할을 수행하기 때문이다.

그런데 소비자들의 수요 변화는 즉각 제조업체나 원자재업체에 영향을 미치지 않는다. 왜냐하면 소비자들의 수요 변화가 '일시적'인 일일 수도 있기 때문이다. 따라서 기업들은 항상 일정한 수준의 재고를 보유하려고 애쓴다.

그런데 1998년 가을에 발생했던 러시아 외환위기로 원유 재고 보유에 대한 필요성이 급격히 감소하고 말았다. 왜냐하면 러시아 원유 생산업체들이 외화 유동성을 확보하기 위해 가격을 불문하고 재고를 팔아대기 시작했기 때문이다. 따라서 전 세계의 정유 및 석유업체들은 원유 재고를 최저 수준으로 떨어뜨리는 방향으로 대응했다.

문제는 1999년 말부터 시작되었다. 원유 재고가 과거의 2/3 수준으로 떨어진 상황에서 원유 수요가 폭발적으로 증가한 것이다.

원유 수요가 증가한 이유는 바로 '호황' 때문이었다. 아시아 여러 나라들은 아직 외환위기의 충격에서 벗어나지 못했지만, 미국과 유럽에서 정보통신 버블의 영향으로 강력한 소비 증가가 나타났다. 먼저 소비자들이 SUV 등 연비가 낮은 자동차를 구매했고, 또 여행수요가 증가하며 운행거리도 늘어남에 따라 휘발유 수요가 급증했던 것이다.

요약하자면, 원유의 공급은 재고 축소와 가동률 저하로 줄어든 반면 수요는 정보통신 버블 때문에 크게 증가했다는 것이다. 그리고 이렇게 수급 균형이 크게 흔들려 버리면, 웬만한 수요 충격에도 가격 상승세가 흔들리기 쉽지 않다. 왜냐하면 투기적인 원유 매수세까지 유입될 가능성이 높기 때문이다. 결국 국제유가의 급등세는 2000년 말 배럴당 34달러를 찍을 때까지 계속되었다.

05

민스키 모멘트와 버블 붕괴

연준이 2000년 5월까지 국제유가의 급등에서 비롯된 물가불안에 대응하기 위해 금리인상을 지속하고, 금리인하 시기를 2001년 초로 늦춘 것은 상상 이상의 결과를 낳았다.

나스닥지수는 2000년 3월 5,132포인트를 고점으로 떨어지기 시작해서 2002년 10월에는 1,108포인트까지 추락했다. 고점으로부터 하락률이 무려 78.4%였으니, 주식시장 참가자들이 받은 고통은 쉽게 짐작할 수 있을 것이다.

연준의 금리인하가 9개월 징도 지연된 것은 분명 실책이었나. 그렇지만 2001년 초 이후에 연준의 금리인하 폭은 대단히 컸다. 미국의 정책금리는 2000년 말에 6.5%였는데, 2001년 말에는 1.75%까지 인하되었다. 그럼에도 불구하고 미국 주식시장은 2003년 초까지 만 3년 동안 하락했고, 경제성장률은 채 1%에도 미치지 못하는 수준으로 떨어지고 말았다. 104쪽 그림 참조

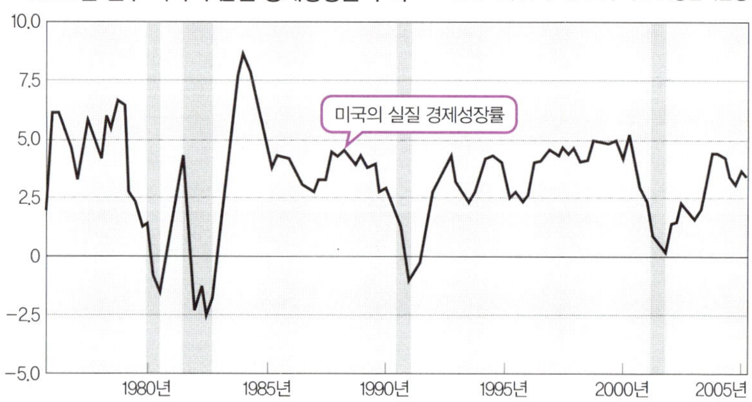

민스키 모멘트의 출현

1990년대 일본의 경험이 준 교훈, 즉 금융시장이 위기에 처하고 디플레이션 압력이 높아질 때에는 단호하게 행동하라는 교훈을 충실히 이행했음에도 불구하고, 미국의 경제와 주식시장이 침체에 빠져든 이유는 어디에 있는가? 그 답은 '민스키 모멘트'의 출현에 있다. 이 기회에 민스키 모멘트에 대해 좀 더 자세히 파악해 보자.

하이먼 민스키가 주창한 금융 불안정 가설이란 한마디로 말해 기업이나 가계의 차입 변화가 경기의 급격한 변동을 일으키는 주범이라는 것이다.

초기에는 대부분의 가계와 기업(그리고 정부)이 차입을 하지 않아 경제는 건전한 상태에 있다. 그러나 경제가 생각보다 건전한 것으로 밝혀지고, 또 경기 확장세가 지속될 것이라는 기대가 부각되면서부터 차입이 서서히 '위험하지 않은 것'으로 간주되기 시작한다.

또 경기가 회복되는 동안에는 '차입'이 투자성과를 크게 높이기 때문에 경제 주체들 사이에서는 돈을 빌려 투자해 성공한 사람들에 대한 '선망'이 생겨난다.

그러나 이런 과정이 장기화되면서 비극적인 '민스키 모멘트'가 출현하게 되는데, 이는 특정 조건(저금리 정책 혹은 규제완화 등)이 가세하면서 부채 증가에 가속도가 붙은데다가, 경제 주체들이 차입의 위험성을 완전히 무시하는 행동을 보이고, 또 금융기관마저 이런 태도를 부추기는 정책을 사용할 때 발생하게 된다.

— 폴 크루그먼, 『지금 당장 이 불황을 끝내라!』(2003)

쉽게 말해 부채의 걷잡을 수 없는 증가에 힘입어 자산의 가격이 상승하고, 부채 증가에 브레이크가 걸리는 순간, 자본시장이 걷잡을 수 없이 무너지는 것을 '민스키 모멘트'라고 할 수 있다.

차입의 급증과 버블 붕괴

106쪽 그림을 보면, 미국 가계의 부채가 1996년부터 폭발적으로 증가하는 것을 발견할 수 있다.

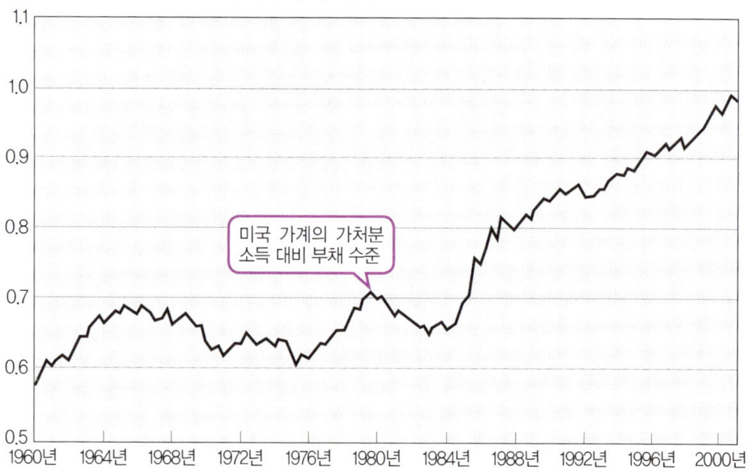

그럼, 부채가 어디에서 이렇게 증가했을까? 그것은 바로 주식 신용대출이었다. 신용대출이란 간단하게 말해 자신이 보유한 주식을 담보로 돈을 빌려 주식투자를 하는 것을 의미한다. 물론 주가가 오르면 큰 수익을 얻을 수 있지만, 만일 주가가 하락한다면 그는 '마진콜'을 경험할 수 있다.

예를 들어 투자자 A가 증권사에서 1,000만원을 빌리면서 현재 주가 기준 2,000만원의 주식을 담보로 제공했다고 가정해 보자. 그런데 어느 날 갑자기 주가가 폭락해 담보로 맡긴 주식의 현재 가치가 1,000만원으로 떨어졌다면? 이럴 때 증권사들은 '마진콜'을 행사한다. 다시 말해 담보를 추가로 제공하지 않으면, 담보로 맡긴 주식을 팔아치우겠다는 뜻이다. 이런 상황을 보여주는 것이 107쪽의 그림이다.

거대한 신용대출의 증가가 나타날 때 일반적으로 주식시장은 강세를 보인다. 왜냐하면 개인투자자들이 지닌 여력보다 더 많은 돈을 주식 매수에 투입할 수 있기 때문이다. 대략 주식 담보의 6배 전후에 달하는 돈을 빌릴 수 있기 때문에 신용대출의 증가는 주식시장의 강한 상승 에너지로 이어지게 된다.

문제는 2000년 3월이나 2007년 7월처럼 신용대출이 갑작스럽게 감소할 때 발생한다. 신용대출이 갑자기 감소했다는 것은 바로 '마진콜'이 발생했다는 것을 의미한다.^{아래 그림 참조}

주로 내부자에 의해 주도되는 갑작스러운 매도 공세가 출현하면 마진콜이 발생한다. 그런데 일단 마진콜이 발생하기 시작하면 주식시장은 큰 충격을 받을 수밖에 없다. 앞에서 언급한 것처럼 연쇄적인 주식 매

▼ **뉴욕증권거래소(NYSE)의 신용대출 규모**　　　　단위: 억 달러 | 출처: 마켓워치

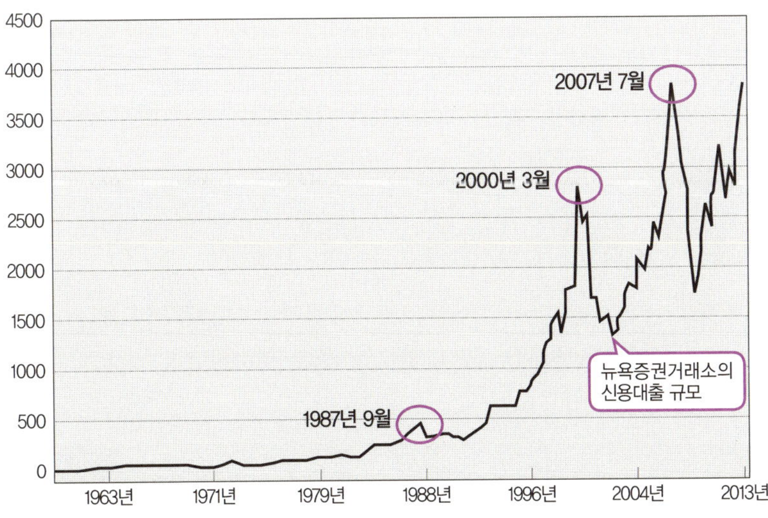

물이 시장에 나오기 때문이다.

주가가 하락하면 담보가치가 떨어지고, 떨어진 담보가치를 메울 현금을 추가로 납입하지 않으면 자동적으로 담보 주식의 매각이 이루어지는 것이다. 그러므로 금융시장에서 '차입 증가'는 무엇보다 무서운 일이다. 특히 차입이 시장규모에 비해 훨씬 크게 이루어지면 그 자체가 이미 붕괴의 징후를 내포하고 있다고 할 수 있다.

2000년 정보통신 버블 붕괴의 교훈

이상의 분석을 종합해 보면, 2000년 정보통신 버블 붕괴가 준 최대의 교훈은 차입의 급격한 증가가 나타날 때에는 아주 사소한 충격(=금리 인상 등)에도 시장이 붕괴될 수 있다는 것이다. 더 나아가 부채 증가에 힘입어 유지된 상승세가 무너지는 순간, 아무리 금리를 인하해도 시장에 미치는 충격은 사라지지 않음을 알아야 한다.

물론 1990년대 일본이 준 교훈은 무시되지 않았다. 2001년 초부터 시작된 강력한 금리인하는 투자심리의 급격한 붕괴를 막아내는 데 크게 기여했다.

2001년 한때 디플레이션의 위험이 부각되는 등 위험이 없지는 않았지만, 9.11 테러 이후 시작된 '테러와의 전쟁'이 디플레이션의 위험을 날려버렸다. 주식시장에 전해지는 격언 중에 "전쟁의 나팔소리에 주식을 매수하라"는 말이 있는 것처럼, 전쟁으로 촉발된 대규모 재정 투입은 경제 전반에 강력한 상승 에너지를 가져오기 때문이다. 실제로 이라크 전쟁이 끝난 2003년 초부터 미국 경제는 또다시 강력한 회복세를 보였다.

그럼에도 불구하고 시장의 불안감은 사라지지 않았다. 아무리 중앙은행이 면밀하게 '패닉'에 대비하고, 또 위기가 발생하자마자 즉시 정책금리를 인하했다고 할지라도 시장의 '버블'이 형성되는 것을 막을 수 없다는 것을 확인했기 때문이다. 이에 대해 미국의 경제학자 하이먼 민스키는 다음과 같이 주장한다.

> 중앙은행의 우선적 목표는 관리하기 어려울 만큼 과도하게 부채더미가 쌓이는 것을 막는 일이다. 이 목표를 달성하면, 장기적인 가격안정과 금융안정에 관한 중앙은행의 임무는 하나로 일치될 것이다.
> — 조지 쿠퍼, 『민스키의 눈으로 본 금융위기의 기원』(2009)

다시 말해 투자자들이 자산가격의 상승을 낙관하고 대출을 크게 늘릴 때에는 선제적인 타격을 가해야 한다는 것이다.

물론 이것은 쉽지 않은 이야기이다. 특히 미국처럼 개개인의 자유를 보호하고, 또 적극 권장하는 나라에서는 특히 어려운 이야기이다. 오히려 2000년대 초반부터 부시 행정부는 금융규제를 대폭 완화하는 등 민스키의 조언과 정반대의 방향으로 움직이기 시작했다. 그리고 이는 2008년 금융위기를 낳는 씨앗이 되고 말았다. 다음 장에서 이 문제에 대해 좀 더 자세히 살펴보도록 하자.

효율적 시장 가설과 2008년 부동산시장의 붕괴

3장에서는 2008년 미국과 중국의 동시 버블, 그리고 그 버블 붕괴의 과정을 다룬다.

왜 두 경제대국이 동시에 붐을 기록하고 또 역사적인 폭락을 맞이했는지 그 배경을 따라가다 보면, 앞으로 세계 경제에서 왜 디플레이션 압력이 더 우세하며, 더 나아가 정책당국이 어떤 태도를 취하게 될지 이해하게 될 것이다.

01

장기간 이어진 저금리 국면

2008년 금융위기는 6년이 지나도록 세계 경제에 깊은 상흔을 남기고 있다. 특히 2014년 6월 유럽중앙은행(ECB)은 정책금리를 기존 0.25%에서 0.15%로 인하했다. 또한 유럽중앙은행에 예치된 은행들의 예금금리에 대해 −0.10%의 금리를 부과하기로 결정해서 큰 충격을 주었다. 여기서 마이너스 금리란, 돈을 맡길 때마다 이자를 받기는커녕 맡긴 돈의 0.1%에 해당하는 수수료를 지불해야 한다는 뜻이다.

유럽중앙은행이 이렇게 말도 안 되는 정책을 펴는 이유는 단 하나, 돈이 전혀 돌지 않기 때문이다.

정책금리를 아무리 인하해도 통화공급이 증가하지 않고, 더 나아가 물가하락 압력이 높아지는 상황, 즉 1990년대 일본과 같은 디플레이션이 눈앞에 다가온 것이다.

디플레이션 기대가 부각될 때

1장에서 자세히 살펴보았던 것처럼, 디플레이션 기대가 부각될 때 소비자들과 가계는 저축에 더욱 열을 올리게 된다. 왜냐하면 그들이 지고 있는 부채의 실질 부담이 나날이 커지기 때문이다. 예를 들어 2억 원의 빚을 지고 있는 가계를 생각해 보자. 월급이 500만원이라고 할 때, 연 400만원(금리 2%)의 이자 부담은 크지 않을 수 있다. 그런데 만일 디플레이션이 발생해 보유 주택의 가치가 하락하고 월급마저 깎인다면 어떻게 될까?

그러면 그는 실질소득이 줄어드는 상황에서 고정적인 이자 부담 문제를 해결하기 위해 다음의 두 가지 중 하나를 선택해야 한다.

첫 번째 방법은 빚을 청산하는 것이다. 2억원 모두는 아니더라도 일부만이라도 갚으면 이자 부담을 덜 수 있다. 대신 보유하던 자동차나 콘도, 그리고 기타 유가증권을 처분하는 과정에서 손실이 발생할 수 있다. 또 다른 방법은 저축을 늘리는 것이다. 소비를 줄여 어떻게든 이자를 계속 내고, 더 나아가 돈을 저축해서 빚을 갚아 나갈 재원을 확보하는 것이다. 결국 이 두 가지 방법 모두 저축을 증가시키는 결과를 초래한다.

각 가계의 입장에서는 저축을 늘리는 것이 좋은 일이지만, 경제활동 참가자 모두가 저축을 늘린다면 경제는 어떻게 되겠는가? 지금 일본을 보면 알 수 있듯이, 경제의 활력이 떨어지며 기업들은 경쟁력을 지

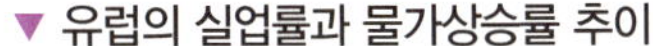

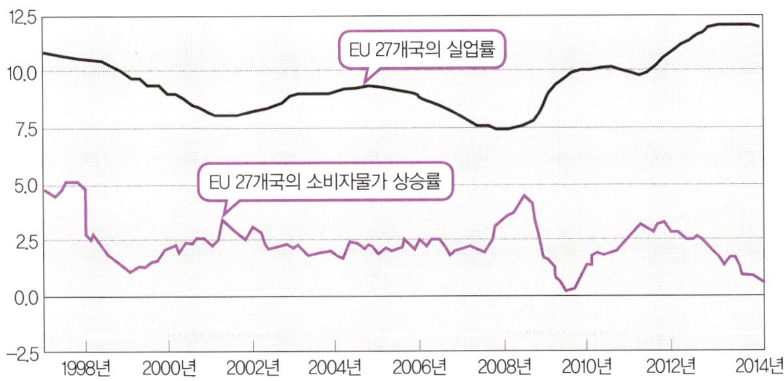

속적으로 상실하여 '플라스크 안의 개구리'처럼 서서히 죽음을 향해 걸어갈 수밖에 없을 것이다. 따라서 디플레이션이 발생한 나라의 경제는 끝없이 침체된다.

현재 유럽 상황이 딱 그 모양이다. 위의 그림을 보면, 유럽의 실업률은 계속 상승하는데, 소비자물가 상승률은 마이너스를 향해 지속적으로 하락하고 있음을 확인할 수 있다.

이 책의 주제에서 조금 벗어나지만, 유럽 경제가 그토록 오랜 기간 불황에서 빗어나지 못한 것은 '1990년내 일본의 경험'을 무시하고 새 정건전화 정책을 조급하게 추진한 것에 원인이 있는 것으로 판단된다.

유럽 이야기는 이 정도쯤에서 끝내고, 이제 본격적으로 이번 장의 주제에 접근해 보자.

왜 금융위기가 고작 8년 만에 또 발생했을까?

2000년 정보통신 버블이 붕괴된 지 불과 8년 만에 대대적인 금융위기
가 발생한 이유는 무엇일까?

위기 이후 수많은 경제학자들이 이 문제에 대해 논쟁하고 또 연구
한 결과, 가장 큰 원인은 장기간 지속된 저금리 환경에 있다는 쪽으로
맞추어지는 듯하다. 물론 이에 대해 전 연준 의장인 벤 버냉키는 저금
리가 원인이 아니라고 반박하지만, 일단 소수의견으로 볼 수 있다[벤 버
냉키, "Monetary Policy and the Housing Bubble"(2010)].

실제로 아래 그림에 나타난 것처럼, 2000년대 초반 미국의 정책금리
는 적정금리에 비해 상당히 낮은 수준을 유지했다. 여기서 '적정금리'
는 미국의 경제학자가 고안한 적정금리 추정 모형인 테일러 룰에 따른

▼ 테일러 룰에 따른 미국의 적정금리와 실제 정책금리

단위: % | 출처: 벤 버냉키, "Monetary Policy and the Housing Bubble"(2010)

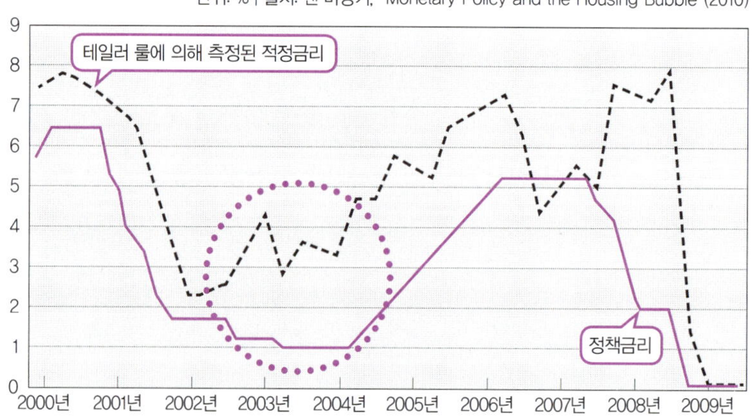

'원' 부분은 2000년대 중반의 '저금리' 구간을 표시하는데, 테일러 룰에 의해 측정된 적정금리는 3% 이
상이었지만 실제 정책금리는 1%로 동결되어 있음을 보여주고 있다.

것으로, 2003년부터 2004년 사이에 정책금리로 3% 정도가 적정했음을 알 수 있다. 적정금리는 실업률과 경제성장률 등 경제의 여러 변수를 종합하여 계산된다. 정책금리가 적정금리보다 크게 낮으면 경기과열의 위험이 커지며, 반대로 정책금리가 적정금리보다 크게 높은 수준이면 불황의 위험이 커진다.

물론 연준도 할 말이 없는 것은 아니다.
인플레이션 압력이 대단히 낮은 상황에서 정책금리를 공격적으로 인상하는 것은 명분이 없다는 것이 연준의 변이다. 2003년 초 이라크 전쟁을 전후해서 물가가 상승했지만, 이것은 전쟁 때문에 발생한 일시적 현상에 불과하다는 것이다. 이러한 연준의 주장은 상당히 일리가 있어 보인다.

118쪽 그림을 보면, 2003년 하반기와 2004년 초에 미국의 소비자물가 상승률은 2%를 밑돌고 있었으며, 공장가동률도 75%에 미치지 못하는 등 미국 경제에 인플레이션 압력이 극히 낮았다.

물론 2004년 이후 소비자물가 상승률이 2%대를 넘어 3%대까지 상승하고, 공장가동률도 80% 선을 회복했는데도, 금리인상의 속도가 빠르지 않았던 것은 분명 비판받아야 할 부분이다.

그러나 2000년대 중반 소비자물가 상승률이 2% 초반 수준에 머물러 있는데, 정책금리를 공격적으로 인상하기는 쉽지 않았을 것으로 판단된다. 특히 2000년 일본의 중앙은행인 일본은행이 정책금리를 인상

'원' 부분은 미국의 물가가 안정되었던 2000년대 중반의 모습이다.

했다가 경제가 다시 무너진 것도 큰 영향을 미쳤을 것이다.

따라서 미국 연준이 (몇 가지) 잘못을 저지른 것은 분명하지만, 그들'만'이 2008년 금융위기의 주범이라고 몰아붙이는 것은 연준 입장에서는 억울한 면이 있다고 생각된다.

02

중국이 미국 부동산 버블을 유발했다고?

앞에서 이야기한 것처럼, 만약 미국 연준이 2008년 금융위기의 '주범'이 아니라면, 대체 누가 주범인가? 이 질문에 대한 유력한 용의자는 바로 중국이다.

왜 연준의 금리인상에도 미 국채금리는 안 올랐을까?

부동산시장이 금리에 민감한 것은 누구나 잘 알고 있는 사실이지만, '어떤 금리'에 민감하냐는 것에 대해서는 잘 모르는 사람들이 많다. 우리나리는 변동 금리의 대출 비중이 높기 때문에 고픽스(COFIX) 같은 단기금리의 동향이 중요하다. 그렇지만 미국은 대출의 80% 이상이 고정금리 대출이기 때문에 장기금리의 추세가 훨씬 더 중요하다.

　다음의 그림은 미국의 장기국채 금리와 30년 만기 부동산 담보대출 금리의 추세이다.^{120쪽 그림 참조} 여기서 우리는 이 두 금리가 서로 매우 밀접한 연관을 맺고 있음을 볼 수 있다. 다시 말해 미국 장기국채의 금

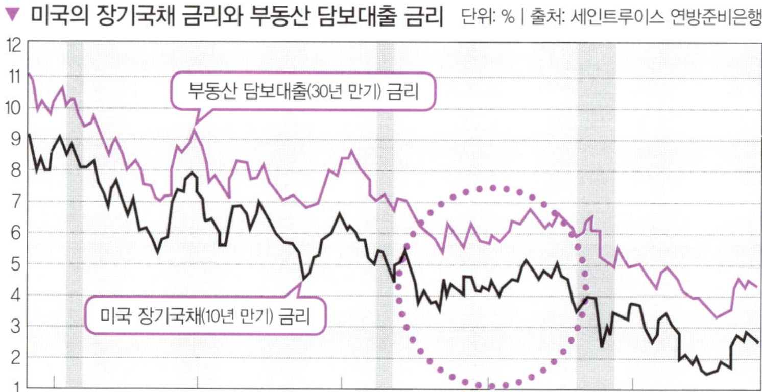

리가 떨어지면 부동산 담보대출 금리도 떨어지며, 반대로 장기국채의 금리가 상승하면 부동산 담보대출 금리도 오른다.

다시 2000년대 중반 상황으로 돌아가 보자. 당시 장기국채의 금리는 정책금리의 인상에도 불구하고 꼼짝도 하지 않았다. 2003년 말 미국의 장기국채 금리는 4.27%였는데, 2004년 말에 정책금리가 인상되자 4.24%로 약간 떨어졌을 뿐이다. 심지어 정책금리가 6차례나 인상된 2005년 말에도 장기국채 금리는 4.39%에 불과했다.

당시 미국의 중앙은행인 연준은 정책금리를 계속 인상하고, 또 앞으로도 금리인상이 계속될 것이라는 '신호'를 명확하게 주고 있었다. 그런데 왜 미국의 국채금리는 오르지 않았을까? 그 답은 바로 중국에 있다.

중국의 거대한 외환보유고와 미국 경제

당시 중국은 2001년 세계무역기구(WTO) 가입 이후에 점점 '세계의 공장'으로 성장하고 있었지만, 수출로 벌어들인 막대한 외화를 다시 지출하기보다 외환보유고 형태로 저축하는 길을 택했다.

간단하게 생각해 보자. 어떤 가정의 수입이 500만원인데 400만원만 지출했다면, 이 가계는 매월 100만원의 흑자를 올릴 것이다. 처음에 100만원의 흑자가 생겼을 때는 큰돈이 아닌 것처럼 느껴지지만, 이것이 계속 쌓이며 이자가 늘고 재투자를 하다 보면 점점 큰돈으로 불어나게 될 것이다. 중국도 마찬가지의 과정을 겪었다.

2000년 초 중국이 수출대국으로 첫발을 내디뎠을 때, 외환보유고는 고작 1,590억 달러에 불과했다. 하지만 2001년 세계무역기구 가입 이후에 외환보유고가 가파르게 증가하기 시작해서 2001년 말에는 2,000억 달러, 2003년 초에는 3,000억 달러, 2004년 8월에는 5,000억 달러, 그리고 2006년 10월에는 드디어 1조 달러의 벽을 돌파하기에 이르렀다. _{122쪽 그림 참조}

여기에서 한 가지 의문이 제기된다. 왜 중국 사람들은 수출을 한 만큼 수입을 하지 않았을까?

물론 중국의 위안화 가치가 저평가되어 수출이 훨씬 유리했던 것은 사실이다. 그렇다고 하더라도, 수출이 꾸준히 잘되면 기업들의 실적도 개선되고 또 임금도 상승하여 결국 경기호황이 나타나는 것이 당

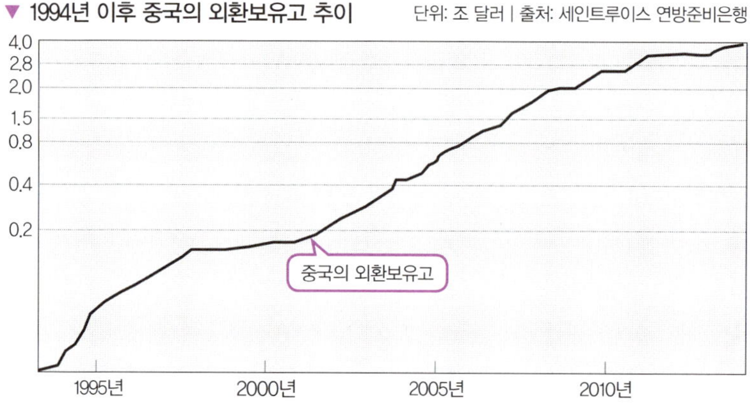

연하지 않은가? 중국의 외환보유고 증가속도는 정상의 범주를 벗어날 정도로 너무 과격하지 않은가? 대체 왜 중국의 소비자들은 지출을 늘리지 않았던 것일까?

현재 인도 중앙은행 총재인 라구람 라잔 (전)시카고대학교 교수가 이 의문에 대한 답을 제시한다.

(중국과 같은 국가 주도의) 관리 자본주의는 특히 초기, 경제성장의 제1단계에서는 모든 것이 생산자 중심으로 돌아가기 때문에 포퓰리즘(Populism) 성향의 민주주의와 공존하기 힘들다. 그렇기 때문에 성장 초기 단계에서 극도의 보호정책을 통해 기업을 버릇없는 아이처럼 육성해 놓은 정부는 제2단계로 기업들로 하여금 수출업체로 확실하게 전환할 것을 원한다.   — 라구람 G. 라잔, 『폴트 라인』(2011)

간단하게 이야기해서 중국 정부가 기업들을 상대적으로 '작은' 내수시장에 머물러 있지 말고, 적극적으로 해외로 나가라고 내몰았던 것이다. 그리고 중국은 공산당의 제1당 독재로 움직이는 나라이기에 이런 정책이 일종의 '추세'를 만들었다는 이야기가 된다.

또한 최근 중국의 부동산 가격이 급등해서 도시 근로자 가계가 정상적인 방법으로는 도저히 주택을 구입할 수 없게 된 것도, 소비자들이 지출을 줄이는 요인으로 작용했다. 피터슨연구소의 석학인 니콜라스 라디 박사의 지적을 경청해 보자.

최근 중국의 예금금리가 마이너스 수준인데도 불구하고, 왜 중국인들의 저축률은 날로 높아지기만 하는가? 그 이유는 다음의 두 가지 요인 때문이다.

첫 번째는 가계의 자산이 마땅히 갈 곳이 없다는 데 있다. 중국의 주식시장은 급등 후 버블 붕괴 등으로 신뢰를 잃어버렸고, 특히 주가 버블 때 대대적인 주식 공급이 이루어져 수급이 구조적으로 악화됨에 따라 상당수 중국인들은 주식시장에 대해 흥미를 잃어버리게 되었다.

두 번째는 주택 보유율이 70%를 넘어서지만(도시 기준), 이들 대부분이 노후화되어 있어 주택 갈아타기에 대한 열망이 강한 반면 예금금리 하락으로 소득 증가속도가 둔화되었다는 것이다. 결국 중국인들은 저축을 더 늘려 더 크고 깨끗한 집으로 이사하려는 동기를 가지게 되었다. — 니콜라스 라디, "Sustaining China's Economic Growth after the Global Financial Crisis"(2012)

중국의 국채 매수가 미국 부동산시장에 미친 영향

중국의 구조적인 불균형 문제는 이 정도에서 마무리하고, 다시 주제로 돌아가 보자.

외환보유고가 1, 2천억 달러가 아니라 수조 달러까지 팽창하면 한 가지 문제가 생긴다. 대규모의 자금을 제대로 운용하기 위해서는 무엇보다 '유동성'이 필요하다. 그런데 수조 달러에 달하는 자금을 믿고 투자할 수 있는 자산이 세상에 그리 많지 않다는 것이다. 결국 중국은 외환보유고에서 50% 이상의 자금을 미국 국채에 투자하고, 나머지는 미국의 정부기관채, 그리고 유로채 등에 투자했다. 다시 말해 중국이 수출을 많이 할수록 미국 국채에 투자하는 규모가 커졌던 셈이다.

게다가 2000년대 중반에는 큰 전쟁도 없었기에 미국 정부의 재정적자 규모도 다시 줄어들고 있는 추세였다. 그래서 국채 공급도 상대적으로 적었다. 결국 중국 등 아시아 국가의 채권 매수세가 날로 강화되는데다가, 미국 정부의 국채 발행량도 줄어드니 채권금리가 오를 수가 없었다. 그리고 이러한 채권금리의 하락은 부동산시장에 대형 호재로 작용했다.

다음의 그림은 미국 부동산 가격과 부동산 담보대출 금리의 추세를 보여준다. 2000년대 초반 이후에 실질 부동산 담보대출 금리가 가파르게 하락하자, 대도시 부동산의 가격이 급등했다. 특히 2005년 말에는 실질 대출금리가 마이너스 수준까지 떨어지자, 투기적인 매수세가 더욱 촉발되는 계기가 되었다. 따라서 중국 등 아시아 국가의 미국

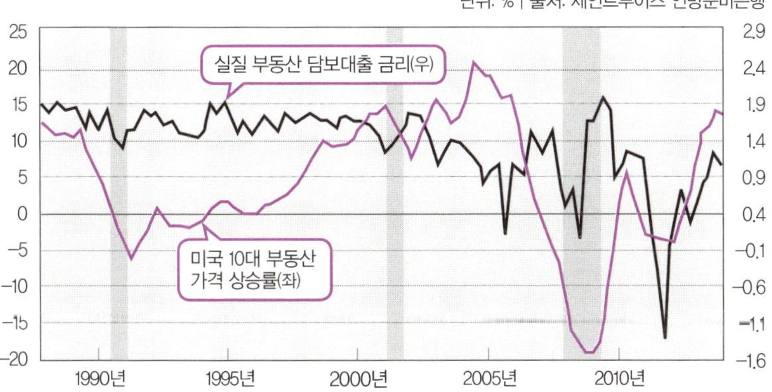

국채 순매수가 부동산 버블을 만드는 데 큰 역할을 했다는 것만은 분명한 사실로 보인다.

그런데 한 가지 의문이 생긴다. 앞에서도 이야기했듯이, 중국 등 아시아 공업국의 외환보유고는 미국 국채만으로 채워진 것이 아니다. 유럽의 채권도 대거 편입되었고, 실제로 유럽의 금리도 대단히 낮은 수준을 유지했다. 그런데 왜 유럽 선진국에서는 부동산시장의 버블과 붕괴가 나타나지 않았을까? 그것은 바로 '규제'의 차이 때문이었다. 다음에는 이 문제를 꼼꼼히 살펴보자.

03

미국은 왜
부동산 규제를 완화했나?

부동산시장의 규제 중에서 가장 대표적인 것은 바로 주택담보대출 비율, 즉 LTV를 들 수 있다. 우리나라 정부는 2000년대 중반 부동산 가격이 급등하자 LTV를 50% 이내 수준으로 통제하는 등 강한 규제를 가했고, 덕분에 우리나라의 부동산 가격은 2008년 이후 상대적으로 하락폭이 적었다.

부동산 규제완화의 위험성

반면 미국은 다음의 그림에 나타난 것처럼, 부동산시장에 대한 규제완화로 인해 LTV(주택담보대출 비율)가 80%를 훌쩍 넘는 수준으로 높아졌다.^{127쪽 그림 참조}

'LTV의 상승'을 다르게 표현하면 더 많은 돈을 빌려 주택을 살 수 있도록 허가한 셈이다. 예를 들어 시가가 5억원인 집을 사려면 자기 돈은 1억원만 있으면 된다는 이야기이다. 만일 집값이 20% 상승해 6

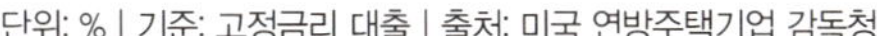

억원이 되면, 이 주택의 소유자는 자기돈 1억원을 들여 평가차익 1억원이 발생했으므로 100%의 수익을 얻게 된다. 따라서 집값이 상승할 때에는 어떻게든 돈을 많이 빌리는 것이 수익을 높이는 지름길이 된다.

그러나 많은 돈을 빌려 주택을 샀을 경우, 반대로 집값이 조금이라도 하락하면 치명적인 피해를 입게 된다. 예를 들어 5억원이었던 집값이 4억원까지 떨어지면, 이 투자자의 원금인 1억원은 허공으로 사라질 것이다.

원금이 허공으로 사라졌는데, 그에게 돈을 빌려준 은행이 모를 리 없다. 당장 은행에서 대출회수가 들어올 것이며, 결국 집은 경매로 넘어가고, 그에게는 미지급 이자에 대한 지불 청구서만 가득 쌓일 것이다. 증권시장의 '마진콜'을 떠올리면 된다.

더 큰 문제는 연쇄적인 은행의 차압이다. 예를 들어 바로 옆집이 차압으로 넘어가 헐값에 팔렸다면, 내가 살고 있는 집값도 떨어진 것이나 다름없다. 부동산은 주식처럼 매일매일 거래되는 것이 아니기 때문에, 주변의 시세가 곧 내 집의 시세이다. 그리고 은행도 이러한 정보를 공유하고 있기에, 담보물의 가치 하락을 우려한 은행의 대출회수가 언제 나에게도 시작될지 모르는 일이다.

이상의 사례가 주는 교훈은 분명하다. 주택시장에 대한 규제를 완화할 때에는 대단히 신중해야 한다는 것이다. 주택가격이 상승할 때에는 규제완화가 '약'으로 작용하지만, 자칫 주택가격이 하락하기 시작하면 연쇄적인 악순환을 촉발시키는 '촉매' 역할을 하기 때문이다.

부시는 왜 부동산 규제를 완화했을까?

그런데 2000년대 중반 미국 정부는 부동산 규제완화의 이러한 위험을 과소평가했다. 당시 부시 행정부가 부동산 규제를 완화했던 데에는 그럴 만한 이유가 있었다. 바로 미국 사회의 불평등이 날로 심해지고 있었기 때문이다.

다음의 그림은 미국 가계의 순자산을 소득 수준에 따라 5등분한 결과를 보여준다. 소득 최상위 20%인 5분위 가계의 순자산 규모는 80만 8,100달러이고, 소득 최하위 20%인 1분위 가계의 순자산은 1만 7,000달러였다. 소득 최상위 20% 가계의 순자산이 소득 최하위 20% 가계의 47배나 되는 것이다._{129쪽 그림 참조}

기회균등의 나라, 아메리칸 드림의 나라라는 미국이 어쩌다가 이렇게 되었을까?

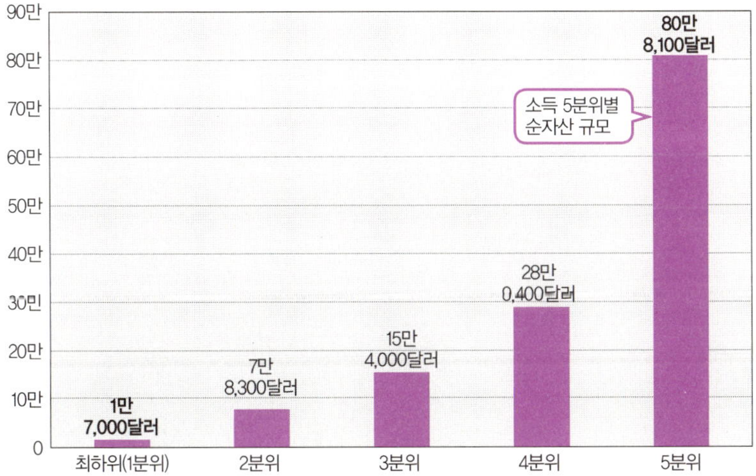

▼ 미국의 가계 소득별 순자산 현황

수많은 연구자들이 이 답을 찾기 위해 노력하고 있지만, 상당수 학자들은 '교육' 문제에서 그 원인을 찾는 듯하다. 이에 대해 라구람 라잔 인도 중앙은행 총재의 의견을 들어보자.

10%의 사람들이 소득의 90%를 차지하는 상황이 빚어진 이유를 보면, 상당부분 경제학자들이 대학 프리미엄이라고 부르는 것에서 기인함을 알 수 있다. 1980년 이래로 고졸자의 임금에 비해 대졸자의 임금은 훨씬 빠른 속도로 상승했다.

2008년 인구조사국이 실시한 인구조사 결과에 따르면, 고졸자의 평균 임금은 2만 7,963달러였다. 반면 대졸자의 평균 임금은 4만 8,097달러였고, 전문직 관련 학위(MD 또는 MBA 등) 소지자의 경우에 평균 소득은 8만 7,775달러에 달했다. 최상위권과 최하위권

사이의 9대 1의 소득 편차 원인이 확실히 대학 프리미엄에 있다는 사실이 입증된 것이다. (중략)

그렇다면 대학 프리미엄은 왜 점점 더 증가하는 것일까? 일부 학자들은 기술발전으로 인해 사회에서 요구하는 개인들의 능력 수준이 점점 더 높아지고 있기 때문이라고 보고 있다. 즉 경제학자들이 '숙련 편향적 기술 변화'라고 부르는 것이 더욱 심화되기 때문이라는 것이다. (중략)

기술발전으로 가장 큰 변화가 일어난 분야는 바로 교육이었다. 1930년부터 1980년 사이에 30세 이상 미국인의 재학기간은 매 10년마다 1년씩 증가했다. 그 결과 1980년의 재학기간은 1930년에 비해 4.7년이나 길었다. 그러나 그 이후, 즉 1980년부터 2005년까지는 그 이전에 비하면 빙하기라고 볼 수 있다. 이 25년 동안 미국인의 재학기간은 총 0.8년밖에 증가하지 않았던 것이다.

그렇다면 왜 교육 공급 증가율이 이처럼 둔화되었을까? 그 주된 이유 중의 하나는 고등학교 졸업자의 비중이 증가하지 않은 데에서 찾을 수 있다. 미국에서는 전체 인구 중 고졸자가 차지하는 비중이 1980년 이후 제자리걸음을 하고 있는 반면, 다른 나라의 경우에는 미국의 수준을 따라잡거나 이미 추월한 상황이다.

— 라구람 G. 라잔, 『폴트 라인』(2011)

1990년대부터 시작된 정보통신 혁명으로 타이피스트나 전화 교환수 등 수많은 직업이 없어진 반면, 정보통신 엔지니어나 컴퓨터 프로그래머와 같은 새로운 직종이 탄생했다. 그런데 사라진 직업에 종사하던 사람들이 단번에 새로운 직업을 얻을 정도로 교육을 받으면 좋겠지만, "공부에는 때가 있다"는 옛말처럼 이는 쉬운 일이 아니었다.

일단 나이가 들면 새로운 지식을 습득하는 속도가 더뎌지는데다가, 오랫동안 일했던 직장에서 해고되었다는 충격을 받을 수밖에 없기 때문이다. 결국 교육 수준에 따른 소득의 격차는 점점 더 크게 벌어지는 상황이다.

특히 과거와 달리 고소득층 부모들이 자녀교육에 더욱 신경을 쓰는 것도 불평등을 확대시키는 요인이다. 왜냐하면 신기술을 습득하는 데 열정적인 고학력 부모는 자녀에게도 이런 교육을 베풀려고 애쓰기 때문이다.

부모의 소득과 자녀의 소득 사이의 관계에 대한 최근의 연구에 따르면, 미국에서도 부모가 부자인가가 중요하다.

▼ **미국의 학력수준별 실업률과 주당 임금**　　기준: 2011년 | 출처: www.colettiinstitute.org

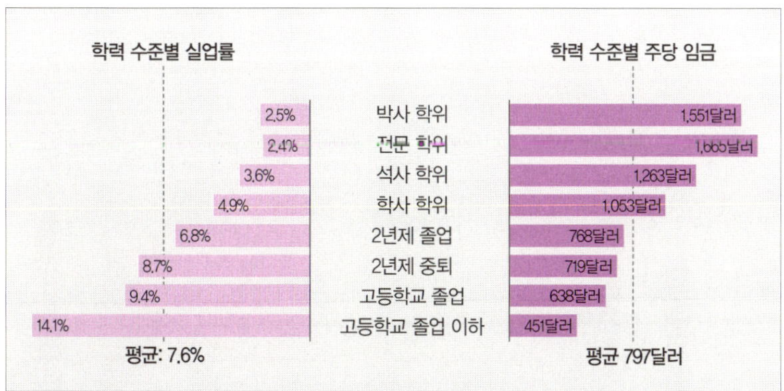

고등학교 졸업 이하의 실업률은 14.1%인 반면, 대학 졸업자의 실업률은 4.9%로 떨어진다. 또한 고등학교 졸업 이하의 주급은 451달러인 반면, 대학 졸업자의 주급은 1,053달러, 박사 학위 소지자는 1,551달러로 급증한다.

다음의 그림은 최근 연구결과를 보여주는데, 여기서는 ① 미국 부자 가정의 자녀들이 부자가 될 확률이 얼마나 높은지, ② 가난한 가정의 자녀들이 가난하게 살 확률이 얼마나 높은지가 제시되고 있다.

소득 최상위 10%에 드는 가정(왼쪽 그래프)의 경우 자녀의 소득이 상위 20%에 들어갈 확률은 40% 이상이며, 최하위 10% 가정의 경우에 자녀가 소득 하위 20%에 들어갈 확률이 50% 이상이라는 것이다. ― 새무얼 보울스, 리처드 에드워즈, 프랭크 루스벨트, 『자본주의 이해하기』(2009)

냉혹한 현실이라고밖에 할 말이 없다. 즉 부모의 소득이 상위 10%인 가정의 자녀들 중 20% 이상이 소득 상위 10%에 들며, 40% 이상이 소득 상위 20%에 들어간다는 것이다. 반면 소득 하위 10% 가정에서 태

▼ **부모의 소득과 자녀의 소득 간의 관계** 단위: % | 출처: "Inter-generational Inequality"

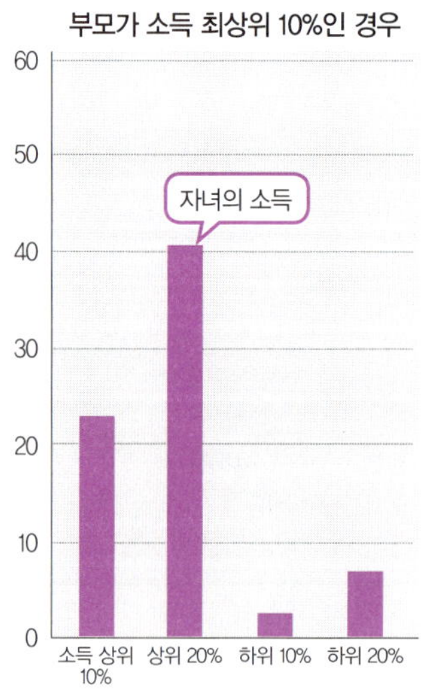

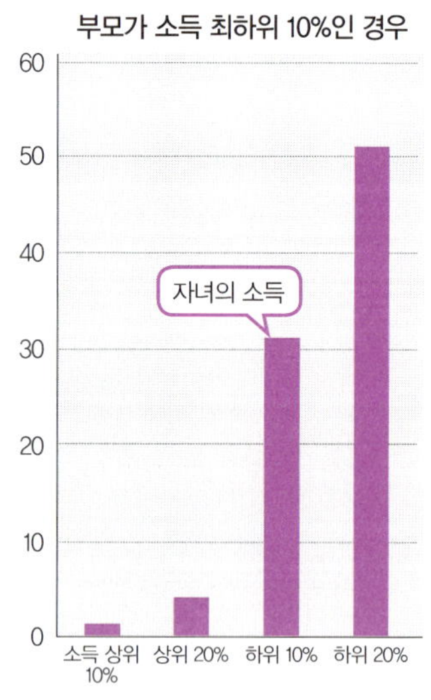

어난 아이들은 소득이 상위 10%에 들어갈 확률이 1.3%에 불과하며, 소득 상위 20%에 들어갈 확률도 3.7%에 그쳤다.

앞에서 살펴본 이러한 불평등의 세습(및 심화) 문제를 어떻게 해결할 수 있을까? 크게 보아 다음의 두 가지 방법이 있다.

하나는 장기적인 안목에서 교육 시스템을 개편하고, 특히 가난한 가정의 아이들이 고등교육을 이수할 수 있도록 지원하는 일을 추진하는 것이다. 그러나 이 정책은 단기간에 효과를 발휘할 수 없으며, 특히 재정의 재배분 과정에서 군수산업이나 의료산업 등 수많은 이해당사자의 반발을 살 수 있다는 부담이 있다.

반면 다른 방법은 단기적으로 소득 불평등 문제를 즉각 해결할 수 있다. 이에 대해 라구람 라잔 인도 중앙은행 총재의 말을 들어보자.

(미국 정부 소유의 주택담보대출 기관인) 패니메이, 프레디 맥, 그리고 FHA가 2007년 3,000억에서 4,000억 달러의 대출을 제공했다. 이들이 제공한 주택담보대출은 평균적으로 전체 부동산 담보대출 시장의 54%를 차지했다. 가장 높았던 2007년에는 무려 시장점유율이 70% 수준까지 올라갔다.
2008년 6월 패니메이와 프레디 맥, FHA, 그리고 그외 다양한 정부 산하기관이 제공한 서브프라임(비우량 주택담보대출)과 알트-A(정상대출과 서브프라임 대출의 중간 등급)의 대출잔고가 2조 7,000억 달러 규모에 이르는 것으로 평가된다. (중략)
그렇다면 저소득 계층을 겨냥한 고위험 주택담보대출과 관련해 우

리가 도출할 수 있는 결론은 무엇인가? 한마디로 말하면, 이 분야
는 정부가 직접 주도한, 또는 정부의 큰 입김 아래 움직인 시장이
라고 할 수 있다.

— 라구람 G. 라잔, 『폴트 라인』(2011)

저소득층도 집을 쉽게 구입할 수 있게 규제를 완화하고, 더 나아가 초
기 금리도 과거보다 싸게 제공하면 그들의 자산은 급격히 증가할 것이
다. 그리고 자산가격이 이렇게 상승하면 불평등 문제도 완화될 것이
다. 그러나 일본의 사례에서 확인했던 것처럼, 급격하게 상승했던 부
동산 가격이 하락세로 돌아설 때에는 치명적인 피해를 입게 될 수 있
는데 이에 대해서는 별다른 대비가 없었다.

04

규제완화에 대한 경제학자들의 태도는?

앞에서 부시 행정부가 실시한 금융 및 부동산시장의 규제완화 정책에 대해 살펴보았다. 그런데 왜 경제학자들은 이러한 규제완화 정책에 대해 입을 다물고 있었을까? 특히 금융기관을 감독하는 임무를 가지고 있는 연준은 왜 막지 않았을까? 그 답은 바로 '효율적 시장 가설'에 있다.

효율적 시장 가설에 대한 맹신

효율적 시장 가설이란 시장에서 형성된 가격에는 공개된(혹은 공개되지 않은) 모든 정보가 효율적으로 반영되어 있다는 믿음을 의미한다. 따라서 이 이론에 따르면, 시장에서 거래될 수 있는 다양한 금융상품의 개발은 '가격 발견 기능'을 수행함으로써 시장을 더욱 효율적으로 만들 수 있을 것이다. 이에 찬동했던 그린스펀 연준 의장은 2005년 금융규제 완화에 대해 다음과 같이 이야기했다.

최근의 금융공학 발전과 함께 동반된 금융개혁(=규제완화를 지칭)
은 각종 금융상품의 발전을 촉발시켰는데, 가장 대표적인 예가 자
산담보부증권(ABS)과 신용부도스왑(CDS)을 들 수 있다. 이러한
복잡한 금융상품의 발전은 예전보다 금융시장의 불안정성을 낮추
고, 훨씬 더 유연하고 효율적으로 만들어 주고 있다. — 앨런 그린스펀,
"Economic flexibility Before the National Italian American Foundation"(2005)

그 혹독한 금융위기를 겪은 사람들의 입장에서 2005년 그린스펀 연준
의장의 말은 전혀 납득이 되지 않을 것이다. 당장 2008년 당시 자산담
보부증권(ABS)과 신용부도스왑(CDS)이 위기를 얼마나 심화시켰는지
생생하게 기억하기 때문일 것이다.

효율적 시장 가설의 왜곡

그런데 당시 그린스펀 등 미국의 금융업계 관계자들은 시장에서 거래
되는 상품의 가격이 매우 공정하게 매겨진다고 생각했다. 하지만 그것
은 큰 착각이었다. 왜냐하면 상품판매로 벌어들이는 이익이 너무나 컸
기 때문에 오히려 가격이 크게 왜곡되었던 것이다. 라구람 라잔 인도
중앙은행 총재의 말을 빌려보자.

(금융상품 판매에 따른) 인센티브는 금융계에 끔찍할 정도의 왜곡을
가져왔다. 인센티브 제도는 금융계 종사자들이 수익을 내는 경우
에 엄청나게 큰 보상을 해주는 반면, 손실을 낼 때에는 가벼운 징
계 정도로만 그치는 구조를 가지고 있기 때문이다. (중략)

이러한 인센티브 구조가 금융기관으로 하여금 크게 한방 터트릴 수 있는 복잡한 금융상품 투자에 뛰어들도록 만들었다. 중요한 것은 그러한 투자에는 분명한 실패의 가능성이 존재한다는 것이다.

— 라구람 G. 라잔, 『폴트 라인』(2011)

쉽게 설명하자면, 금융계 전반에서 성공하면 큰 인센티브가 기다리는 반면, 잘못하면 공동의 잘못으로 넘어가버리는 보상 및 처벌 구조가 형성되어 있다는 이야기이다. 수백만 달러, 혹은 수천만 달러에 달하는 어마어마한 인센티브가 있다면, 그리고 누구나 여기서 큰돈을 벌고 있는 것이 확인된다면 안하는 사람이 바보다. 또한 신종 금융상품을 팔아치운 후 발생하는 후유증은 인센티브를 받아 백만장자가 된 후에 벌어질 일이니, 아무런 고려사항이 되지 않는 상황이 펼쳐질 것이다.

상황이 이런 식으로 진행되니, 그린스펀 연준 의장의 기대는 한낱 허공 속으로 사라지고 말았다. 다양한 자산담보부증권(ABS)이 제대로 된 신용평가가 생략된 상태에서 발행되어 유통되었던 것이다. 여기에 신용평가회사들이 제대로 된 신용평가도 없이 무차별적으로 최고 신용등급(AAA)을 남발한 것도 문제를 더욱 확대시켰다.

결국 2007년부터 곪았던 문제가 터지기 시작했다.

05

미국 부동산시장의 붕괴 원인은?

과도한 부채

미국 부동산시장의 붕괴 당시에 가장 문제가 된 것은 역시 과도한 부채였다. 주택담보대출 비율(LTV)이 사상 최대 수준으로 높아진 가운데, 부채가 걷잡을 수 없을 정도로 부풀어 오르자, 싼값에 집을 구입했던 투자자들은 보유 부동산을 팔아치우기 시작했다. [139쪽 위 그림 참조] 반면 부동산 관련 규제완화에 힘입어, 주택을 구입할 수 있는 능력이 부족했던 사람들이 그 주택들을 구입하면서 주택 거래량이 폭발적으로 늘어나기 시작했다. [139쪽 아래 그림 참조]

특히 예전에는 주택을 연소득 대비 약 1배 전후의 가격으로 구입할 수 있었지만, 주택가격이 급등하면서부터 주택 구입비를 부담하기 어려운 가계들이 서서히 늘어나기 시작했다. [140쪽 그림 참조]

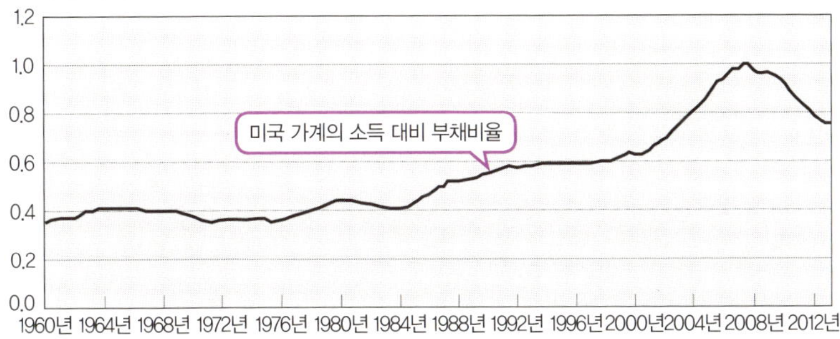

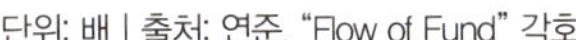

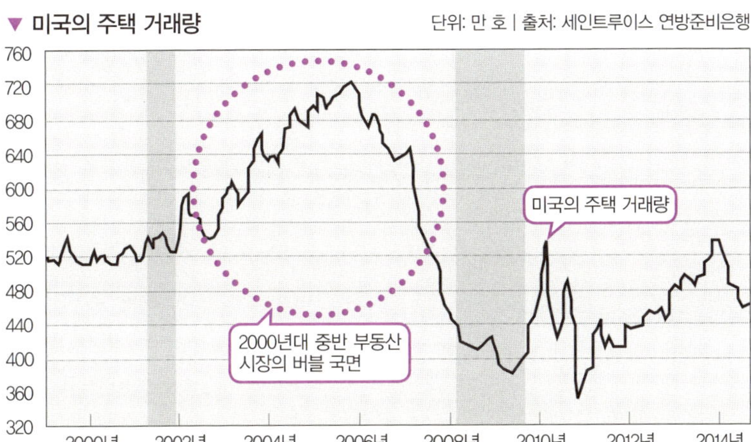

시장금리가 상승세로 돌아서다

여기에 시장금리가 2005년 말을 고비로 상승세로 놀아선 것노 부동산 시장에 큰 문제를 일으킨 요인으로 작용했다.

일반적으로는 이자율이 상승할 경우 부동산시장의 기세가 꺾이는데, 당시는 그렇지 않았다. 왜냐하면 일부 금융기관들이 금융 규제완화 흐름을 이용해서 아예 초기 2년 동안 이자부담이 없는 대출상품, 즉 서브프라임 대출을 만들어 냄으로써 부동산시장의 붕괴를 지연시

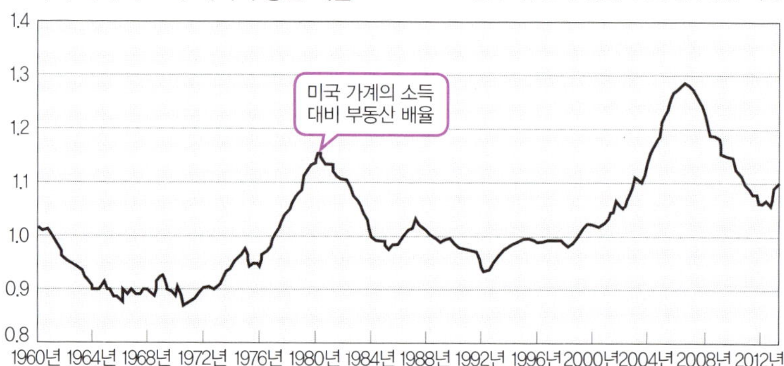

킬 수 있었기 때문이다.

서브프라임 대출이란 이자를 적기에 납부할 여력이 없는 저소득층을 대상으로 판매된 일종의 사기대출로, 가장 인기 있는 상품은 2-28 모기지였다. 여기서 2란 이자나 원금을 내지 않는 기간을 의미하며, 2년이 지난 다음 3년차부터 28년에 걸쳐 대략 12% 내외의 이자와 원금을 갚아나가는 구조를 가지고 있었다.

신규주택의 엄청난 공급량

게다가 주택공급이 급격히 증가한 것도 어쩔 수 없는 장벽이었다. 주택가격이 급등하며 새로 짓는 집마다 족족 팔려나가자, 미국 건축업계는 주택을 어마어마하게 쏟아내기 시작했던 것이다. 2000년대 초반에는 신규 주택이 연 150만 호가 공급되었는데, 이후에는 5년 넘게 200만 호 이상의 신규 주택이 공급되었다. 141쪽 그림 참조

이렇게 새집이 대거 쏟아지면, 굳이 기존에 지은 비싼 집을 살 이

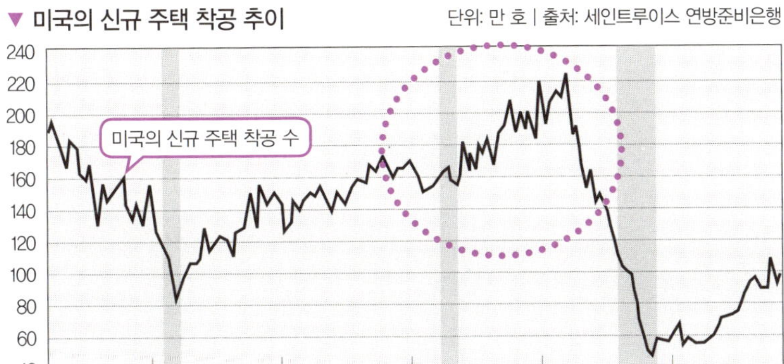

유가 없다. 더 나아가 2-28 모기지 대출의 이자 유예 기간이 끝난 2007년부터 주택 매물이 폭발적으로 늘어나기 시작했다.

주택담보대출 비율(LTV)이 높았기 때문에, 주택가격이 조금이라도 하락하는 순간, 엄청난 대출로 주택을 구입한 투자자들이 차례대로 빈털터리가 되기 시작했다. 그리고 무일푼이 된 주택 구입자들이 이자를 못 내면 은행들은 이 주택을 경매로 넘겨 헐값에 팔았다. 그러면 경매가격이 떨어지면서 다시 그 주변의 주택가격을 떨어뜨리는 악순환이 출현했다. 이로 인해 미국 20대 도시의 주택가격은 2006년 말의 정점 대비 40% 가까운 폭락세가 출현했다.

06

미국 부동산시장의 붕괴가
긴 불황으로 이어진 이유는?

앞에서 미국 부동산시장의 붕괴 원인을 살펴보았다. 그런데 이 대목에서 한 가지 의문이 제기된다.

2000년 정보통신 버블이 붕괴될 때 발생한 직접적인 피해액(가계자산 감소분)은 약 6조 5,000억 달러였고, 2008년 주택시장 버블 붕괴로 인한 직접적인 피해액은 6조 달러 수준으로 비슷했다.

왜 부동산시장의 붕괴는 경제에 치명적일까?

그런데 2000년 정보통신 버블 붕괴와 2008년 주택시장 버블 붕괴는 손실규모가 비슷함에도 불구하고, 주택시장의 붕괴는 대침체(Great Recession)로 이어진 반면에 닷컴버블 붕괴는 완만한 경기후퇴 정도에 그쳤다.

예를 들어 2007년에서 2009년까지 미국 소매판매는 무려 8%나 감소해서 2년 동안의 감소폭으로는 미국 역사상 최대 규모였다. 반면 정보통신 버블이 붕괴되었던 2000년에서 2002년까지 소매판매는 실제로 5% 증가했다.

왜 부동산시장의 붕괴는 주식시장 붕괴와 달리 경제에 치명적인 영향을 미치는가? 이에 대해 『빚으로 지은 집』의 저자인 아티프 미완은 다음과 같이 지적한다.

주택시장 붕괴에 따른 손실의 '분배'(Distribution)는 닷컴 버블 붕괴 때보다 훨씬 심했기 때문이다. 2007년에 시작된 가파른 주택가격의 하락은 이를 감당하기 어려운 이들, 즉 가난한 주택 보유자들에게 큰 피해를 주었다. 그 결과 소비가 급격히 위축되었다.

반면 기술주 붕괴 때는 어땠는가? 2001년 당시에 주식의 대부분은 부유한 이들이 보유하고 있었다. 따라서 손실은 부자들에게 집중되었고, 부자들은 거의 부채가 없었기 때문에 지출을 줄일 필요도 없었다.

144쪽에서 왼쪽 그림은 소득 5분위별로 가계의 순자산 중에서 주택이 차지하는 비중을, 오른쪽 그림은 보유 주택가치 대비 주택담보대출의 비숭을 나타낸 섯이다.

가장 가난한 주택 보유자의 경우, 대침체 이전에 가지고 있던 가장 중요한 자산이 주택이었는데 총자산의 약 80%를 차지했다. 달리 말해 이들은 주식, 채권, 뮤추얼펀드와 같은 금융자산을 거의 가지고 있지 않았다. 반면 가장 부유한 이들에게는 주택이 포트폴리오에서 차지하는 비중이 20%에도 미치지 못했다.

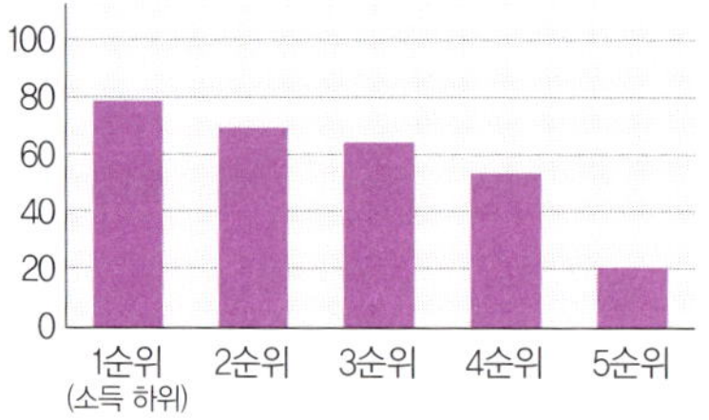

소득이 낮은 계층일수록 총 순자산에서 주택이 차지하는 비중이 높다.

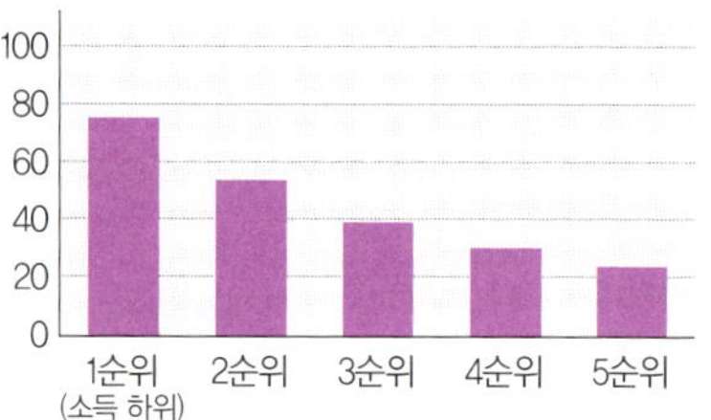

소득이 가장 높은 계층은 주택가격에서 부동산 담보대출의 비중이 20%에 불과하다.

따라서 가난한 이들의 경우 부자들보다 2007년 주택가격의 붕괴에 훨씬 더 취약했다. 더욱이 가난한 이들은 주택 구입을 위해 빚을 많이 진다는 점에서 훨씬 더 상황이 나빴다.

— Amir Sufi and Atif Mian, "Why the Housing Bubble Tanked the Economy And the Tech Bubble didn't" (2014)

부동산 버블과 주식 버블의 차이를 명확하게 보여주는 매우 일리 있는 분석임에 분명하다. 그러나 이것만 가지고는 2008년 글로벌 금융위기를 설명하기는 부족하다. 위 요인에 한 가지 요소, 즉 금융기관의 피해에 대해서도 주목할 필요가 있다.

부동산시장의 붕괴와 금융기관의 부실채권

주택담보대출 비율(LTV) 등 주택시장의 규제가 완화되며 부동산시장에 불이 붙었기에, 반대로 부동산시장의 붐이 꺼지는 순간에 금융권의 부실채권 문제가 발생할 수밖에 없었다.

다음의 표는 자산가격이 폭락한 후의 경제성장률 흐름을 보여준다. 주

식가격의 폭락과 주택가격의 폭락이 경제에 주는 충격이 확연히 차이
가 나는 것을 발견할 수 있다.

경제성장에 대한 지출항목별 기여율 (GDP 성장 대비 %)	주식가격		주택가격	
	폭락 전	폭락 후	폭락 전	폭락 후
민간소비	57.4	55.2	61.5	36.5
민간 설비투자	18.5	3.6	19.8	− 19.1
민간 건설투자	7.7	− 1.4	10.4	− 32.7
기타(정부의 투자와 소비, 순수출, 재고조정 등)	16.4	42.7	8.2	115.3
경제성장률	4.0%	2.6%	3.4%	0.8%

주식 및 주택 가격의 '폭락 전'은 거품이 터지기 전 12개 분기의 평균이다. 경제성장률이 정점에 도달한
다. '폭락 후'는 버블이 끝내 터진 시기부터 이후 12개 분기의 평균이다.

주식시장의 경우, 버블 붕괴 전 3년 동안의 평균 경제성장률이 4.0%였
으며, 붕괴 이후 3년 동안의 평균 경제성장률은 2.6%였다. 주식시장
의 버블 붕괴 이후에 경제성장률이 평균 1.4%포인트 떨어진 것이다.

반면 부동산시장의 경우, 버블 붕괴 전 3년 동안의 평균 경제성장
률은 3.4%였으며, 붕괴 이후 3년 평균 경제성장률은 0.8%였다. 부동
산시장의 버블 붕괴 후에 경제성장률의 하락폭이 2.6%포인트로 주식
시장 붕괴에 비해 훨씬 컸다.

그렇다면 부동산시장은 왜 이처럼 강력한 경제성장률의 부진을 가져
오는 것일까?

그 이유는 민간소비뿐만 아니라 민간투자가 급격히 위축되기 때

문이다. 민간소비가 위축되고 사업전망이 나빠지며, 은행들이 부동산 대출의 부실화로 인해 큰 타격을 받기 때문에 민간투자가 급격히 위축되는 것이다. 은행들은 대출이 부실화되면 BIS(국제결제은행) 기준 자기자본 비율을 맞추기 위해 자기자본을 확충하거나 주식이나 대출 등 위험자산을 처분하지 않을 수 없다. 이 과정에서 경제 전반에 돈줄이 마르면서 강한 경기하강이 출현하는 것이다. 결국 최근 미국 등 선진국 경제가 부진한 모습을 보이는 것은 당연한 일이라고 할 수 있다.

07

2008년 글로벌 경제위기의 교훈

2008년 글로벌 경제위기 이후 6년이라는 세월이 흐르면서 조금씩 객관적인 평가가 가능해지고 있는 듯하다.

물론 일부에서는 아직도 2008년 글로벌 경제위기의 원인이 지나친 저금리와 규제완화에 있다는 것을 부인한다. 그러나 2000년대 중반 로버트 쉴러 교수나 인도 중앙은행 총재인 라구람 라잔 등 몇몇 뛰어난 경제학자들의 경고를 애써 외면했던 '집단적인 착오'에 대해서는 분명한 반성이 이루어지고 있는 듯하다.

효율적 시장 가설에 대한 맹신을 버리자

일단 2008년 글로벌 경제위기의 가장 큰 교훈은 시장이 때때로 비효율적일 수 있음을 인정해야 한다는 것이다. 2000년대에는 전혀 그런 분위기가 아니었다. 효율적 시장 가설을 창시한 노벨상 수상자, 유진 파마는 다음과 같이 주장한 바 있다.

나는 '주택시장 버블'이라는 말을 들으면 화가 난다. 주택시장은 유동적이지 않지만, 사람들은 주택을 매입할 때 굉장히 신중해진다. 집을 구매하는 행동은 대개 그들이 할 수 있는 가장 큰 투자이기 때문에 주변을 주의 깊게 살피면서 가격을 비교하게 된다. 매입 과정에서 매우 세심하게 고려한다.

— 폴 크루그먼, "How Did Economists Get It So Wrong?"(2009)

금융규제가 더욱 강화될 가능성이 높다

이제는 유진 파마처럼 '버블의 존재' 자체를 부인하려는 경제학자들이 많이 줄어들었다. 그리고 버블이 존재하고, 또 앞으로도 발생할 수 있음을 인정하는 순간, 자산 버블을 억제하기 위해 노력해야 한다는 데 논의의 초점이 맞추어지게 된다.

버블을 막기 위한 가장 중요한 조치는 바로 규제강화가 될 것이다. 당장 미국 정부만 해도 이른바 볼커 룰을 제정하여 상업은행의 트레이딩을 제한하고 더 나아가 투자은행 부문을 분리시켰다. 뿐만 아니라 글로벌 금융시장을 교란하는 투기세력을 억제하기 위해 '외환거래세'(=토빈세)를 도입해야 한다는 주장이 점차 지지를 얻는 중이다.

중앙은행의 자산시장 개입 가능성이 높아졌다

더 나아가 버블을 가져올 수 있는 '거시경제적 환경'이 조성되는 것을 막아야 한다는 것에 대해서도 공감대가 형성되는 듯하다. 당장 2013년 봄 미국 연준이 양적완화 규모를 축소하기로 결정했던 것도, 결국 주식시장이 다시 과열되고 있다는 일부의 지적을 수용한 측면이 분명히 있다.

물론 1990년대 일본의 자산시장 붕괴가 가르쳐 주었던 교훈처럼, 디플레이션이 나타날 징후가 보일 때에는 단호하게 통화공급 확대정책을 쓸 가능성이 높다. 당장 유럽중앙은행(ECB)이 마이너스 예금금리 제도를 도입하는 등 공격적인 통화공급 확대정책을 편 것도 디플레이션 위험에 대처하기 위함이라는 것을 분명히 밝히지 않았던가?

지금까지의 내용을 정리하면, 앞으로 금융규제는 더욱 강화될 가능성이 높으며, 각국 중앙은행들은 자산시장의 변화에 좀 더 직접적으로 개입할 가능성이 높다고 하겠다. 그리고 이런 정책당국의 대응은 자본시장에 새로운 변화를 가져올 것이며, 또한 이는 투자에서도 새로운 고려사항이 늘어났음을 의미한다. 이 부분에 대해서는 4장에서 좀 더 자세히 살펴보도록 하자.

대체투자란 무엇인가?

우리는 앞에서 지난 20여 년의 3대 버블 붕괴로부터 얻게 된 교훈을 살펴보았다. 3대 버블 붕괴의 경험은 자본시장에 새로운 변화를 가져올 것이며, 자산시장에도 큰 영향을 미칠 것이다.

4장에서는 앞으로 자산시장이 어떻게 변할지 살펴볼 것이다. 저자는 주식과 채권 등 전통적 투자자산 간의 관계가 변화할 것이며, 이들의 수익률이 하락할 가능성에 대비해야 한다고 믿는다.

전환기를 맞이한 한국의 자산운용업계

1장부터 3장까지 최근 20여 년 동안 발생했던 금융위기의 원인과 경과를 짚어보면서 한 가지의 결론을 얻을 수 있었다. 그것은 다름이 아니라 앞으로 펼쳐질 세계 경제의 모습은 과거와 꽤 다를 것이라는 점이었다.

앞으로 자산시장에 큰 변화가 온다

무엇보다 주요 선진국 중앙은행들이 적극적으로 시장에 개입할 가능성이 높아졌으며, 2000년대 중반처럼 정부가 부동산시장의 버블을 노골적으로 부추길 가능성이 매우 희박해져 상당기간 저성장·저금리 환경이 펼쳐질 가능성이 높다.

그러나 이러한 새로운 환경이 장기화되면 결국은 새로운 버블이 나타나게 될 것이다. 왜냐하면 변동성이 줄어들고 금융시장이 안정되어 보이는 순간, 투자자들은 다시 자제력을 잃어버릴 가능성이 높기 때문이다. 2장에서 이야기했던 '그린스펀 풋'도 금융시장의 변동성이 계속 줄어들고, 채권과 주식 모두 꾸준한 흐름을 보이면서 발생했던 현상이라고 할 수 있다.

한마디로 요약하자면, 앞으로 2, 3년은 자산시장의 변동성이 줄어들지 모르나, 결국 2010년대의 후반에는 큰 변화가 출현할 가능성이 높다는 이야기이다.

그렇다면 이러한 새로운 환경변화가 출현할 때, 우리나라의 기관투자자들은 어떤 모습을 보일까?

국내 기관투자자들은 이러한 환경변화에 잘 대응할 수 있을 것으로 판단된다. 왜냐하면 1997년 외환위기를 슬기롭게 극복하였고, 그 후 몇 차례의 국내외 금융위기에 현명하게 대응하여 왔기 때문이다. 잠시 시계를 뒤로 돌려서 1997년 봄 필자의 경험을 잠깐 이야기할까 한다.

사무실의 밖은 따뜻한 봄바람이 불어오고 있었지만, 필자가 근무하던 모 증권사 상품운용회의의 분위기는 대단히 어두웠다. 분위기가 가라앉았던 이유는 채권운용부에서 단기성 자금으로 채권운용을 하고 있었는데, 시중금리의 움직임이 심상치 않게 돌아가고 있었기 때문이다.

경기가 안 좋은 상황임에도 불구하고 금리가 계속 상승하고 있는 것은 대단히 심각한 사태였다. 왜냐하면 기업들의 실적이 악화되는데 금리마저 상승하면, 연쇄적인 기업 도산의 위험이 높아지기 때문이었다. 물론 당시 시장 참가자 대다수는 '건전한 기초체력'을 강조하며 아무 일 없을 것이라고 애써 위안했지만, 결국 우리나라 경제는 그해 12월을 넘기지 못하고 국제통화기금(IMF)의 구제금융을 받았으며 증권사뿐만 아니라 거의 대부분의 금융기관들이 큰 어려움을 겪었다.

외환위기 이후, 우리나라 금융권이 겪은 3가지 변화

필자를 포함한 우리나라의 금융시장 참가자들은 1997년 외환위기 이후 다음과 같은 3가지의 중요한 변화를 겪었다.

첫 번째 변화는 경영 및 정보 투명성의 강화였다.

1990년대 후반 불어온 인터넷 혁명과 함께 기업들의 회계장부가 투명해지고, 또 경영정보가 시시각각으로 공유되기 시작했다. 특히 2002년 미국의 엔론 사태 이후 시작된 공정공시 등의 제도 변화는 이런 흐름을 강화시켰다. 공정공시란 상장기업이 증권거래소의 '공시'를 통해 알려지지 않은 중요 정보가 특징인에게 신별직으로 제공되는 것을 막는 제도이다.

두 번째 변화는 1998년 11월 16일, 모든 투자자산에 대하여 시가평가를 시행한 것이다. 시가평가(Mark-To-Market)는 유가증권이나 투자신탁 등 금융자산의 가치를 매입가(=장부가)가 아니라 시장가격에 기초하여 평가하는 것이다.

자산운용업계의 입장에서 보면, 시가평가제도의 도입은 하나의 혁명이었다. 시가평가제도가 도입된 후, 매일매일 보유 주식과 채권가격이 변화하고, 시장지수에 비해 얼마나 비싸게 혹은 싸게 거래되는지를 측정하고 평가하게 되니 펀드매니저들의 고충은 이루 말할 수 없이 커졌다. 약간 과도한 느낌은 있지만, 예전 장부가평가제도 아래에서 자산운용을 한 펀드매니저와 시가평가제도 아래에서 자산운용을 하는 펀드매니저의 역할은 하늘과 땅 차이라고 할 수 있다.

세 번째 변화는 대형 금융기관이나 기업들이 연이어 파산한 것을 들 수 있다. '대마불사'라는 표현에서 잘 드러나듯이, 외환위기 이전에는 일반적으로 정부가 위기를 해결해 줄 것이라는 기대를 가지고 있었다. 나라가 빚을 갚지 못해 망한다는 것은 상상하기도 어려운 일이었지만, 외환위기 이후 투자자들은 각자가 알아서 위험관리를 해야 하는 상황이 출현하고 말았다. 그야말로 위험관리에 대한 재인식의 계기가 된 것이다.

우리나라 기관투자자의 결정적인 문제

물론 이러한 거대한 변화에도 불구하고, 우리나라의 기관투자자들은 본질적인 부분에서는 더 많은 변화가 필요한 것이 사실이다.

당장 2000년 정보통신 버블 붕괴, 2004년 차이나쇼크, 2008년 글로벌 경제위기 등 수시로 찾아온 외부 충격 때마다 국내 기관투자자들

은 큰 손실을 기록했다. 제도적 변화에 발맞추어 자신들의 운용전략을
가다듬고 더 나아가 위험관리 시스템을 정비했다면, 금융위기를 투자
의 기회로 활용할 수 있었을 텐데 그러한 '긍정적 사례'를 접하기가 대
단히 어려웠기 때문이다.

우리나라 기관투자자의 여러 문제 중에서 가장 심각하며, 결정적
인 부분은 바로 자산배분 및 위험관리에 대한 것이라고 생각한다. 이
대목에서 스위스 롬바르트은행의 최고투자책임자(CIO)인 얀 스트라
트만(전 네덜란드 공적연금 ABP의 CIO)의 이야기에 귀를 기울여보자.

첫째, 주식, 채권 등 전통적인 자산을 중심으로 투자하는 패시브
투자[1] 중심의 베타 투자전략[2]은 투자자의 욕구를 제대로 충
족시키지 못할 정도로 낮은 수익을 기록했으며, 수익률의 변
동성만 확대되었을 뿐이다.
둘째, 과거 기관투자자들의 리스크 중립 포트폴리오[3]가 리스크 중
립이 아니었음을 알게 되었다.
셋째, 포트폴리오에 편입되는 자산을 늘린다고 해서 항상 효율적
인 다변화가 나타나는 것은 아니다.
넷째, 위험측정(Risk Measurement)을 위험관리(Risk Management)와
동일시할 수 없다.

— 얀 스트라트만, 「투자운용업계의 불편한 진실」(Inconvenient Truths)

최근 유럽 자본시장의 상황은 스트라트만의 지적에 딱 들어맞는다. 유
럽 경제는 2008년 글로벌 경제위기에 이어서 2011년 발생한 남유럽

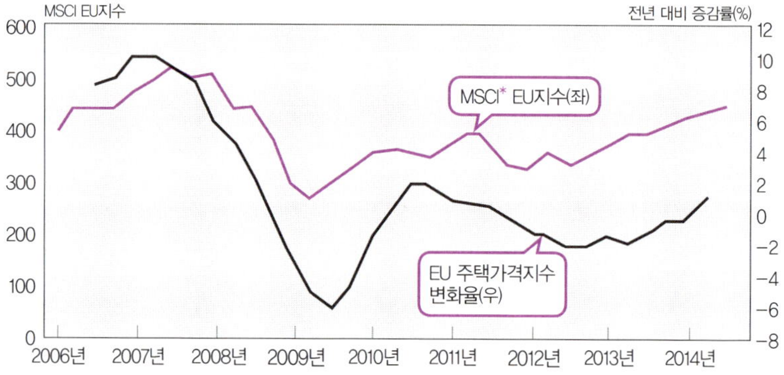

* MSCI EU지수는 모건스탠리가 작성해 발표하는 EU의 국가지수이다.

재정위기로 세계 주요 경제권에서 가장 부진한 성장률을 기록하고 있지만, 자산시장의 상황은 딴판이다. MSCI 유럽지수는 2007년 기록했던 사상 최고치에 근접하고 있으며, EU 주택가격지수 역시 하락 흐름에서 벗어나 2013년부터 상승세로 돌아섰다. ^{위 그림 참조}

이처럼 유럽 자산시장이 일대 붐을 경험하고 있는 것은 바로 유럽 중앙은행의 공격적인 통화공급 확대에 따른 과잉 유동성에 원인이 있다고 본다. 한마디로 돈의 힘으로 움직이는 시장이 출현했다고 볼 수 있다.

---

1) 패시브 투자(Passive Investment)란 '수동적인 투자'라는 뜻으로, 일반적으로 시장을 대표하는 벤치마크 지수(예: 코스피지수)를 추종하는 인덱스 펀드에 투자하는 것을 의미한다.

2) 베타 투자전략은 적극적으로 초과수익을 노리기보다 시장수익을 추구하는 보수적인 투자전략을 말한다.

3) 리스크 중립 포트폴리오(Risk-neutral Portfolio)란 주식 등 위험자산과 반대 방향으로 움직이는 자산을 편입함으로써, 금융위기가 발생해도 포트폴리오의 변동성을 최소화하는 자산배분 전략을 말한다.

선진국 기관투자자의 포트폴리오를 보라

자산시장의 전통적인 관계가 흔들리면서, 이른바 리스크 중립 포트폴리오를 구축한 기관투자자들의 어려움이 날이 갈수록 심해지고 있다.

리스크 중립 포트폴리오, 앞으로도 유용할까?

금융시장에서 가장 많이 거래되는 전통적 투자자산인 주식과 채권은 과거 역(−)의 상관관계를 보인다고 알려져 있었다. 상관관계란 두 변수(여기서는 주식과 채권)의 변화 방향이 얼마나 비슷한지 나타낸 것이다.

그런데 최근에는 이들 주식과 채권이 정(+)의 상관관계를 보이고 있어 자산운용 담당자들을 곤혹스럽게 하고 있다. 왜냐하면 2008년 같은, 시장 참가자들이 예상하지 못한, 그리고 대단히 발생할 확률이 낮다고 생각했던 사건이 실제로 벌어지는 블랙스완(Black Swan) 상황이 찾아올 경우, 리스크 중립을 기대하고 만들어 놓은 주식·채권 포트폴리오가 끔찍한 수익률을 기록할 수 있기 때문이다.

물론 2차 세계대전 이후 세계 경기가 지속적으로 성장하는 과정에서 '미래를 낙관하고 이에 대비한' 사람들이 승리해 왔다. 미래를 낙관하는 사람들은 주식투자의 비중을 높여 나갔으며, 유럽과 미국의 연기금과 재단들이 두 자리 숫자의 투자수익률을 기록한 것은 이러한 믿음을 실천에 옮겼기 때문이다.

그러나 서구의 기관투자자들은 2008년 수십 퍼센트의 손실을 기록하면서 과거의 포트폴리오가 앞으로도 유용할 것인지에 대해 의문을 품기 시작했다.

예일대학교 기금의 자산배분, 무엇이 특별한가?

예일대학교 기금(Endowment)은 이러한 변화의 가장 앞에 선 기관투자자이다. 예일대학교 기금은 1800년대 초에 출범한 후 많은 굴곡을 겪은 바 있다. 최근에야 기금운용의 모범사례로 칭송받고 있지만, 처음부터 그랬던 것은 아니었다. 1900년 예일대학교 기금의 운용규모는 500만 달러에 불과했으며, 1980년대까지도 여러 번의 운용 실패를 거듭했다.

그러나 1985년 예일대학교에서 경제학 박사학위를 받은 데이비드 스웬슨이 약관 31세의 나이에 운용 책임자로 등장한 후, 예일대학교 기금은 자산관리업계에 일대 혁명을 일으켰다. 예일대학교의 사무처장이자 스웬슨의 스승이었던 노벨경제학상 수상자인 제임스 토빈 교수가 그를 채용했는데, 이는 가장 성공적인 스카우트의 사례로 손꼽힌다. 스웬슨은 1997년부터 2008년까지 11년 동안 연 평균 16.3%의 경이적인 수익률을 기록해서 예일대학교 기금의 규모를 10억 달러에서 229억 달러까지 키웠던 것이다. 특히 2013년 운용실적도 20.2%를 기록하여 하버드대학교의 15.4%를 크게 앞선 것으로 알려지고 있다.

예일대학교 기금의 운용을 맡은 스웬슨은 다음과 같은 기금운용 원칙을 수립했다.

첫째, 주식시장을 강하게 신뢰한다.
둘째, 자산 구성을 다각화한다.
셋째, 비상장시장(=대체투자 자산)에서 저평가 자산을 찾는다.
넷째, 단순히 지수연동투자와 같이 기계적인 투자를 제외하고는 외부 전문가를 찾아 자금운용을 맡긴다.
다섯째, 운용과 이해관계가 있는 운용기관은 되도록 배제한다.

— 데이비드 스웬슨, 「포트폴리오 성공 운용」(2010. 4)

다음 그림은 예일대학교 기금의 자산배분을 보여준다. ^{162쪽 그림 참조} 미국의 기금임에도 불구하고, 미국 주식투자 비중이 5.9%에 불과한 것을 확인할 수 있다. 가장 많은 자산이 투자된 곳은 사모펀드로 32%에 달하며, 그 다음이 부동산으로 20.2%를 차지한다. 반면 채권의 투자 비중은 4.9%에 불과해서 전통적인 포트폴리오의 방향을 철저히 배격하는 것을 발견할 수 있다.

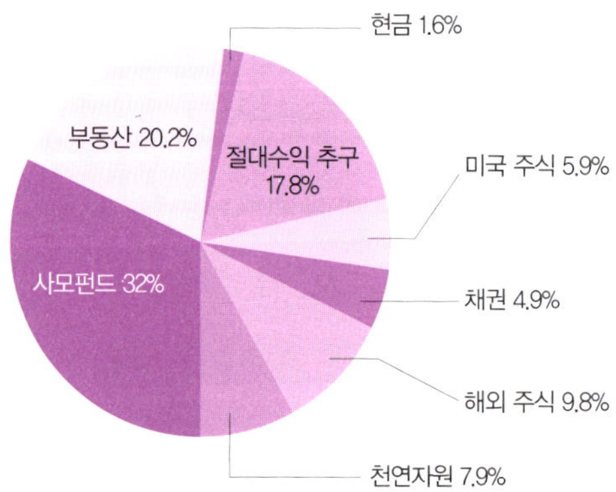

그렇다면 예일대학교 기금이 이처럼 파격적인 포트폴리오를 가지게 된 이유는 어디에 있을까?

자신들만의 특수성도 분명 작용했겠지만, 과거 금융위기의 경험도 큰 영향을 미친 것으로 보인다. 예일대학교 기금뿐만 아니라 해외의 상당수 연기금은 2008년 글로벌 금융위기 때 대규모의 손실을 기록했다. 예를 들어 미국을 대표하는 연기금이라고 할 수 있는 캘리포니아 공무원 연금인 캘퍼스(CalPERs)는 2008년에 27.8%의 손실을 기록한 바 있다.

캘리포니아 공무원 연금의 베팅이 가능했던 이유

이번에는 2013년 캘퍼스의 자산배분을 살펴보자. 주식이나 부동산 등 이른바 전통적 투자자산의 비중이 여전히 높긴 하지만, 상품이나 인프라 같은 이른바 대체투자 자산의 비중이 23%에 이르는 것을 발견할 수 있다. 163쪽 그림 참조

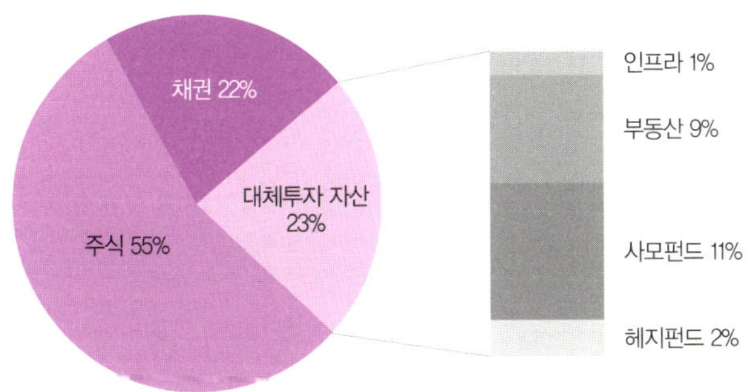

캘퍼스는 2008년 글로벌 경제위기 때 참혹한 손실을 기록하면서도 채권 등 이른바 안전자산의 비중을 높이는 대신, 주식이나 대체투자 자산 등 위험자산의 비중을 높게 유지하는 전략을 채택했던 것이다. 그리고 그 결과 캘퍼스의 지난 3년 평균 수익률은 8.9%를 기록해 같은 기간 일본(GPIF)이나 노르웨이(GPF), 그리고 우리나라의 국민연금 등 세계 유수의 연금 중 가장 높은 수익률을 기록했다.

다음 표는 세계 주요 연기금의 자산구성 및 최근 수익률을 보여준다.

▼ 세계 주요 연기금의 자산구성 및 최근 수익률   출처: 각 연금 연차보고서

순위	구분	자산규모	자산구성	2012년	5년 평균	3년 평균
1	GPIF(일본)	1,373조원	채권 74%, 주식 26%	9.7%	−0.3%	2.4%
2	GPF(노르웨이)	730조원	채권 38%, 주식 61%, 대체 0.7%	13.0%	3.1%	6.5%
3	ABP(네덜란드)	395조원	채권 39%, 주식 31%, 대체 30%	13.7%	5.0%	10.1%
4	국민연금	392조원	채권 64%, 주식 27%, 대체 8.4%	7.0%	5.9%	6.5%
5	캘퍼스(캘리포니아 공무원 연금)	291조원	채권 20%, 주식 52%, 대체 27%	13.3%	0.9%	8.9%

그런데 캘리포니아 공무원 연금인 캘퍼스가 이처럼 파격적인 포트폴리오를 가지고 베팅을 할 수 있었던 이유는 어디에 있을까?

여러 요인이 영향을 미쳤겠지만, 가장 중요한 요인은 장기간에 걸친 캘퍼스의 놀라운 실적에 기인한 신뢰에 있다고 본다. 아무리 좋은 포트폴리오라고 해도 '신뢰'가 뒷받침되지 않으면 아무 소용이 없다. 왜냐하면 2008년 같은 글로벌 금융위기가 닥치는 순간, 큰 손실에 놀라 포트폴리오를 수정해 버릴 위험이 있기 때문이다.

포트폴리오의 급격한 수정이 나타나는 순간, 최악의 사태가 발생한다. 주식이나 대체투자 자산의 가격이 역사상 바닥권일 때 그것을 팔고, 반대로 가격이 역사적 고점에 도달한 채권 등 이른바 안전자산을 매입하는, 이른바 '고점 매수, 저점 매도'가 실행되기 때문이다. 이런 면에서 주식 등 이른바 위험자산의 비중을 그대로 유지한 캘퍼스의 자산 포트폴리오는 충분히 존경받을 가치가 있다고 본다.

반면 우리나라의 기관투자자들은 자산의 손실 가능성에 비해 채권에 편중된 포트폴리오를 가지고 있다. 이는 우리나라의 기관투자자가 겁이 많아서 혹은 정보가 부족해서라기보다는, 해외의 기관투자자들은 수십 퍼센트의 일시적인 손실을 견딜 수 있는 사회적 공감대가 형성되어 있는데, 우리는 그렇지 않다는 데 원인이 있다고 본다.

자산 포트폴리오의 이러한 차이, 그리고 더 나아가 현재의 포트폴리오 차이를 가져온 다양한 요인을 무시한 채, 국내 기관들과 해외 연기금과의 장기 수익률 격차를 지적하는 보고서들만 넘쳐나는 우리의 현실이 안타깝기만 하다.

변동성이 떨어지면,
수익창출의 기회도 사라진다

물론 캘퍼스(캘리포니아 공무원 연금)나 예일대학교 기금처럼 포트폴리오를 구성하지 않아도 돈을 벌 수 있다. 예를 들어 지난 40년 동안의 우리나라처럼 고성장세가 나타나고 또 시장이 출렁거리면, 결국은 여유자금을 확보하고 있는 기관투자자들이 돈을 벌게 된다. 그러나 한 가지 걱정스러운 것은 저성장·저금리 환경뿐만 아니라 자산시장의 변동성마저 축소되고 있다는 점이다.

자산시장의 변동성이 줄어들고 있다

지난 2014년 상반기 코스피지수의 변동성이 1990년 이후 최저 수준을 기록하고 있다고 한다. [167쪽 그림 참조] 즉 1990년 이후 일일 등락률의 반기별 표준편차가 상반기에 0.662로 계속 하락하여 시장의 역동성이 크게 약화되고 있다. "시장의 등락폭이 낮다는 것은 투자의 '위험'을 낮추니 좋은 일 아니냐?"고 묻는 사람도 있겠지만, 자산가격의 변동성이 줄어

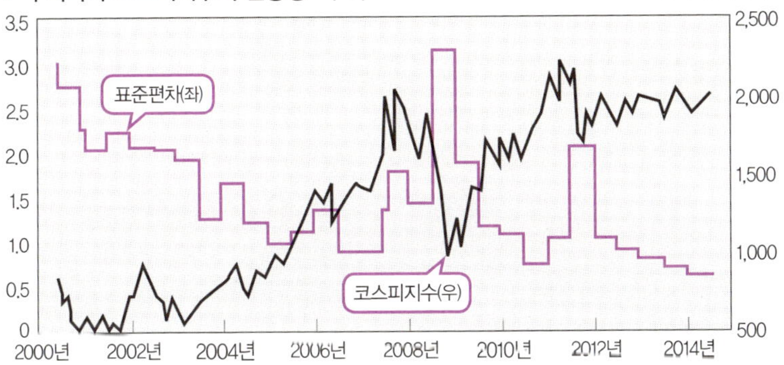

들면 기대수익률도 떨어지게 마련이다.

국민연금의 사례를 돌이켜보면, 2008년 마이너스 성과(-0.2%)를 기록했지만, 2009과 2010년 각각 10.8%와 10.6%라는 높은 수익률을 기록하면서 2008년의 충격을 단숨에 만회한 바 있다. 물론 2011년 미국 신용등급 강등 사태 때 수익률이 다시 2.3%로 떨어졌지만, 2012년과 2013년 각각 7.0%와 4.2%의 수익률을 기록하였다.

즉 '위기는 곧 기회'이며, 특히 장기적인 시각에서 자산을 운용하는 투자자들에게 변동성만큼 고수익을 올릴 수 있는 기회는 없다고 할 수 있다.

그런데 변동성이 줄어든 것은 주식시장만의 현상이 아니다. 채권시장도 마찬가지다.

국내 기관투자자들의 투자대상에 포함되는 국고채나 특수채 등 투자등급이 높은 채권에 자금이 몰려 수익률이 낮게 형성되고 있다. 급

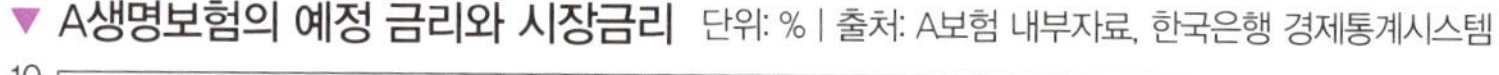

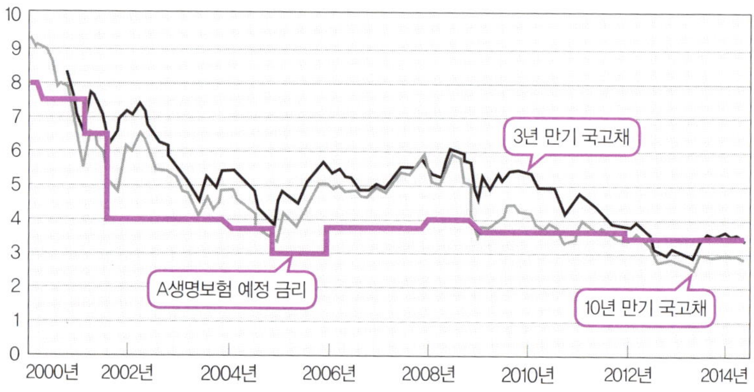

기야 보험회사도 공시이율을 급속히 낮추고 있다. 현재와 같은 자산운용 수익률로는 저축성보험이나 장기 생명보험의 예정 이율을 맞출 수 없기 때문이다.^{위 그림 참조}

이로 인해 개인투자자들은 노후 은퇴자금을 개인적으로 관리할 수 없는 상황이고, 기관투자자들마저 기관별 목표수익률이나 자산부채종합관리(ALM)[2] 관점의 기대수익률을 달성하기가 매우 어려워졌다. 결과적으로 투자수익률의 하락은 은행, 보험사, 증권사 등 거의 모든 금융기관의 수익성 악화로 연결되고 있다.^{169쪽 그림 참조}

선진국 기관투자자들이 포트폴리오를 다변화하는 이유

이러한 현실을 보면, 왜 선진국의 각종 기관투자자들이 포트폴리오에 전통적 투자자산(주식, 채권 등)뿐만 아니라 사모펀드, 부동산, 인프라 자산, 상품(Commodities), 천연자원(Natural Resource) 등을 포함시켰는지 이해할 수 있다. 그들은 우리나라보다 훨씬 빨리 '저성장·저

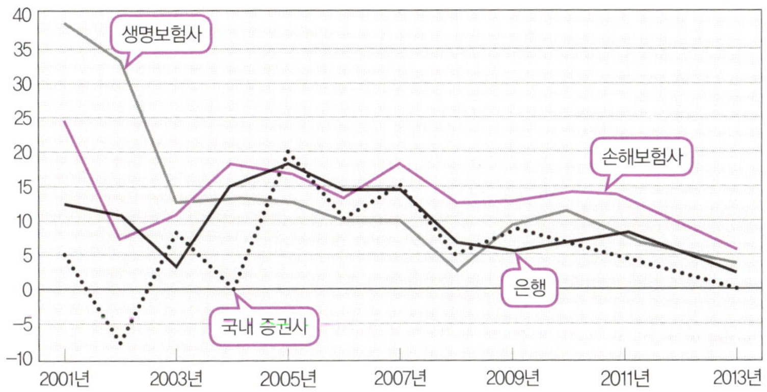

금리·저변동성'이라는 환경을 만나 이에 적응하기 위해 어쩔 수 없이 자산 포트폴리오를 다변화했던 것이다.

지난 2013년 11월 중순 기금본부를 퇴임하고 대학에서 가르칠 자료를 정리하고 있는데, 2012년 런던 출장 때 도움을 주었던 모 증권사 임원으로부터 급한 전화를 받았다.

2012년 런던에서 만났던 로스차일드 가문의 7세인 알렉스 씨가 우리나라를 잠깐 들렀는데 나를 만나고 싶어한다는 것이다. 로스차일드 가문의 현직 회장이 만나자는 사안노 궁금하고, 현직을 떠난 나를 보자는 것도 호기심이 생겨 만난 적이 있다.

알렉스 로스차일드의 이야기는 다음과 같다. 그동안 로스차일드사가 다른 대체투자에서는 성공을 많이 거두어 왔는데, 근래에 유독 사모펀드 투자에서 그다지 만족스러운 결과를 얻지 못하여 그동안 투자를 중단한 바 있었다는 것이다. 그런데 최근 아시아 시장의 투자기회가 많은 것 같고, 한국 시장의 가능성도 높은 것 같아 다시 사모펀드 투자를 재개하려는 생각으로 들렀다는 것이다.

수백 년 넘게 가업을 이어오는 금융가문의 수장이, 그것도 런던에서 잠깐 만났던 것에 불과한 사람을 굳이 찾아온 것은 사모펀드 투자를 비롯한 대체투자의 필요성이 얼마나 큰지를 잘 보여주는 대목이라고 생각된다.

　이제 다음 절에서는 글로벌 투자자들이 중시하는 자산인 대체투자가 무엇이며, 해외 기관투자자들은 어떻게 대체투자를 하고 있는지 살펴보자.

---

1) 변동성과 표준편차: 표준편차는 평균으로부터 얼마나 흩어져 있는지 측정하는 지표이다. 표준편차가 높으면 높을수록 변동성이 크고, 반대로 표준편차가 낮으면 낮을수록 변동성이 작은 것으로 해석할 수 있다.

2) 자산부채 종합관리(ALM)란 금융기관의 자산 및 부채를 최적의 상태로 조합시켜, 금융기관 경영에 악영향을 미칠 다양한 시나리오 아래에서도 수익 및 순자산 가치를 극대화하는 경영관리 기법이다.

대체투자란?

학문적으로 대체투자(Alternative Investment)를 정의하기는 쉽지 않다. 왜냐하면 주식이나 채권 같은 전통적 자산과 대체되는 측면을 가진 자산이란 의미로 사용되며, 또한 실제로 그렇게 운용되기 때문이다.

대체투자 자산의 특성과 위험

실제로 전통적 투자자산과 대체투자 자산 사이에는 아래의 표와 같이 꽤 큰 차이가 있다.

▼ 전통적 투자자산과 대체투자 자산의 비교　　출처: 한국금융연수원, "Private Equity Fund"

	전통적 투자자산	대체투자 자산
목표수익률	벤치마크 대비 상대수익률	절대수익률
수익률 특성	• 자본시장과 높은 상관관계 • 위험지수 낮음	• 자본시장과 낮은 상관관계 • 위험지수 높음
주요 위험요소	시장위험, 신용위험	유동성 위험, 평가 위험, 매니저 위험
성과요인	시장수익률, 자산배분	자산 및 운용사 선택

간단히 요약해 보자면, 대체투자 자산은 전통적 투자자산과 달리 절대 수익률을 추구하며, 대체투자 자산의 수익률은 전통적 투자자산에 비하여 자본시장과 상관관계가 다소 낮다. 대신 대체투자 자산은 전통적 투자자산에 비하여 환금성이 떨어지고, 펀드매니저 선택에 따른 위험이 크다는 차이가 있다.

대부분의 투자자들에게 대체투자는 매우 위험한 것으로 인식되어 있다. 그러나 이는 사실이 아니다. 개별 상품별로 보면 위험조차 측정되지 않는 상품들이 있는 것은 사실이나, 인프라나 부동산의 핵심물건 같은 경우에는 오히려 웬만한 채권보다 안전한 경우도 있기 때문이다.

대체투자의 가장 골치 아픈 문제는 수익률의 불안정성보다는 유동성 위험이라고 할 수 있다. 여기서 유동성 위험이란 원하는 시기에 즉각 현금화하기 어렵다는 것을 의미한다. 따라서 이런 위험을 피하기 위해서는 투자대상 및 산업별로 많은 전문성이 요구되며, 특히 투자 전에 이루어지는 사전심사(Due Diligence)가 매우 중요하다.

대체투자의 자산군 분류하기

대체투자 자산을 크게 분류하면, 사모펀드, 부동산, 인프라, 상품(자원, 원자재), 헤지펀드로 구분할 수 있다. 이를 세분하면 다음의 그림과 같이 요약할 수 있다.

이후에 좀 더 자세히 설명하겠지만, 사모펀드(PEF, Private Equity Fund)만 하더라도 기업인수 펀드(Buyout Fund)부터 메자닌 펀드(Mezzanine Fund), 그로스 펀드(Growth Fund)[1], 부실자산 펀드(Distressed Fund), 벤처캐피탈(Venture Capital)에 이르기까지 매우 다양하다. ^{5장 참조}

따라서 각 대체투자 자산의 위험과 특성을 잘 살펴서 기관별 포트폴리오 전략과 리스크 감내 수준에 부합하는지를 정확히 평가하고 분석해야 한다.

다음 그림은 주요 투자자산의 위험과 수익을 보여준다. ^{174쪽 그림 참조} 다양한 투자자산들은 모두 제각각의 위험과 기대수익률을 가지고 있다. 높은 위험과 고수익을 지향하는 벤처캐피탈, 사모펀드, 부동산에서부

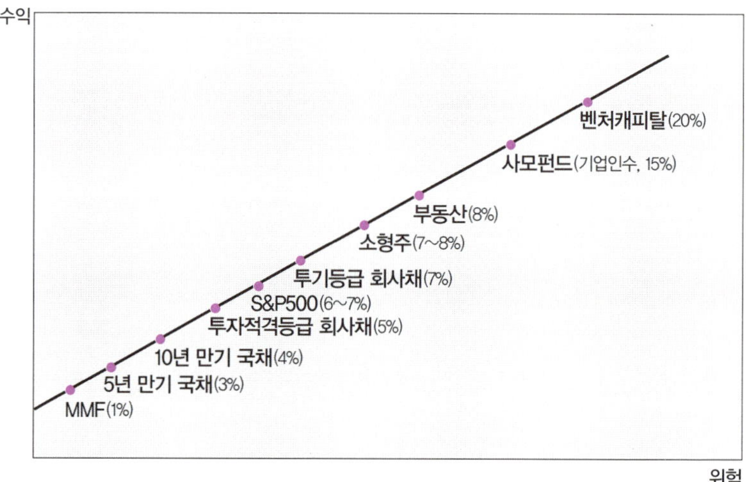

터, 낮은 위험과 저금리를 제공하는 머니마켓펀드(MMF)에 이르기까지 다양한 조합이 있음을 알아야 한다.

국내시장을 벗어나 해외시장으로 눈을 돌리자

대체투자를 고민하면서 마지막으로 고려해야 할 사항은 바로 협소한 국내시장을 벗어나 해외시장으로 눈을 돌릴 필요가 있다는 것이다.

예를 들어 국민연금의 경우에 대체투자의 절반 이상이 해외투자와 관련되어 있다. 국민연금의 전체 자산 중 해외 비중이 20% 전후로 추정되지만, 대체투자만 보면 거의 절반 이상을 차지한다. 이렇듯 대체투자의 해외 의존도가 높은 이유는 국내의 대체시장이 협소하기에, 상대적으로 투자기회가 많은 해외시장으로 점점 진출하기 때문일 것이다.

참고로 다음의 그림은 주요 해외 연기금의 자산 중 대체투자 비중을 보여준다. 전체 자산에서 차지하는 대체투자 비중이 1995년 5%에서 2010년 19%로 눈에 띄게 높아진 것을 확인할 수 있다.

▼ **글로벌 연기금의 자산배분 변화** 출처: Towers Watson, "Global Pension Asset Study 2011"

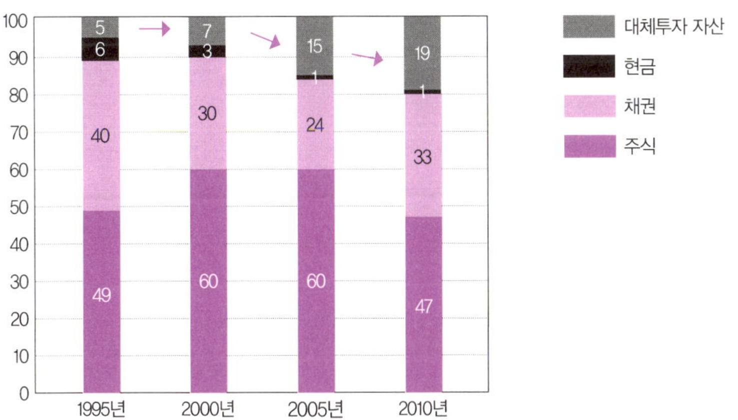

앞에서 살펴본 캘퍼스나 예일대학교 기금뿐만이 아니라 대부분의 연기금이 대체투자에 대한 비중을 확대한다는 것은 결국 저성장 · 저금리 · 저변동성의 여건에서 대체투자 이외에 다른 투자 대안을 찾기 어려워졌음을 시사한다. 지난 3년 동안 국민연금 재직시 목격한 대체투자 자산을 둘러싼 세계 연기금들의 총성 없는 경쟁을 감안할 때, 2011년 이후 글로벌 연기금들의 대체투자 비중은 더욱 높아졌을 것으로 추정된다.

이제 5장에서 대체투자 자산에 대해 좀 더 자세히 살펴보자.

---

1) 그로스 펀드(Growth Fund)란 벤처캐피탈의 다음 단계로, 사업을 한 단계 더 확장하려는 중소기업에 투자하는 펀드를 말한다.

대체투자의 '꽃' 사모펀드

5장부터는 앞으로 닥쳐올 자본시장의 변화에 대응하기 위해 대체투자 자산을 어떻게 이용할 것인지 살펴본다. 대체투자의 '꽃'으로 불리는 사모펀드의 특징을 살펴보고, 선진국 주요 사모펀드의 독자적 전략을 알아볼 것이다. 우리가 그동안 사모펀드에 대해 가졌던 지식이 얼마나 편향된 것이었는지 인식하는 기회가 될 것이다.

01

사모펀드의 특징

사모펀드는 어떤 특징이 있을까?

흔히 '대체투자의 꽃'이라고 불리는 사모펀드(PEF, Private Equity Fund)는 대중들로부터 소액의 자금을 모으는 이른바 '공모'(Public Offering)가 아니라, 일부 소수의 투자자를 대상으로 거액의 자금을 모으는 '사모'(Private Placement) 방식으로 자금을 조달해 비(非) 상장 지분에 투자하는 펀드를 말한다. 따라서 사모펀드의 자산운용이나 자금 관리는 공모펀드에 비해 비교적 자유로운 형태를 보인다.

일반적으로 사모펀드의 구조는 무한책임사원인 GP(General Parter)와 유한책임사원인 LP(Limited Partner)들이 출자하여 합자회사 형태의 사모펀드를 설립하고, 무한책임사원들이 모집된 자금을 운용하도록 한다.

사모펀드는 투자대상이 다양하다. 예를 들어 이제 막 설립된 벤처

기업에서부터 중견기업, 대기업에 이르기까지 기업인수 · 합병(M&A)을 할 수도 있고, 혹은 현재 경영상황이 어려운 기업에 자금을 투입하여 그 가치를 높인 후 상장 혹은 매각 등의 방법을 통해 자금을 회수하기도 한다.

사모펀드의 특징은 다음과 같이 요약할 수 있다.

▼ **사모펀드의 특징** 출처: 한국금융연수원, "Private Equity Fund"

- 일부 소수의 투자자를 대상으로 거액을 모으는 '사모' 방식이다.
- 펀드를 운용하는 매니저의 선택이 수익 결정의 성공 요인이 된다.
- 장기투자를 한다. 보통 3~5년인데 해외 사모펀드는 7~10년 동안의 투자를 제안하기도 한다.
- 기업성장의 단계별 또는 전략별로 광범위한 투자대상이 존재한다.
- 사모펀드의 수익은 다음과 같은 특성이 있다.
  - 역사적으로 공모시장보다 나은 성과를 기록했다.
  - 공모시장과는 낮은 상관관계를 보인다.
  - 포트폴리오의 성과를 높이면서 리스크를 낮추는 역할을 한다.
  - 사모펀드의 수익은 J-커브 현상을 피하기 어렵다. 투자 초기에는 각종 비용으로 인해 현금흐름이 마이너스 상태를 보이지만 점차 플러스로 돌아선다.
  - 사모펀드는 장기투자이며 유동성이 떨어진다. 다만 재매각 시장(Secondary Market)[237쪽 참조]으로 완화가 가능하다.

여기서 가장 주목할 것은 J-커브 효과이다. J-커브 효과란 투자 초기에는 각종 비용으로 인해 현금흐름이 마이너스를 기록하지만, 현금흐름이 점차 플러스로 돌아서는 현상을 말한다. 그런데 사모펀드는 그 특성상 J-커브 현상을 피하기 어렵다. 따라서 사모펀드에 투자할 때에는 어떻게 인수(혹은 투자) 기업의 가치를 높일 것인지에 대해 고민할 필요가 있다. 만일 투자한 기업의 가치가 높아지지 않는다면, 자금회수가 쉽지 않아 펀드 자체의 손실이 발생할 수도 있기 때문이다.

사모펀드의 역사

사모펀드라고 하면 좀 낯설지만, 그 역사를 살펴보면 꽤 친숙한 존재라는 것을 알 수 있다. 15세기 말에 콜럼버스가 서인도 항로를 향해 출발할 때, 스페인의 이사벨라 여왕이 한 투자도 일종의 사모펀트 투자라고 할 수 있다. 그러나 현대적 시각에서 보면, 1976년 미국에서 출범해 성공한 사모펀드사 KKR이 오늘날과 같은 전문적 사모펀드 회사의 효시라고 할 수 있다.

미국의 전문 사모펀드 회사들이 1980년에서 1990년 전후에 걸쳐 집중적으로 설립된 데에는 특별한 배경이 있다.

1970~80년대 미국 경제는 베트남 전쟁의 후유승과 1,2차 오일쇼크를 겪으며 심각한 침체에 빠져 있었다. 특히 일본에게 추월당했다는 위기감까지 부각되며 강력한 기업 구조조정의 필요성이 부각되고 있었다. 이때 기업 구조조정의 수단으로 부각된 것이 '차입 기업인수(LBO, Leveraged Buy-Out) 펀드'였다. 차입 기업인수 펀드는 채권시장에서 투기등급 채권을 발행해 자금을 조달한 후, 저평가된, 그리고 비

효율적인 기업을 인수해 구조조정을 단행하여 다시 매각함으로써 차익을 올린다.

영화「프리티우먼」의 남자 주인공 리처드 기어가 극중에서 맡은 역할이 바로 차입 기업인수 펀드의 매니저였다. 영화에서 거리의 여인인 줄리아 로버츠를 신데렐라로 만들어 주던 '큰 부자'로 등장할 만큼, 당시 차입 기업인수 펀드는 어마어마한 성공을 거두었고 또 사회적 이슈를 불러일으켰다.

우리나라는 1997년 외환위기 이후 정부 주도로 금융산업과 제조업의 구조조정을 강력하게 추진하여 왔다. 그리고 경제가 다시 회복되고 금융시장이 살아나면서 사모펀드가 출현할 기반이 마련되었다. 특히 2000년대 초반 정보통신 버블이 붕괴된 후 벤처캐피탈뿐만 아니라 다양한 형태의 사모펀드가 필요하다는 인식이 부각되었고, 2004년 12월 사모펀드 전문회사의 설립이 가능해졌다.

기관투자자들이 사모펀드에 투자하는 이유

사모펀드의 역사는 이 정도에서 마무리하고, 이제 연기금 등 기관투자자들이 사모펀드에 투자하는 이유에 대해 살펴보자.

엉덩이가 무거운 기관투자자들이 사모펀드 시장에 참가하는 이유는 공모시장(거래소에 상장된 증권이 거래되는 시장)에서 투자하기 어려운 기업이나 인수합병(M&A) 거래, 부실자산 및 메자닌 펀드314쪽 참조 등에 투자함으로써 자산배분의 효과를 높이고 초과수익을 창출할 수 있기 때문이다.

사모펀드 투자의 제약 조건

그럼, 모든 기관투자자들이 사모펀드 투자에 뛰어드는가? 그것은 아니다. 왜냐하면 아래의 그림에 나타난 것처럼, 사모펀드 투자에도 여러 제약 요인이 있기 때문이다.

사모펀드 투자의 가장 큰 위험은 J-커브 효과, 즉 투자 초기에는 막대한 지출로 인해 손실을 입지만 시간이 경과되면서 서서히 현금흐름이 개선되는 데 있다. 어떤 기관투자자가 사모펀드의 '고수익'에 주목해 투자를 시작했다가, 초기 투자기간에 지속적인 손실이 발생하는 것을 견디지 못한다면 어떤 일이 벌어질까?

대체투자의 특징을 다루면서도 거론했지만, 유동성 부족이 대체투자의 최대 위험이기에, 아마 이 기관투자자는 막대한 손실을 각오해야만 사모펀드 투자에서 손을 뗄 수 있을 것이다. 따라서 투자를 하기 전에, 장기간에 걸친 현금흐름의 변화를 감내할 수 있는지, 그리고 기관투자자의 사내외 이해당사자들이 이를 충분히 알고 있는지에 대한 검

▼ 연기금의 사모펀드 투자 이유 및 제약 요인

사모펀드 투자 이유	사모펀드 투자의 제약 요인
• 공모시장 투자에 대한 보완 및 대체 효과 • 자산배분 효과	• 불규칙한 현금흐름 (J-커브 효과) • 높은 투자비용 (관리보수 1.5%, 투자수익률이 기준수익률 초과시 성과보수로 초과수익의 20%) • 성과 측정의 어려움 (미실현 수익 문제) • 긴 자금회수 기간

토가 선행되어야 한다.

사모펀드 투자의 또 다른 문제는 비교적 높은 투자비용이다. 글로벌 사모펀드 운용회사들은 대체로 연 1.5% 내외의 관리보수를 요구하며, 투자수익률이 기준수익률(대체로 10% 전후)을 초과하는 경우 초과수익의 20%를 성과보수로 지급하기를 원한다. 그러나 국내 기관투자자들은 국내 사모펀드에게 해외 사모펀드 회사에 비해 매우 낮은 수준의 관리보수를 지급하고 있어, 국내 사모펀드의 부실화 위험을 높이는 결과를 초래하고 있다.

사모펀드의 특징에 대해서는 이 정도로 정리하고, 이제 사모펀드의 시장규모를 살펴보자.

사모펀드의 시장규모

2013년 말 현재 전 세계 사모펀드 업계의 운용자산 규모는 약 3조

▼ 글로벌 사모펀드의 운용자산 규모

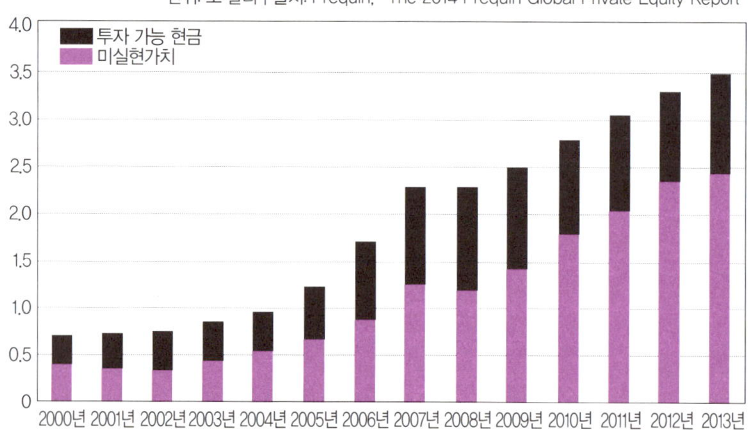

4,660억 달러로 추산되며, 지역별로는 북미 및 유럽 등 선진국이 대부분을 차지하고 있다. 2013년 미국 국내총생산이 15조 달러 규모라는 것을 감안할 때, 사모펀드 시장이 얼마나 큰지 알 수 있을 것이다.

이제 눈을 돌려, 우리나라 사모펀드 시장의 상황을 살펴보자. 다음의 표에 정리된 바와 같이 우리나라 사모펀드 시장의 경쟁구도는 크게 보아 글로벌 메가펀드, 아시아 펀드, 대형 로컬펀드, 소형 로컬펀드로 나

▼ 우리나라 사모펀드 시장의 경쟁구도 출처: Uinson Capital

	글로벌 메가펀드	아시아 펀드	대형 로컬펀드	소형 로컬펀드
평균 투자규모	• 2억~10억 달러	• 1억~2억 달러	• 5,000만~ 1억 달러	• 1,000만~ 5,000만 달러
투자유형	• 기업인수(Buyout)	• 기업인수 • 마이너리티	• 마이너리티 (Minority)	• 마이너리티
전망	• 거래 매력도에 따라 기회주의적으로 참여 • 당분간 우리나라 팀 구축에 크게 더 투자하지 않을 것으로 예상 • 기존 국내 위탁운용사(GP)와 제휴 시도할 듯	• 우리나라 시장에 지속적으로 집중할 듯 • 향후에는 현재보다 더 큰 거래를 노릴 듯 • 일부 위탁운용사들은 핵심 인력 이탈 이후 과거 성과를 지속할 수 있을지 미지수	• 새 위탁운용사 등장 • 향후 현재보다 더 큰 거래를 노릴 듯 • 기업인수 거래에 더 관심 보일 듯 • 변화과정에서 경험 및 인력 부족으로 인한 리스크 있음	• 현 상황 타개할 방안 별로 없음 • 인재와 경험 부족 현상은 당분간 지속될 듯 • 난립 중인 펀드 및 운용사 간의 명암이 엇갈리고, 업계 재편 가능성 있음

누어질 전망이다.

우리나라의 사모펀드들은 선진국의 대형 사모펀드들에 비하면 아직 규모도 작으며 영역도 제한되어 있지만, 앞으로 점점 발전할 가능성이 높다는 것이 일반적인 평가이다. 무엇보다 정부에서 강제적으로 또는 자발적으로 구조조정을 한 기업이 많으며, 중견 중소기업의 세대교체, 기존 사모펀드의 투자회수를 위한 재매각(Secondary Deal), [237쪽 참조] 그로스 캐피털(Growth Capital) 등 기업 인수합병의 기회가 증가할 것으로 예상되기 때문이다.

다음 장에서는 세계 주요 사모펀드 회사의 운용전략에 대해 살펴보도록 하자. 각 운용회사들마다 독자적인 노하우와 주력하는 기업의 특징이 다 다르다는 것에 대해 놀라게 될 것으로 믿는다.

02

세계의 주요 사모펀드는
어떤 전략을 구사하는가?

아폴로사의 투자전략

세계적인 사모펀드 회사 중에서 가장 먼저 소개할 회사는 아폴로 사(Apollo Global Management)이다. 이 회사의 핵심 운용전략은 기업인수(Buyout) 중에서도 오 퍼추니스틱 전략(Opportunistic

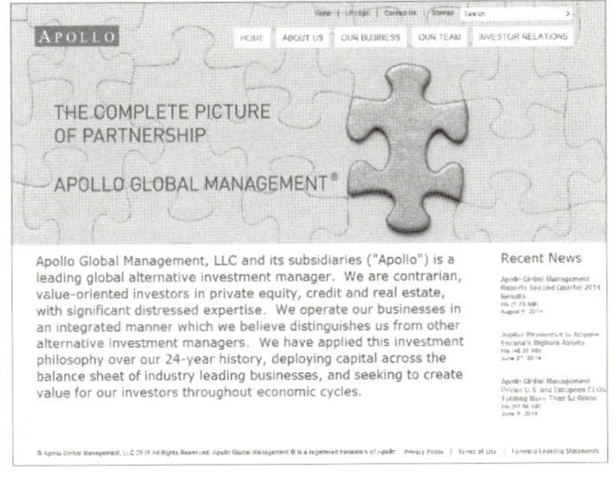

Approach)이라고 할 수 있다. 오퍼추니스틱 전략이란 불황에 경영난 을 겪은 기업에 투자하여 고수익을 창출하는 전략을 말하는데, 기회 선점 전략이라고도 한다.

아폴로사는 부실자산 및 모(母)기업에서 분리매각(Corporate Carve-out) 투자에 주력한다. 그런데 다음의 표에서 보듯이, 이들은 기본적 으로 경기변동에 따라 투자행태를 다르게 접근해야 한다는 투자철학을 가지고 있다. 즉 경기가 나빠질 때에는 부실자산 투자를 상대적으로 늘리고, 경기회복기나 확장기에는 기업인수 및 분리매각 거래에 집중하는 편이다.

▼ 1990년 이후 아폴로사의 투자전략 변화　　　　　　　　　　　출처: 아폴로사

	불황 1990~93	회복 1994~97	확장 1998~2000	불황 2001~03 3분기	회복 2003 4분기~2005	확장 2006~07 2분기	불황 2007 3분기~현재
유동성	낮음	높음	높음	낮음	높음	높음	낮음
밸류에이션	낮음	중간	높음	낮음	중간	높음	낮음
아폴로사의 투자전략	활동적이지 않다. 부실기업 인수에 주력	활동적 전통적 기업인수	활동적이지 않거나 오버페이* 복합 기업 인수 및 기업 파트너십을 통해 인수 가격 인하	활동적이지 않다. 부실기업 인수에 주력	활동적이며 오버페이 기업인수 시 인수가격 인하를 위해 산업 전문가 활용	활동적이며 오버페이 복합 기업 인수 및 기업 파트너십을 통해 인수 가격 인하	활동적이지 않다. 부실기업 인수에 주력, 전략적 인수합병 추진

* 오버페이(Over-pay)란 적정가치 대비 비싸게 매입하는 것을 말한다.

아레스사의 투자전략

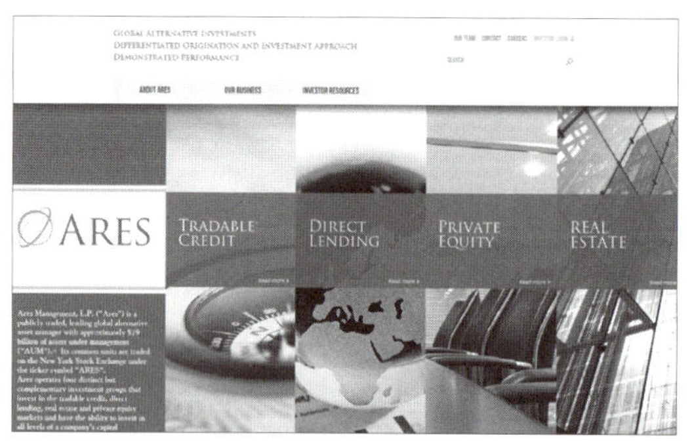

아폴로사와 함께 특별히 소개하고 싶은 회사가 아레스(Ares Management)사이다. 필자가 2013년 가을에 아레스사의 뉴욕 사무실을 방문했을 때,

최고 운용책임자는 다음과 같이 자신들의 투자전략을 밝힌 바 있다.

첫째, 유연하게 대처하는 이른바 Flexible Capital 전략에 치중한다. 거시경제 환경 및 투자기회에 따라 유연한 투자전략을 구사하며, 돈을 빌려 투자하는 레버리지 효과에 소극적인 편이다. 다만 미래에 발생할 수 있는 위험 요인을 충분히 컨트롤할 수 있는 자산에 투자하는 통제 기업인수(Control Buyout), 부실자산 인수과정에 돈을 빌려 수익률을 높이기도 한다. 특히 사업 확장을 위해 기업이 필요한 장기자금을 조달하는 이른바 그로스 캐피털에도 투자한다.

둘째, 성장이 가능한데 현재 재무구조 문제로 추가 자금 투입이 어렵거나, 부채가 많아 재무 안정성이 약한 회사에 투자한다. 이 경우 투자대상이 되는 최우선 조건은 비교적 브랜드 파워가 있고, 우수한 영업 현금흐름을 창출할 수 있어야 한다는 것이다.

셋째, 포트폴리오 구축전략으로서 산업별로 투자 제한을 둔다(보통 7개에 75%). 또한 투자유형으로서는 그로스 캐피털 투자를 지향하고, 60% 이상의 거래가 지배적 주주가 아닌 거래[1]가 되도록 제한을 가한다. 단 Tag-along(주식 매각 참여권) 및 Drag-along(주식 매도 요청권)[2] 조항은 엄격히 구현하고 있다.

넷째, 투자한 기업의 가치를 어떻게 높여 자금을 회수할 것인지 고민하며, 만일 사전 계획 수준에 도달하지 못할 위험이 발생할 가능성에 미리 대비하려고 노력한다.

출처: 아레스사

구분	내용
신중한 레버리지 기업 인수 전략	EBITDA[3] 성장, 현금흐름 창출을 통한 회사 가치 제고
부실기업 자산 매수	재매각 시장에서 할인된 가격으로 부채를 매입한 후 경영권을 확보하고 회사 가치를 제고
차입 축소 기업 투자	재무구조 개선이 필요한 우량사업 보유 회사에 자금을 투입해 가치를 제고
그로스 캐피털 투자	EBITDA 성장, 현금흐름 창출을 통한 회사 가치 제고

선캐피털사의 투자전략

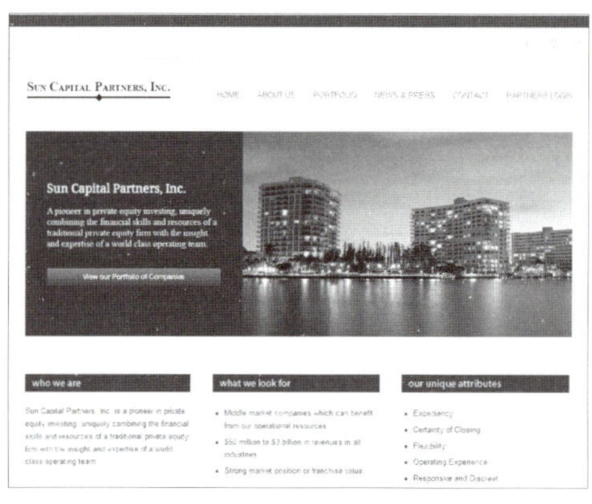

1995년 설립된 선캐피털사(Sun Capital Partners, Inc)는 아레스사나 아폴로사와 달리, 기업인수 시장에서 대형 물건보다는 중견 및 중소기업 등 이른바 틈새시장에 주력한다.

선캐피털사의 운용전략을 좀 더 구체적으로 살펴보자. 이 회사는 현재의 경영상태를 유지하는 데 급급한 성과 부진기업, 또는 현재 적자를 기록하고 있지만 장래에 회복될 수 있는 잠재력을 가진 기업, 그리고 부실자산 발생 등 특수상황에 처해 있는 기업들을 주된 투자대상 기업으로 삼는다.

▼ 선캐피털사의 틈새시장 전략 출처: 선캐피털

기업 재무 구조	선캐피털사 • 재무구조는 견실하나 경영진의 능력 부족 등으로 인해 일시적 사업 부진에 빠진 기업	차입매수(LBO)의 주류 시장 • 가격에 의해 좌우되는 매도자는 극소수 • 많은 매수자들이 경쟁
	잘못된 거래	의문시되는 거래

기업 경영진의 능력

지금까지 세계 주요 사모펀드 회사의 운용전략에 대해 살펴보았다. 각 운용회사들은 독자적인 노하우와 주력 투자 기업의 특징이 달랐다. 이제 다음 절에서 사모펀드 투자의 실패 요인에 대해 살펴보자.

---

1) 지배적 주주가 아닌 거래(Non-majority)란 기업의 경영권을 가질 수 있는 지배적 지분을 가지지 않고, 비교적 소액의 지분만 투자하는 것을 말한다.

2) Tag-along은 1대 주주가 보유 지분을 매각할 때, 2,3대 주주가 대주주와 동일한 가격에 팔아달라고 1대 주주에게 요구할 수 있는 권리를 말한다. '주식 매각 참여권'이라고 한다. Drag-along은 반대로 1대 주주가 2,3대 주주의 지분까지 함께 매각할 수 있는 권리를 의미한다. '주식 매도 요청권'이라고 한다.

3) EBITDA는 'Earnings Before Interest, Taxes, Depreciation, and Amortization'의 약자로, 기업의 영업현금흐름을 측정하는 지표이다.

03

사모펀드는 어떨 때 실패하는가?

지금까지 세계 유수 사모펀드 운용회사들의 전략을 살펴보았다. 하지만 유명 사모펀드라고 해서 항상 투자에 성공하는 것은 아니다. 다음의 그림에 정리되어 있는 사모펀드 투자의 실패요인에 대해서는 꼭 알아둘 필요가 있다. 195쪽 그림 참조

사모펀드의 투자 실패 요인

사모펀드 투자가 실패하는 가장 큰 요인은 바로 지나치게 낙관한 나머지, 돈을 너무 많이 빌려 투자하는 것에 있다. 자본주의 경제는 호황 뒤에는 항상 불황이 오기 때문에, 위험관리에 신경쓰지 않을 경우 큰 어려움을 겪을 수 있다. 재무 위험관리에 못지않게 중요한 것은 기업가치를 개선하려는 노력이 미흡하거나, 과도하게 높은 가격을 지급하는 것 등이 있다.

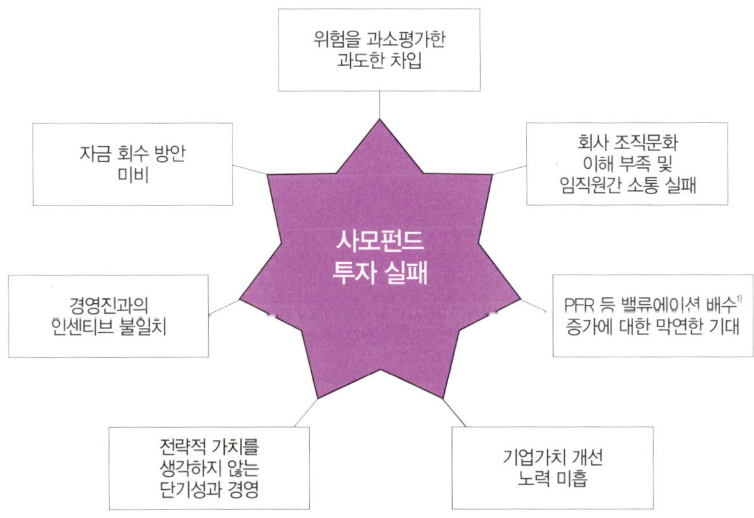

최근 언론에 빈번하게 소개되는 국내 사모펀드의 투자 실패 사례도 이런 실패 요인이 복합적으로 작용한 결과라고 할 수 있다.

보고펀드의 애물단지가 된 LG실트론도 마찬가지다. LG실트론은 매각 직전 2년간 순이익이 매년 두 배 이상 증가하던 '우량매물'이었다. 2007년 순이익만 1,679억원에 달했을 정도이다. (중략) 보고펀드-KTB 사모펀드 컨소시엄이 스카이레이크-산업은행 컨소시엄과 치열한 경쟁 끝에, LG실트론의 지분 49%를 7,076억원에 사들인 것도 이런 성장성 때문이다. 스카이레이크 측은 보고펀드에 우선협상권을 내준 뒤에도 1,000억원 이상의 '웃돈'을 추가로 제시할 만큼 '아쉬움'을 나타냈다는 후문이다.

하지만 작년 LG실트론은 1,663억원의 적자를 기록했다. 당시만 해도 '잘나가던' 태양광 사업이 부진했던 탓이다. 보고펀드가 투자할 당시에는 예상치 못한 변수이다. 당시 보고펀드와 경쟁했던 한 사모펀드 관계자는 "인수전 탈락이 오히려 전화위복이 되었다"고 말했듯.

— 한국경제신문, 2014년 7월 9일

사모펀드 투자의 실패는 외국에서도 자주 나타난다. 포트폴리오 투자가 전체적으로 성공하는 예는 드물다고 해도 과언이 아니다. 오히려 투자 포트폴리오에서 실패하는 투자를 최소화하고, 실패한 투자가 있을 때 마이너스의 영향을 얼마나 완화할 수 있느냐가, 사모펀드 전문회사의 역량을 평가할 때 가장 중요한 요소라고 할 수 있다.

현재 국민연금도 돈을 맡기고 있는 KKR사는 명실상부한 세계 최대의 사모투자 전문회사이다. 이 회사는 명성에 걸맞게 2009년 7월 24일 세계 최대 맥주회사 중의 하나인 AB인베브로사부터 OB맥주의 보유지분 100%를 약 18억 달러에 인수하였다. 그런 다음 2014년 상반기에 약 4조원의 차익을 남기고 매각한 바 있다.^{195쪽 그림 참조}

이렇듯 '연승가도'를 달리는 것처럼 보이는 KKR사도 2007년 출범한 아시아 펀드 I(Asia Fund I)에서 2012년 말 현재 투자건수로 30%, 금액 기준으로 7.5%의 손실률을 기록한 바 있다.

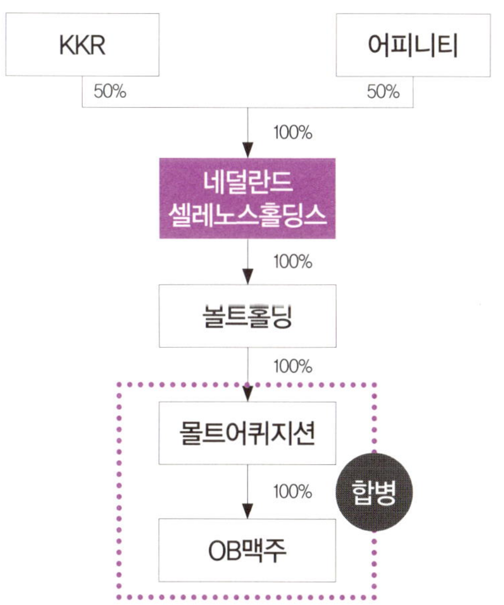

투자수익률이 높은 사모펀드의 6가지 공통점

2008년 유명 컨설팅회사인 베인앤컴퍼니(Bain & Company)사의 여성 회장 오릿 가디시(Orit Gadiesh)와 파트너인 휴 맥아더(Hugh MacArthur)는 오랫동안 훌륭한 투자수익률을 계속 올려온 사모펀드들의 공통된 성공 요인 6가지를 다음과 같이 정리한 바 있다.

첫째, 투자기업의 잠재력을 최대로 정의하라.
둘째, 개혁할 수 있는 청사진을 개발하라.
셋째, 청사진에 맞는 성과를 가져오도록 노력해라.
넷째, 적재적소에 인력을 재배치하라.

다섯째, 주식의 가치를 높이도록 관리하라.

여섯째, 조직에 성과 제일주의 문화를 정착시켜라.

— 오릿 가디시, 휴 맥아더, 『사모펀드 투자로부터의 교훈』(Lessons From Private Equity Any
company can use, 하버드대학교 출판부, 2008)

물론 '공자님 말씀'처럼 받아들여질 대목이 있는 것은 사실이나, 대체 투자를 추진하면서 이 원칙에 부합하는지를 점검하는 일, 즉 인수한 기업의 가치 제고 전략이 무엇보다 중요하다고 본다.

사모펀드 업계에서도 승자의 저주(Winner's Curse)라는 표현을 가끔 사용한다. 투자에 실패한 사례를 이야기할 때 쓰는 다소 부정적인 용어라고 할 수 있다. 필자도 자산운용업계에서 근무하면서 '승자의 저주'에 해당되는 사례를 직접 겪은 바 있었다.

때는 2006년 하반기로, M&A 시장에 매물로 나온 대형 건설사를 인수하기 위해 국내 유수의 G그룹은 무한책임 사원(GP)들을 통하여 유한책임 투자자(LP)들과 적극적으로 접촉하고 있었다. 당시 G그룹이 내세운 조건은 투자 3년 후에 자금이 회수되지 않으면 자사가 다시 그 주식을 매입하는, 이른바 풋옵션 행사 권리를 유한책임 투자자들에게 준다는 내용을 담고 있었다.

당시 필자는 다음의 4가지 이유를 들어 이 거래에 참여하지 않았다.

첫째, 매입가격이 가치에 비하여 너무 높았다.
둘째, 동일한 잣대지만, 당시 주식시장에서 건설주의 평균 거래가
격이 과거 최고 수준을 웃돌고 있었다.
셋째, 풋옵션이라는 권리는 실질적으로 거래 상대방이 상환능력이
있을 때 행사할 수 있는데, 거래 상대방의 재무건전성이 계
속 유지될 것이라고 보기 힘들었다.
넷째, 국내 건설업의 특성상 기업가치를 더 높이기 어렵다.

모든 투자와 마찬가지로 기업인수 투자에서도 얼마나 값싸게 매입했
느냐가 투자 성공의 핵심이다. 따라서 현명한 사모펀드는 되도록 경매
를 통한 기업인수를 피하는 것이 원칙이다.

---

1) 밸류에이션 배수(Valuation Multiple)는 보통 EV/EBTTDA 배수를 의미한다.

다양한 대체투자 자산들

6장에서는 앞으로 닥쳐올 자본시장의 변화에 효과적으로 대응할 수 있는 다양한 대체투자 자산에 대해 살펴볼 것이다.

부실자산 투자, 메자닌 펀드, 부동산, 인프라, 자원·상품, 헤지펀드 등 각 대체투자 자산의 특성을 살펴보고, 세계적인 투자기관들의 독자적인 투자전략과 노하우를 알아본다. 앞으로 변화하는 자산시장에 적응할 수 있는 알찬 지식이 될 것이다.

01

위기 때 빛나는 부실자산 투자

대체투자뿐만 아니라 모든 투자에서 투자 타이밍은 성패를 결정짓는 가장 중요한 요인이라고 할 수 있다. 특히 부실자산(Stressed Asset) 투자에서는 타이밍만큼 중요한 것이 없다. 왜냐하면 정상적으로 수익을 내던 우량기업도 갑자기 찾아온 금융위기의 충격으로 부실자산이 되는 경우가 자주 발생하기 때문이다.

가장 대표적인 경우가 2008년 글로벌 경제위기 직후였다. 필자는 2009년 초에 모 금융기관의 사업대표로 일하고 있었는데, 매일 이른바 위기대응계획(Contingency Plan)을 만드는 데 모든 시간을 바치고 있었다. 그러나 당시 금융위기는 부실자산 투자에 절호의 기회를 제공하고 있었다.

예를 들어 미국 맨해튼의 다운타운에 위치한 60층이 넘는 AIG빌딩이 1억 달러라는 헐값에 매물로 돌아다니고 있었고, 홍콩에서는 국

2008년 금융위기 당시 헐값에 나왔던 뉴욕의 AIG빌딩. 갑작스러운 위기 때 부실자산 투자는 빛을 발한다.

내 기업들이 발행한 달러 표시 채권들이 액면가에 비해 거의 20~30% 할인된 가격으로 거래되고 있었다.

특히 미국 경제의 신용붕괴로 이른바 TALF(Term Asset-Backed Securities Loan Facility; 기간자산 담보대출)와 DIP(Debtor-in-Possession) 파이낸싱이 정부 차원에서 추진되었다. 특히 TARP(Troubled Asset Relief Program)라는 부실자산 구제 프로그램은 부실 금융기관에 정부가 직접 공적자금을 투입하는 것이다.

▼ **TALF**(기간자산 담보대출)**의 투자구조**　　　　　출처: 삼정KPMG 투자자문

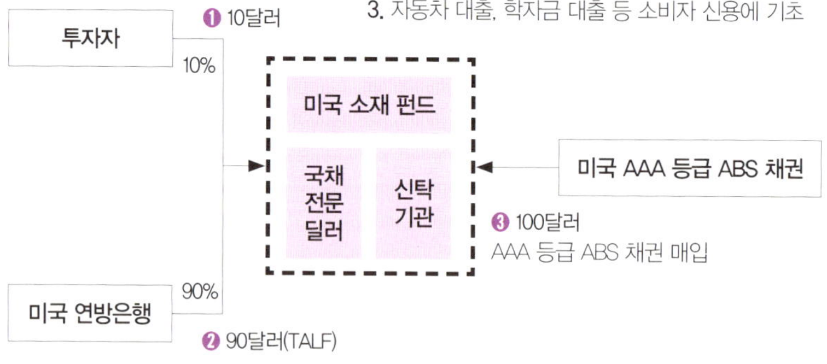

TARP는 자산담보부증권(ABS) 발행시장이 위축되어 대표적 소비자 금융인 자동차 대출, 학자금 대출, 신용카드 대출이 위축된 상황을 회복시키려는 고육지책으로서 정부가 신용을 보강해 주었다. 이러한 정부정책의 결과, 채권시장이 정상화됨에 따라 이때 투자했던 글로벌 연기금들은 연 20~30%의 투자수익률을 안전하게 올릴 수 있었다

반대로 우리나라의 1997년 외환위기 직후에는 유감스럽게도 미국의 칼라일, 뉴브리지 캐피털, 론스타, 소버린 펀드 등이 종횡무진한 활약상을 보여준 것을 아직도 생생하게 기억한다.

이제 우리들도 글로벌 금융시장에서 그들처럼 저평가된 부실자산을 적극 매입하는 큰손으로 나설 수 있기를 기원해 본다.

---

1) 비 소구금융(Non Recourse)이란 구상권 범위를 담보물로 한정하기 때문에 담보물 이외에는 채무가 면제되는 대출을 말한다.

02

메자닌 펀드?
메자닌 펀드!

기업인수 펀드와 부실채권 투자에 이어서 소개할 또 다른 대체투자 자산은 바로 메자닌 펀드(Mezzanine Fund)이다.

메자닌 펀드의 특성

메자닌(Mezzanine)이라는 말은 건물 1층과 2층 사이에 있는 라운지를 뜻하는 이탈리아어에서 기원하였다. 말의 기원에서도 알 수 있듯이, 주식이면서 동시에 채권의 성격을 가진 자산에 투자하는 펀드를 말한다. 넓게는 선순위부채(=일반적인 채권)와 자본(=주식) 사이에 존재하는 혼합 형태의 모든 금융상품을 말하며, 좁게는 신주인수권부사채(BW)[1]와 전환사채(CB)[2], 그리고 후순위채권[3] 등 주식 관련 채권을 의미한다. ^{205쪽 그림 참조}

메자닌 상품은 기업인수 펀드에 비하여 위험이 낮은 대신 수익률도 낮

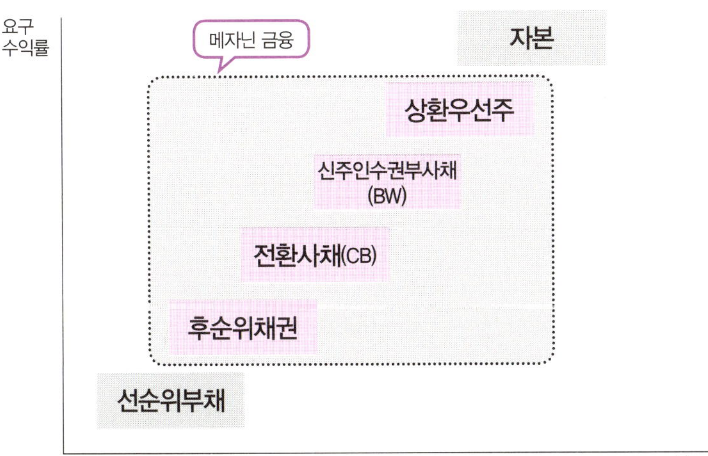

은 특성이 있다. 그러나 최근과 같이 저성장으로 인해 기업들이 일시적으로 유동성 압박을 받는 경우도 있고, 저금리의 장기화로 안정적이면서도 수익률이 좀 더 높은 상품을 찾는 기관투자자들도 상당히 있다. 따라서 앞으로 메자닌 투자는 상당기간 좋은 투자환경을 경험할 것으로 예상된다.

앞에서 소개한 롬바르트사의 CIO인 얀 스트라트만이 고객늘에게 절대 수익 추구형 상품인 메자닌 투자를 강력히 추천하는 것도 이러한 환경변화 때문일 것이다. 그러나 현실적으로 국내에서는 메자닌 펀드 전문운용사를 찾기가 쉽지 않다.

크레센트 캐피털사의 투자전략

메자닌 투자를 꿈꾸는 국내의 투자자들에게 정보를 제공하는 차원에서, 미국 로스앤젤레스에 있는 메자닌 전문투자사인 크레센트 캐피털 그룹(Crescent Capital Group, 이하 '크레센트')의 투자전략을 간략하게 소개한다.

첫째, 기본적으로 중견기업(Mid-Cap)을 투자대상으로 하며, 목표 수익률은 연평균 13~18%를 기본으로 한다. 수익창출 구성을 보면, 메자닌 투자에서 수익의 90% 전후를 올리고 있고, 주식 지분투자 형태로 공동투자(Co-Investment) 또는 신주인수권부사채(BW) 투자로 10% 전후의 이익을 창출한다.

둘째, 적절한 투자처를 찾기 위하여 80~100개사의 사모펀드 운용사와 네트워크를 구축하고 있다. 정기적으로 정보를 공유하여 모든 차입 기업인수 거래(LBO Deal)를 모니터링하고, 핵심적인 사모펀드 운용사를 집중 관리하여 네트워크의 신뢰 구축에 힘쓰고 있다.

셋째, 크레센트사의 운용전략은 비단 '네트워크' 관리에만 있지 않다. 투자의 하방 리스크를 방어하기 위해 다음의 원칙을 지키고 있다.

투자 전의 사전 심의과정에서 원금보존을 위해 발행자의 원금 상환 및 현금 창출 능력을 최우선적으로 평가한다. 크레센트사는 이러한 원칙을 지킨 결과, 창립부터 지금까지 누적 손실률(Default Rate)은 8.1%, 연평균 손실률은 0.4%에 불과하다.

또한 크레센트사는 투자시 안정적인 현금흐름을 가질 수 있게 계획을 짜며 차입을 하지 않는다.

그리고 모니터링을 지속적으로 하는 한편, 채권 인수 시 제한규정(Covenant)을 잘 관리한다. 예를 들어 추가적인 채권 발행을 금지하거나 후순위채권의 발행을 제한하며, 자산매각이나 자금회수 시에 선순위 상환 권리를 보장받는 등 다양한 제한규정을 요구한다.

덕분에 크레센트사는 세계적인 메자닌 투자 전문회사로 성장했다. 그들의 투자전략을 살펴보면, 이 회사의 성장이 우연이 아니었음을 확인할 수 있다. 국내 사모펀드 회사들이 참고할 만한 메자닌 전문 사모펀드 회사라고 할 수 있다.

---

1) 신주인수권부사채(BW)는 채권에 새로 발행되는 주식(=신주)을 매입할 수 있는 옵션을 첨가한 것을 의미한다.

2) 전환사채(CB)는 주식으로 전환할 수 있는 옵션을 가진 회사채이다.

3) 후순위채권은 발행기업의 파산 시 다른 일반채권에 대한 원리금을 전액 지급한 후에야 원금 및 이자를 받게 되는 채권이다.

03

기관투자자는 부동산을 좋아한다

기관투자자는 왜 부동산을 선호할까?

부동산은 사모펀드 못지않은 대체투자의 핵심이다. 그럼, 왜 기관투자자들은 그토록 부동산을 선호하는 것일까? 간단하게 요약하면 다음과 같은 이유를 들 수 있다.

첫째, 부동산 투자는 예측 가능한 현금흐름을 제공한다.
둘째, 국채 등 위험이 없는 자산의 수익률(Risk-free rate)보다 초과 수익을 제공한다.
셋째, 포트폴리오의 인플레이션 헤지 기능을 한다.
넷째, 다른 투자상품들과 상관관계가 낮아서 포트폴리오의 다변화 효과를 준다.

실제로 국민연금을 비롯한 글로벌 주요 연기금들은 대체투자 중 부동산 투자의 비중이 매우 높다. 국민연금 기금은 2013년 말 현재 총자산

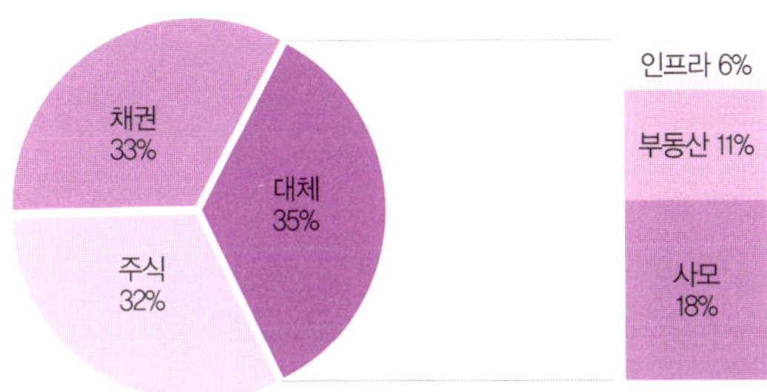

중 대체투자 비중이 약 9%에 달하는데, 그중에서도 부동산 비중이 절반 정도 된다.

해외 연기금들은 대체투자 비중이 절대적으로 높은 수준이며, 캐나다의 대표적인 연기금 CPPIB의 경우에는 총자산의 35%를 대체자산에 투자한다. 그중에서도 특히 부동산의 비중은 11%에 이른다.

부동산의 다양한 대체투자 형태

국내 기관투자자들의 대체투자 성공 사례에서 늘 거론되는 것이 오피스빌딩 등 상업용 부동산이라, 부동산 투자라고 하면 모두들 상업용 부동산만 생각한다. 하지만 부동산의 투자형태는 생각보다 다양히다. 부동산 투자를 크게 분류해 보면, 다음 그림처럼 지분형이나 대출형으로 크게 나눌 수 있다. 그리고 지역별로는 국내투자 또는 해외투자로 구분할 수 있으며, 210쪽 그림 참조 용도에 따라서는 거주형 또는 상업용, 그리고 투자 형태 면에서는 사모형 또는 공모형으로 분류할 수 있다.

참고로 부동산 투자대상을 가치 측면에서 분류할 경우에는 핵심물건 (Core, Core+), 가치부가형, 오퍼추니스틱(Opportunistic, 기회 선점 전략형) 등으로 구분된다. 그밖에 용도에 따라 주택, 오피스, 호텔, 상가 (백화점, 할인점 등), 물류용 창고 등으로 다양하게 구분할 수 있다.

부동산 자산과 다른 자산의 상관관계

이상과 같은 장점에도 불구하고 부동산 투자에는 한 가지 문제가 있다. 그것은 다름이 아니라 2008년 글로벌 경제위기 때처럼, 부동산과 다른 자산의 가격이 동반 폭락할 위험을 내포하고 있다는 점이다.

역사적인 자산수익률만 보면, 부동산은 다른 자산과 상관관계가 낮다. 그러나 20년 주기로 발생하는 부동산시장의 붕괴 시기에는 다른 자산에 미치는 영향력이 극도로 커지는 것이 일반적이다. 왜냐하면 3장에서 살펴본 것처럼, 부동산은 대부분의 가계가 보유한 사실상 유일한 자산이기 때문에 부동산 가격이 붕괴되는 순간 민간소비와 주택투자는 급격히 줄어들기 때문이다.

특히 부동산시장의 붕괴는 금융기관의 연쇄적인 경영위기로 이어질 가능성이 높다. 가계가 빌린 돈을 제때 갚지 못하면 은행은 담보주택을 경매에 넘길 것이며, 이 과정에서 추가적인 주택가격의 하락이 촉발된다.

요약하자면, 부동산시장의 붕괴 초기에는 건설사와 가계가 경제위기를 촉발시키지만, 사태가 장기화되면 금융기관의 연쇄적인 경영위기가 심각한 신용경색 현상을 불러일으키게 된다. 따라서 부동산시장은 시기에 따라 다른 자산과의 상관관계가 변화하며, 부동산에 투자하려는 기관투자자들은 이 부분에 대해 신경을 써야 한다.

국민연금의 해외 부동산 투자 성공 사례

2008년 이후 국민연금의 부동산 투자를 한번 돌이켜 보자.

2009년 국민연금은 제일 먼저 미국의 거대 쇼핑몰에 투자했으며, 런던에 위치한 HSBC 본사 빌딩 외 2건의 오피스빌딩에 투자했다. 2010년에는 시드니의 명물인 오페라하우스 근처에 위치한 핵심 오피스 건물인 오로라 플레이스(Aurora Place), 베를린의 복합 오피스 빌딩인 일명 소니센터(Sony Center)에 투자한 바 있다. 이러한 일련의 투자는 대단히 높은 성과로 이어졌는데, 이는 비단 운뿐만 아니라 적절한 시기에 투자의사 결정을 내릴 수 있었던 국민연금의 역량에 기인한다.

특히 베를린의 브란덴브루크 문에서 도보로 10분 거리에 있는 소니센터는 독일의 하인즈라는 유명한 부동산 전문 운용회사를 통하여 매입했다. 기금본부 실무자들은 이 빌딩을 매입하면서 유리한 조건을 끌어내기 위해 거듭되는 협상과 심사를 하느라 무려 1년 가까운 시간 동안 너무나 많은 고생을 했다.

국민연금이 2010년 매입한 독일 베를린의 소니센터. 베를린 영화제가 열리는 랜드마크 빌딩이다.

소니센터는 한때 일본의 소니사가 유럽 전진기지로 세운 복합 오피스빌딩인데, 사세가 기울어 미국계 모 사모펀드로 넘어갔다가 다시 2008년 글로벌 금융위기로 국민연금에 매각되는 우여곡절을 겪은 곳이다. 그러나 매년 베를린 영화제가 이곳에서 열릴 정도로 인지도를 자랑하는 이른바 '랜드마크 빌딩'이다.

반대로 우리나라는 1997년 외환위기 직후 서울 도심의 주요 빌딩들이 해외 기관투자자들인 론스타, 싱가포르투자청(GIC) 등에게 좋은 투자기회로 제공되었던 것을 생각하면, 글로벌 위기는 항상 좋은 투자기회를 가져온다는 '불편한 진리'를 다시 확인하게 된다.

해외 부동산 투자의 성공은 직접투자든 간접투자든, 전문적인 부동산 투자회사에 의하여 좌우된다. 따라서 해외 부동산 운용사들의 차별화 전략을 살펴볼 필요가 있다.

국내 기관투자자들은 국내외 부동산을 프로젝트 형태로 투자하는 경험은 있으나, 전문 부동산 투자회사들의 투자전략을 평가해서 해당 기관의 리스크 리턴 플랫폼에 적합한 포트폴리오 투자전략을 구사하는 기관은 국민연금을 제외하고는 거의 없기 때문이다.

참고로 세계 주요 부동산 투자 전문기업의 운용전략에 대해서는 223쪽에 정리되어 있으니 참고하기 바란다.

우리나라 부동산의 자산유동화 사례

이제 시각을 국내로 돌려보자. 요즈음 국내 부동산 투자에서 자산유동화 시장은 가장 중요한 시장이다.

다음의 그림에서 보는 것처럼 2013년 이후 우리나라는 자산유동화 채

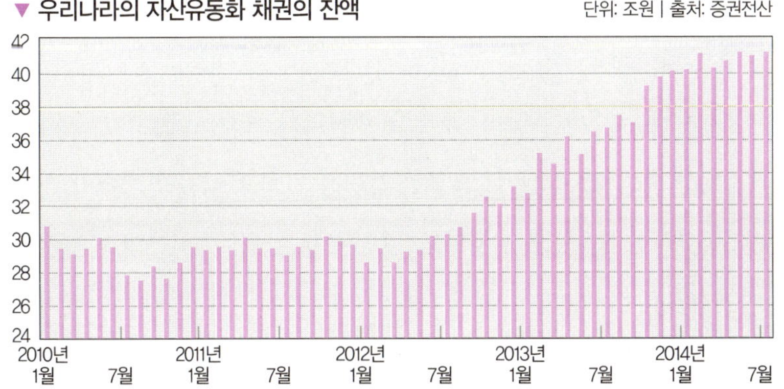

▼ **우리나라의 자산유동화 채권의 잔액**　　　　　단위: 조원 | 출처: 증권전산

권의 잔액이 급속히 증가하고 있다. 2014년 상반기 자산유동화 채권의 잔액은 41조원에 달한다. 저성장·저금리 현상이 지속되는 상황에서 정부와 기업들이 보유 자산을 구조조정 차원에서 유동화하는 작업은 매력적이기 때문이다.

참고로 자산유동화란 미수금 등의 매출채권, 금융기관 대출금, 부동산 등 여러 형태의 자산을 특수목적회사(SPC)에 양도하고 SPC는 각종 기초자산을 담보로 채권을 발행해 자금을 조달하고 유동성을 확보하는 것을 의미한다.

정부, 기업, 개인 모두 저성장 시대의 출현에 대응해 보유 자산을 유동화하는 데 전력을 기울이고 있다. 이러한 과정에서 기관투자자들의 오피스, 상가 등 부동산 투자기회는 계속 증가할 수밖에 없다.

대표적인 자산유동화의 사례를 들자면, 2013년 롯데쇼핑이 할인점들을 묶어서 자산유동화에 성공한 것,^{215쪽 그림 참조} GS그룹과 CJ그룹, 그리고 SK그룹이 매각 후 재임대(Sales & Lease Back) 형태로 사옥을 사실상 유동화한 것도 빼놓을 수 없다.

이런 성공 사례와 달리, 부동산 재벌로서 한때를 풍미하던 S사는 보유하고 있던 강남호텔의 유동화 조건을 가지고 시간만 끌다가 결국 때를 놓쳐 법정관리를 신청하는 불운을 겪고 있다. 기업의 자금관리에서 신속한 의사결정이 얼마나 중요한지를 다시 한 번 깨달은 계기가 되었다.

자산유동화의 구체적인 사례로 롯데쇼핑이 몇 개의 할인점을 묶어서 유동화한 사례를 소개한다.

롯데쇼핑은 백화점 및 할인점을 부동산 집합투자기구에 매각하여 대금 5,949억원을 조달하는 한편, 자산관리와 임대운용을 맡고 있는 자산운용회사를 통하여 계속 임대해 영업하는 구조로 되어 있다. 물론 나중에 매각시에는 롯데쇼핑이 인수할 수 있는 우선권을 가지는 구조이다. 롯데쇼핑으로서는 자금을 확보할 수 있고, 투자자들은 롯데쇼핑에 임대함으로써 안정적인 수익을 확보할 수 있었다.

▼ **롯데쇼핑의 자산유동화 구조**　　　　출처: ING리얼이스테이트 자산운용 사업보고서

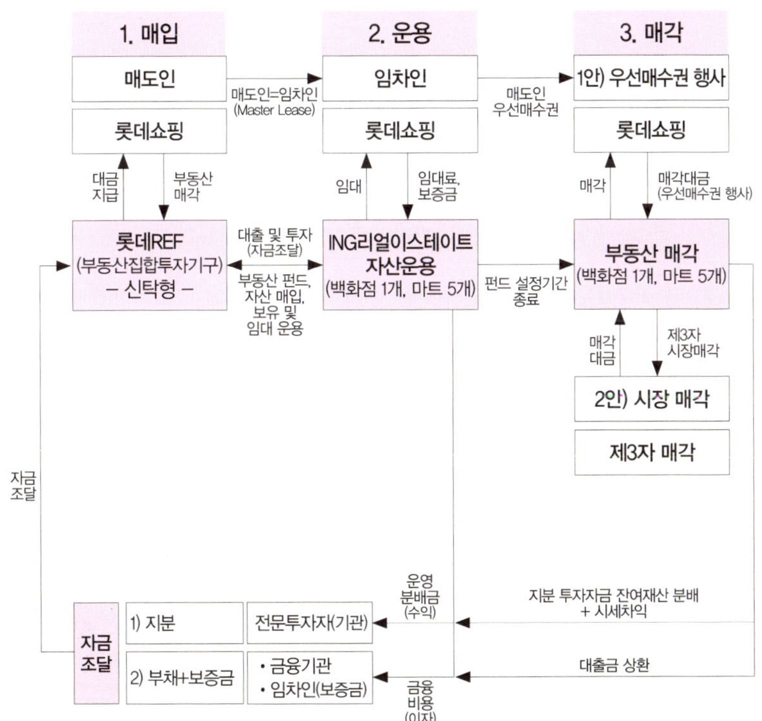

앞의 자산유동화 사례를 보면 '부동산 집합투자기구'라는 표현이 계속 나오는데, 이에 대해 잠시 살펴보자.

부동산 리츠 투자에 대하여

다음의 그림은 연도별 부동산 펀드 및 리츠의 순자산 추이를 보여준다. _{아래 그림 참조} 부동산 펀드(REF, Real Estate Fund) 및 리츠(REITS, Real Estate Investment Trusts)의 순자산 규모가 급격히 커지는 것을 알 수 있다. 참고로 리츠에 대해 간단하게 설명하자면, 다수의 투자자로부터 자금을 모아 특정 프로젝트 개발 혹은 부동산을 매입·개발하여 발생하는 수익을 투자자들에게 대부분 돌려주는 주식회사 형태의 부동산 간접투자상품을 말한다.

2001년에 처음으로 리츠법이 제정된 이후, 투자자들은 리츠를 이용해서 부동산시장에 간접적으로 참여해 왔다. 투자자들이 부동산시장에 간접적으로 투자할 수 있는 채널은 크게 두 가지가 있다.

하나는 자본시장법에 근거한 부동산 집합투자기구를 통하여 투

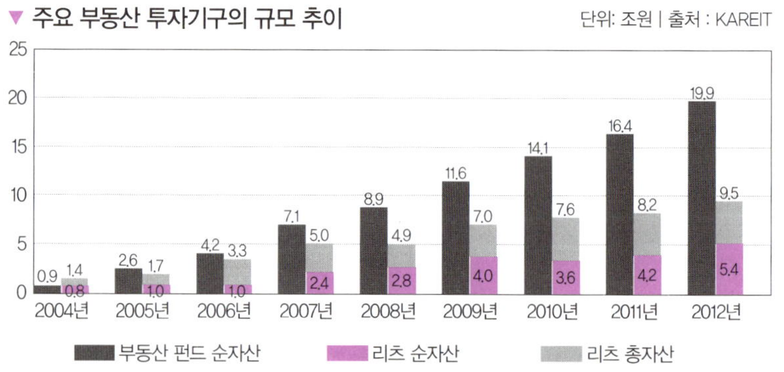

자하는 경우인데 자산운용사가 운용 주체가 된다. 다른 하나는 부동산
투자회사법에 근거한 부동산투자회사, 즉 리츠를 이용하는 것이다.

부동산에 투자할 때 리츠의 경우는 자산관리회사가, 그리고 집합
투자기구는 자산운용사가 운용과 관리를 맡게 된다. _{아래 그림 참조}

리츠는 부동산투자회사법에 의해, 공모 형태로 자금이 조성되고
상장이 의무화되어 있다. 그리고 이처럼 공모 및 상장이 의무화됨에
따라 감독기관에 의해 관리된다는 장점을 가지고 있다. 물론 언제든지
거래할 수 있다는 장점이 있는 반면, 2008년 같은 주가 폭락 국면에는
함께 가격이 급락할 위험에 노출되는 단점도 있다.

우리나라의 부동산 리츠 업계의 연도별 자산운용 규모를 살펴보
면, 2012년 상반기 기준으로 총 74개의 부동산 리츠가 운용 중인데,
자산규모는 약 8조 4,000억원에 달한다. 그리고 현재 증권거래소에 상

▼ 우리나라 부동산투자기구의 구조

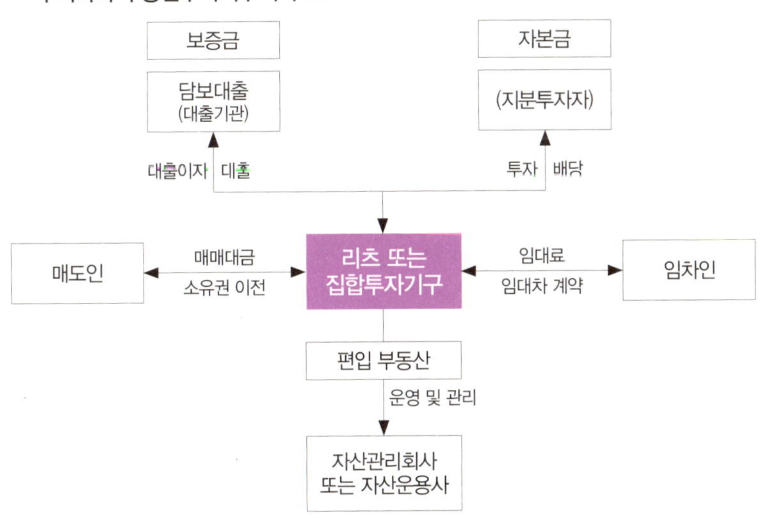

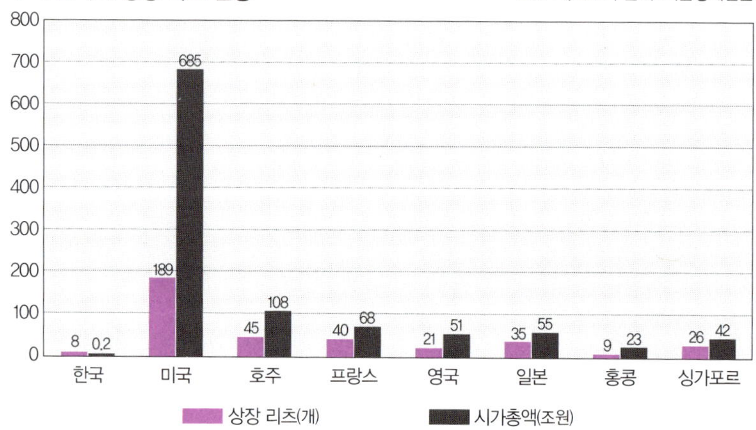

장되어 있는 리츠는 8개로, 시가총액이 약 2,000억원에 불과하다. 미국의 경우 상장 리츠가 189개에 달하고, 시가총액이 우리 돈으로 약 685조원인 것과 비교하면 우리나라의 리츠 투자가 매우 저조한 상태라는 것을 알 수 있다.

부동산 리츠의 연도별 평균수익률을 살펴보자. 2012년까지 리츠 업계 전체의 연도별 평균 수익률은 15.9%를 기록하고 있어 다른 투자 상품에 비하여 높은 수익률을 나타내고 있다. 이는 2007년에서 2009년 사이에 평균 이상의 높은 수익률을 올린 것에 기인한 탓이다. 219쪽의 그림에서 보듯이 일반적으로는 연평균 수익률은 6% 전후로 보는 게 타당할 것이다.

그래도 최근과 같이 저금리가 지속되는 가운데 기대수익률이 5%를 상회하고 있는 것은 매우 매력적인 부분이라고 할 수 있다. 그러나 이 모든 투자도 투자의 타이밍, 그리고 각 기관의 위험에 대한 태도 및

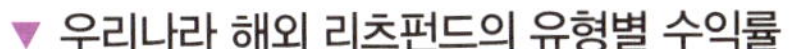

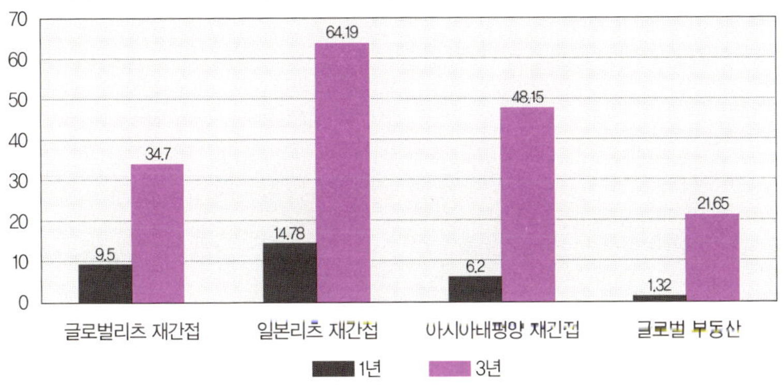

감내 수준을 신중하게 고려해 이루어져야 할 것이다.

최근 성과가 탁월한 덕분에 해외의 리츠 시장 규모도 크게 부풀어 오르고 있다. 2014년 4월 현재 전 세계 상장 리츠 시장의 규모는 1조 1,000억 달러에 달하며, 일본을 제외한 아시아의 리츠 시장 규모는 640억 달러 수준까지 증가했다.

지역별 시장규모를 살펴보면, 미국이 전체의 58%를 차지하며 유럽(14%)과 오세아니아(9%)가 그 뒤를 따르고 있다. 반면 아시아(일본 제외)의 비중은 8%에 불과하다. 220쪽 그림 참조

물론 최근 리츠의 배당수익률이 조금 떨어지긴 했지만, 여전히 각 국 정부가 발행한 국채의 수익률이 많게는 3%, 적게는 1% 이상 웃돌고 있어서 앞으로도 리츠의 성장세가 지속될 것이라는 의견이 많다.

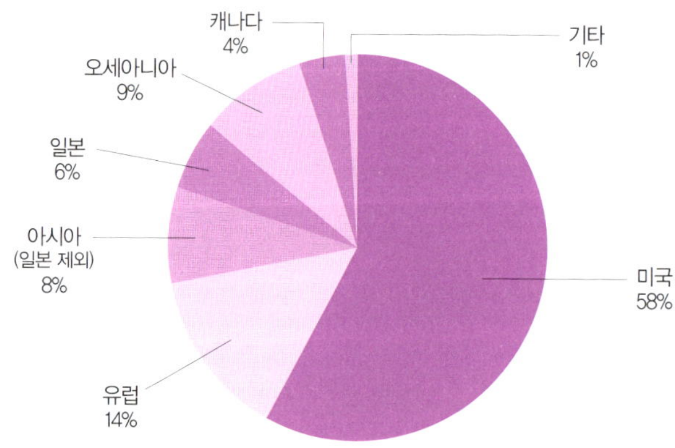

부동산 투자를 할 때 점검할 점

리츠 투자는 배당수익률만 높은 것이 아니다. 최근 미국 오피스빌딩의 가격도 급등하고 있다.

다음의 그림에 나타난 것처럼, 최근 그린 스트리트 어드바이저(Green Street Advisers)가 발표하는 맨해튼 미드타운 오피스 가격지수는 99.4포인트를 기록했는데, 이는 2007년의 사상 최고치(100포인트)에 근접하고 있는 수치이다. 221쪽 그림 참조

이 대목에서 잠시 뉴욕 오피스 가격지수의 역사적 추이를 살펴보면, 2009년의 최저점에는 50포인트 아래까지 떨어졌음을 알 수 있다. 즉 뉴욕 오피스빌딩 시장은 지난 5년 동안 지속적으로 높은 수익을 가져다 준 '효자자산'이지만, 2009년에는 50% 이상의 손실을 투자자들에게 안겨준 최악의 투자상품이었다고도 볼 수 있다.

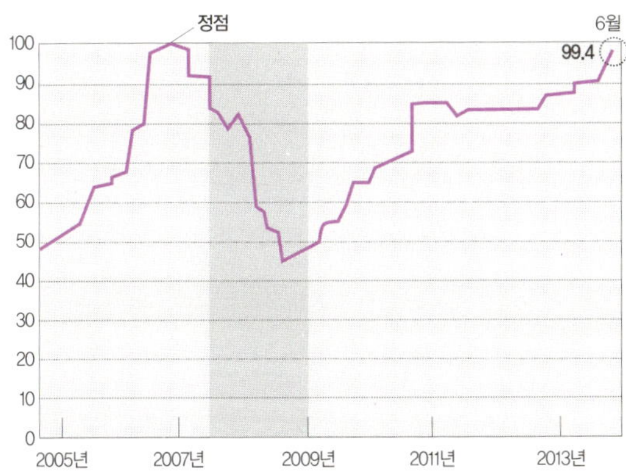

따라서 리츠를 비롯한 부동산 투자에 나설 때에는 항상 자신의 위험 감내 수준을 생각해야 하며, 특히 장기적인 부동산시장의 사이클이 어떻게 움직이고 있는지를 점검해야 한다.

유럽의 부동산 투자회사 콜로니

대체투자에서 부동산 투자는 큰 비중을 차지한다. 실제로 글로벌 주요 연기금 등의 부동산 투자 비중은 매우 높은 편이다. 특히 글로벌 금융위기 때에 헐값에 나온 부동산을 저렴한 가격에 매입하여 큰 수익을 얻는 경우가 많다.

해외 부동산 투자의 성공은 직접투자든 간접투자든 전문적인 부동산 투자회사에 의해 좌우된다. 따라서 해외 부동산 투자회사들의 차별화된 전략을 살펴볼 필요가 있다.

223쪽의 표를 보면, 다양한 부동산 투자회사들의 투자전략이 요약되어 있다. 핵심물건 투자부터 메자닌 성격의 부채성 투자를 선호하는 회사까지 투자전략이 매우 다양하다는 것을 발견할 수 있다.

	기본 정보	운용전략
톡스프링 Rockspring	1984년 설립 영국 런던	• 핵심물건(Core)보다는 수요가 적은 중소형 자산 선호 • 유럽 주요국보다 스페인, 폴란드, 체코와 같은 지역의 핵심자산 중 저평가된 자산 선호
록포인트 Rockpoint	2003년 설립 미국 보스턴	• 지속적인 수요 및 성장성이 있는 미국 대도시의 오피스, 소매점포, 병원 등에 대해 중소규모 투자
스타우드 Starwood	1991년 설립 미국 그린위치	• 다양한 형태의 부실자산 투자가 주요 전략이지만 유연한 투자를 집행 • 호텔이나 병원 등에 대한 전문성 보유
시큐어드 캐피털 Secured Capital	1997년 설립 일본 도쿄	• 메자닌 대출, 우선주, 자본 재편 등에 투자 • 아시아 전문 투자
인베스코 Invesco Real Estate	1983년 설립 미국 델라스	• 제한된 공급과 견고한 수요로 인해 장기수익률이 우수한 핵심자산 투자
월튼 스트리트 Walton Street	1994년 설립 미국 시카고	• 부동산 자산관리 및 가치부가 전략에 강점 보유 • 미국 시장에 주력
코너스톤 Corner-stone	1994년 설립 보스턴 캐피털 매니지먼트의 100% 자회사	• 부채성 투자 선호 • 리노베이션, 리포지셔닝, 임차인 재조정 등으로 일시적인 자금 조달 수요가 증가하는 현상을 포착
콜로니 캐피탈 Colony Capital	1991년 설립. 영국 런던	• 부실자산 투자 전문 • 유럽 선진국에 집중하나, 폴란드나 터키 등 신흥시장 투자도 선별적으로 진행
티쉬먼 스페이어 Tishman Speyer	1898년 설립. 미국 뉴욕	• 기본적으로 핵심물건(Core/Core+) 인수 전략 추구 • 미국 주요 도시에서 우수 입지와 우량 임차인을 보유하여 안정적인 임대수입 추구
타운센드 Townsend	1983년 설립 미국 클리블랜드	• 세계 1위의 부동산 전문 컨설팅회사 • 미국의 부동산 투자회사로 핵심물건(Core)보다는 기회선점형(Opportunistic) 전략을 통해 적극적으로 수익 창출

프라메리카 Pramerica	1959년 설립 미국 뉴저지. 푸르덴셜운용의 자회사	• 영국과 독일 중심의 메자닌 투자 주력 • 차입 전략 이용해 수익률 제고
호크아이 파트너스 Hawkeye Partners	2004년 설립 미국 오스틴	• 1억~2.5억 달러의 독립적인 소규모 투자에 강점 • 가치부가 및 기회선점형 전략
하인즈 Hines	1957년 설립 미국 휴스턴	• 전 세계 18개국에 지사 보유 • 다양한 부동산 투자 및 운용
TA 어소시에이트 TA Associate Realty	1987년 설립 미국 보스턴	• 중소형 개별자산 매입 후 가치 제고 • 오피스와 산업 부문 부동산 발굴

04

시장규모가 가장 큰 인프라 투자시장

부동산 투자도 현금흐름이 꾸준히 발생하기는 하지만, 가장 안정적으로 현금흐름을 예측할 수 있는 투자자산은 인프라 관련 자산이라고 할 수 있다.

아시아 인프라 시장의 황금기가 온다

인프라 자산이란 말 그대로 공항이나 항만시설, 철도, 파이프라인, 에너지 시설 등 사회간접자본의 건설에 참여하고 장기간에 걸쳐 수익을 배분하는 것을 의미한다.

세계적인 인프라 투자회사인 호주 맥쿼리사의 시장전망에 따르면, 아시아 인프라 투자시장은 향후 10년간 황금기를 맞이할 것으로 예상되고 있다. 맥쿼리사뿐만 아니라 아시아개발은행(ADB)도 이후 2020년까지 아시아 인프라 시장의 총규모가 7조 5,000억 달러에 이를 것으로 추정하고 있다.

필자는 연기금, 보험회사와 같이 장기부채를 가지고 있는 기관투자자일수록 인프라 투자의 비중을 높일 필요가 있다고 생각한다. 물론 이는 필자만의 생각이 아니기에, 국내외 기관투자자들 간의 딜소싱(Deal Sourcing) 경쟁이 가장 치열한 투자영역이기도 하다. 따라서 장기적으로 국내외 투자기관, 인프라 운용사들과 꾸준히 우호적 관계를 가져가면서 투자규모를 늘려갈 필요가 있다.

사모펀드 시장조사 기관인 프리퀸(Prequin)에 따르면, 전 세계 70개국의 기관투자자들이 인프라에 투자하고 있는 것으로 알려져 있다. 그중 공적연금, 민간연금, 보험회사가 약 45%의 비중을 차지하고 있으며, 국부펀드들도 5%의 비중을 가지고 있다. 대부분의 연기금들이 전체 자산에서 인프라 투자 비중을 5% 전후로 보유하고 있을 정도라면, 인프라 자산의 중요성을 쉽게 이해할 수 있을 것이라 믿는다.

▼ 인프라 자산의 분류

운송 관련 자산	에너지 및 유틸리티	기타
• 공항 • 항만시설 • 주차시설 • 유료 도로 • 유료 터널 • 유료 다리 • 철도 및 대규모 교통 네트워크	• 석유 및 가스 파이프라인 • 전력 설비 • 수송 및 배송 시설 • 상수도	− 통신 − • 케이블망 • 방송통신탑 • 위성방송 시스템 − 사회간접자본 − • 교육시설 • 헬스케어 시설

인프라 자산의 분류

226쪽의 그림은 주요 인프라 자산을 소개하고 있다. 이중에서 가장 핵심이 되는 자산은 운송 및 에너지 자산이다. 이 두 종류의 자산은 대규모 투자가 필요할 뿐만 아니라, 투자성과가 수십 년에 걸쳐 안정적으로 나오기 때문에 인프라 자산 중에서 가장 인기가 있다.

다음의 표는 다양한 종류의 인프라 자산들을 소개하고 있다. 생각보다 많은 종류의 자산이 있다는 것에 놀라게 될 것이다.

▼ 인프라 자산의 세부 분류　　　　　　　　　　　　　　　　출처: GIP

섹터	하위 섹터	자산
에너지	천연가스, 원유 및 정제시설	• 천연가스 채굴 및 생산 • 천연가스 운송 및 저장 • 액화 천연가스 시설 • 유틸리티
	전력	• 전력 생산 및 송전 • 신재생에너지 • 유틸리티
운송	공항	공항, 수하물 처리 설비
	항만	항만설비, 컨테이너 터미널
	철도	국가간 철도, 단거리 철도
상수도, 폐기물	상수도	상수도 설비 및 관리
	폐기물	폐기물 처리 및 재활용

GIP사의 투자전략

잠깐 이 자리를 빌려 영국에서 히드로 공항에 이어 두 번째로 큰, 런던의 개트윅 국제공항(Gatwick Airport)에 국민연금과 함께 투자했던 세계적 인프라 투자기업인 GIP(Global Infrastructure Partners)사의 운용

국민연금이 세계적 인프라 투자기업 GIP사와 함께 투자한 런던 개트윅 국제공항

전략에 대해 살펴보도록 하자. 2006년 설립된 GIP사는 크레딧 스위스 출신인 바요 오군레시(Bayo Ogunlesi) 회장을 중심으로 지금까지 총 5,500억 달러, 횟수로는 600개 이상의 인프라 투자를 성공적으로 수행한 바 있다. GIP사의 투자원칙은 간결하지만, 시사하는 바가 매우 크다.

첫째, 장기적으로 투자할 수 있는 자산을 선호한다. 즉 인플레이션의 위험을 방어할 수 있도록 산업이나 경제에 기본적인 필수 서비스를 공급하는 자산에 집중 투자한다.

둘째, 시장 포지션에서 안정성이 있어야 한다. 안정적인 시장 포지션을 가지기 위해서는, 산업 내에 진입장벽이 있어서 안정적인 수익이 지속적으로 나올 수 있어야 한다.

셋째, 현금흐름이 안정적이어야 한다. 그래야 수익률 하락이나 자산가치의 하락 위험을 억제하기 때문이다.

이러한 특징을 가진 인프라 자산들은 주식이나 채권 같은 전통적인 자산들과 수익률의 변화 방향이 다르기 때문에, 투자자들에게 성공적인 자산배분의 효과를 가져다준다.

EQT사의 투자전략

EQT사는 앞에서 소개한 GIP사에 못지않은 인프라 전문 운용회사인데, 이 회사도 흥미로운 투자전략을 가지고 있다. 1856년 월런 그룹(Wallen Group)에 의해 설립되었으며, 북유럽을 주요 투자대상으로 활동한다. EQT사의 투자원칙 역시 배울 점이 많다.

> 첫째, 전통적인 인프라 투자와 차별된 위험 조정(Risk-Adjusted) 수익을 추구한다. 즉 기존 인프라 펀드들이 차입 등을 통해 수익률의 극대화를 추구하는 것과 달리, 안정적인 현금흐름을 보유한 자산을 자신들이 완전히 통제(대주주 지분 확보)하여 사업성과 가치를 높인다.
>
> 둘째, 그동안 축적된 성공 사례를 통하여 다양한 투자자 및 기관들과 지속적으로 신뢰관계를 형성한다.
>
> 셋째, 거래 기회를 적극적으로 만든다. 주력하는 산업 부문을 정하고 여러 채널을 통하여 선제적으로 거래 기회를 포착한다.
>
> 넷째, 장기적으로 안정적인 현금흐름이 가능한 기간산업, 장기계약이 가능한 거래, 안정적인 규제환경으로 인해 신규 참여자의 진입이 제약되는 산업, 그리고 인플레이션이 빙어되는 자산으로 포트폴리오를 구성한다.
>
> 다섯째, 투자자산의 가치를 제고하기 위해 산업계 전문가들과 밀접하게 소통한다.
>
> 여섯째, 단독 혹은 공동 통제권(대주주 지분 확보)을 가짐으로써 책임감 있게 투자자산의 가치를 제고한다.

EQT사의 포트폴리오 구축 사례는 다음의 표에 정리되어 있으니 참고하기 바란다.

구분	내용
지배구조	단독 혹은 공동 통제(Co-control) 투자
투자규모	• 중형 인프라 자산에 주력 • 출자 자금규모는 5,000만~2억 5,000만 유로 • EV* 규모는 1억~5억 유로
지역분포	북유럽 및 유럽 일부, 북미
투자대상	• 사회기간산업 • 안정적인 시장 지위에 바탕을 둔 안정적 현금흐름 보유 • 산업 및 기업구조 개선을 통한 가치 상승 잠재력 보유
목표수익률	내부수익률(Gross IRR): 15~20%
주요 투자산업	• 에너지(발전 · 석유 · 수송 등) • 운송(기차 · 항만 · 공항 등) • 기타 인프라 자산(상수도 · 폐기물 · 방송타워 등)

* EV는 Embedded Value의 약자로, 생명보험사 등이 미래에 벌어들일 이익의 현재가치를 의미한다.

브룩필드사의 투자전략

EQT사가 자신들이 직접 통제할 수 있는 자산에 주력하는 반면, 330억 달러에 이르는 세계 최대 인프라 자산을 운용하고 있는 브룩필드(Brookfield)사는 운송(고속도로 · 교량 · 터널 · 공항 · 철도), 전력, 유틸리티(전력 및 가스 수송망, 상수도, 폐기물 처리), 에너지(석유 및 가스 파이프라인, 에너지 저장시설, 지역별 에너지 시스템) 등 다양한 분야에 투자하고 있다.

　브룩필드사의 구체적인 투자전략은 다음의 3가지로 요약될 수 있다.

출처: 브룩필드

구분	내용
질적으로 높은 핵심 자산	• 높은 진입장벽을 가진 자산에 투자 • 사회기반 투자로 비탄력적인 수요를 가진 자산 • 장기적으로 안정적인 현금흐름을 창출하는 자산
가치에 기반한 투자	• 장기적인 산업 관계자들과의 유대관계를 기반으로 투자자산 발굴 • 경영상의 이유 등으로 시장에 매물로 나온 비핵심 자산 투자 • 자본재구축, 민영화, 구조조정 등의 기법을 통해 가치 극대화
운용 시스템을 통한 가치창출	• 브룩필드사의 투자경험 및 플랫폼을 기반으로 차입 전략 구사 • 오랜 경험을 비탕으로 (성공 가능성이 높은) '확장' 단계의 개발 • 건설 부문에 위험을 감수하고 투자 • 통제 가능한 지분을 취득해 적극적으로 경영에 개입

액티스사의 투자전략

마지막으로 에너지 분야에 특화하여 운용하고 있는 인프라 운용사인 액티스(Actis)사의 전략을 살펴보자.

액티스사는 에너지 분야에 집중하는 대신에 지역을 특별히 국한하지 않고 투자기회가 좋은 지역에 적극 참여한다. 액티스사의 투자기준은 다음과 같다.

첫째, 전력 송선 부분에 집중하며, 지역별로는 아시아, 라틴아메리카, 아프리카를 기반으로 한다.

둘째, 위험이 통제되고 성장성이 있는 투자를 선호하며, 투자 건당 5,000만 달러에서 1억 5,000만 달러 범위의 투자를 선호한다.

셋째, 최초 설립하여 사업을 하기도 하나 브라운필드[1) 기회를 포착한다.

넷째, 현금흐름은 예측 가능해야 하고 충분한 계약에 근거해야 한

다. 그밖에 구체적으로 에너지를 출력하고 배송하는 데 효율
적인 관리도 매우 중시한다.

인프라 자산의 장점

인프라 투자 시장은 이렇게 다양한 전략과 투자대상이 존재하기에, 글
로벌 인프라 펀드의 시장 규모는 어마어마한 수준이다. 추정하는 기
관에 따라 규모가 약간 차이가 나긴 하지만 약 2.8조 달러(원화 기준
3,000조원)에 이른다.

아래의 그림에 나타난 것처럼, 글로벌 인프라 자산의 총규모는 20조
달러(2경원)이며, 이 가운데 극히 일부인 2조 8,000억 달러가 주식시장
에 상장되어 있다.

▼ 인프라 시장의 개요　　　　　　　　　　　　　출처: RARE Calculation

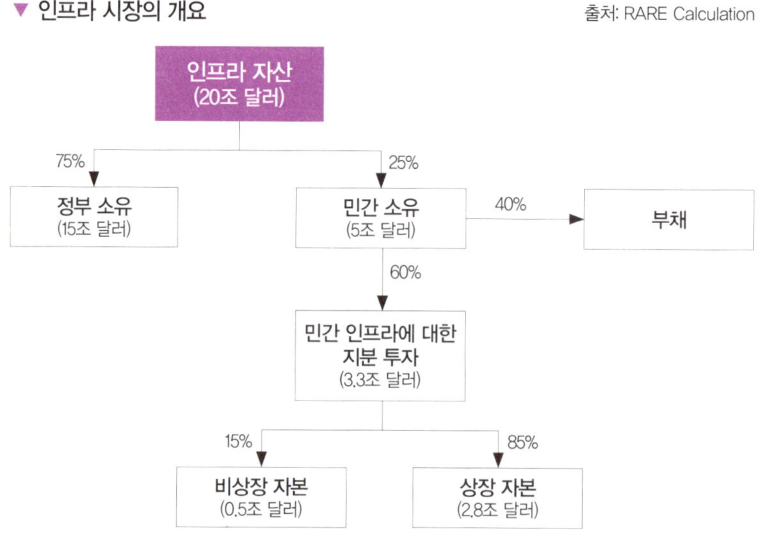

상장 인프라 자산은 기관투자자뿐만 아니라 개인투자자에게 매우 매력적인 투자처이다. 왜냐하면 다음의 그림에서 보듯이 글로벌 상장 인프라 자산의 수익률은 대단히 높은 수준을 보이고 있기 때문이다.

특히 글로벌 상장 인프라 자산은 지난 3년간 45%, 지난 5년은 17% 상승하는 등, 2008년 글로벌 경제위기와 2011년 미국 신용등급 강등 사태 등의 충격 속에서 강세 흐름이 이어지고 있다. _{아래 그림 참조}

다만 다소 문제가 되는 것은 20개국에 400여 개의 종목이 상장되어 있기 때문에, 각 인프라 자산을 평가할 기준지수를 딱히 고르기 힘들다는 점이다. 업계에서 그나마 많이 사용되는 지수는 S&P 글로벌 인프라 지수, UBS 50/50 글로벌 인프라&유틸리티 지수, 다우존스·브룩필드 글로벌 인프라 지수(Dow Jones Brookfield Global Infra), FTSE·맥쿼리 글로벌 인프라 지수(FTSE Macquarie Global Infra) 등이 있으니

▼ S&P 글로벌 인프라 지수(IGF) 추이 　　　　　출처: www.stockcharts.com

투자에 참고하면 좋을 것이다.

상장 사모 인프라 자산은 '상장'되어 있기 때문에 언제나 시가로 평가할 수 있으며, 유동성이 풍부하다는 큰 장점을 지니고 있다. 더 나아가 수익률이 상대적으로 안정적이기 때문에 절대수익을 추구하는 투자자들에게도 매력적인 투자대상이라고 할 수 있다.

인프라 자산의 규제 위험

지금까지 인프라 투자의 장점에 대해 이야기했지만, 인프라 투자도 대체투자 자산의 일부로 위험이 상당히 존재한다. 그 가운데 가장 큰 위험은 바로 규제 위험이다.

국내외 인프라 시장은 국가 기간산업이라는 공공성을 가지고 있기 때문에 인허가 규제, 환경 규제, 과도한 수익 제한 등이 있을 수 있다. 가장 대표적인 이슈가 바로 MRG(Minimum Revenue Guarantee, 최소 운영수입 보장제도) 문제이다.

MRG 제도에 대해서는 서울지하철 9호선 논란 덕분에 잘 알려져 있다. MRG 제도는 인프라 자산 투자자들에게 최소한의 수익률을 보장하는 제도인데, 사업 시작 전에 실시한 수요예측이 부풀려져 기대했던 수익을 거두지 못할 경우에 상당한 수준의 보장수익을 정부(이 경우는 서울시)가 대신 지급해 주어야 하는 상황이 발생했다.

결국 서울시가 맥쿼리사와의 협상을 통해 요금인상을 저지하는 한편, 맥쿼리사의 지분을 다른 투자기관들이 인수하는 방식으로 타협을 보았다. 하지만 맥쿼리사의 인프라 운용에 투자했던 기관투자자들 입장에서는 기대했던 '장기투자 성과'를 달성하지 못한 아쉬움이 남을 것이다. 그보다 중요한 것은 이러한 결과로 투자 세계의 기본인 '신용'에 흠을 낼 만큼 그 휴유증이 걱정된다.

해외에도 민관 합동투자제도인 PPP(Public Private Partnership) 제도가 있다. 유럽에서 2005~07년에 총 거래규모가 줄어들었으나 최근 다시 증가하고 있다. 유럽투자은행에 의하면 향후 5년간 총 거래시장 규모가 1,000조 유로로 증가할 것으로 예상하고 있다.

반면에 미국의 인프라 투자는 국가 및 주정부가 주도하다가 PPP 제도로 전환하고 있다. 미국은 교통 부문의 유지보수 및 설비개선을 위하여 3,000조 달러 이상의 예산이 필요하지만, 예산 부족으로 민간 자본 유인책으로 활용되고 있다.

우리나라의 인프라 투자 사례

이제 국내에서 이루어졌던 인프라 투자의 사례에 대해 살펴보자. 제일 먼저 떠오르는 사례는 국민연금을 비롯한 몇몇 기관이 2010년 말에 추진했던 거가대교 프로젝트 투자이다.

거가대교 프로젝트의 MRG(최소운영수입 보장제도)는 운영 개시 후 20년에 걸쳐 추정 통행료 수입의 77.55%를 보장하는 등의 내용을 포함하고 있다. 거가대교 프로젝트 펀드(7,500억원)는 KB자산운용사에 신탁 폐쇄형으로 운용되며 기대수익률은 9.24%였다.

거가대교 못지않게 특별한 기억을 남긴 인프라 프로젝트 투자는 천안-논산 고속도로를 들 수 있다. '특별한'이라는 수식어를 사용한 이유는 이 사업이 대출채권을 기초자산으로 자산유동화증권(ABS)을 발행하여 7,400억원의 자금을 조달하였는데, 그 당시로는 매우 독창적인 아이디어였기 때문이다.

천안-논산 고속도로는 1997년 12월에 착공되어 2002년 12월 개통되었으며, 호남고속도로의 체증을 크게 덜어주고 있다. 이 프로젝트는 11개 건설사들이 최초 출자자(4,500억원)로 참여했으며, 완공 후에는 출자자 및 자본구조 변경을 통하여 현재 여러 기관투자자가 지분을 가지고 있다.

▼ 천안-논산 고속도로의 투자구조

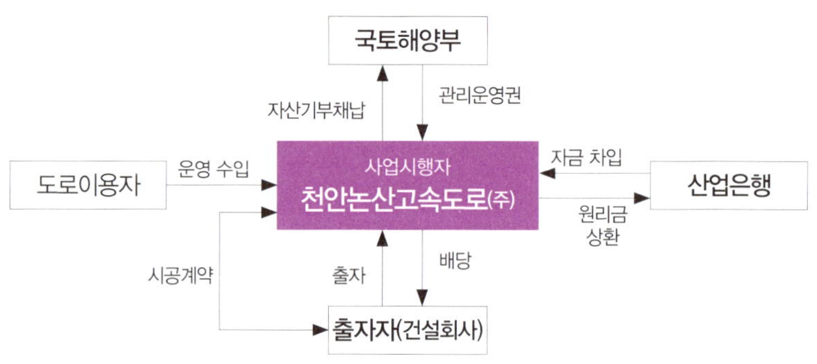

필자가 모 연금에 재직하고 있던 2005년 12월, 천안-논산 고속도로에 대한 3차 출자자 변경이 이루어질 때 지분 참여를 했으니 '재매각 시장'(Secondary Market)을 통해 인프라 투자를 한 셈이다. 재매각이란 용어가 낯선 독자들이 많을 것으로 생각되어, 재매각 시장에 대해 설명하고자 한다.

재매각 시장이 활성화된 이유

재매각 시장(Secondary Market)이란 초기 투자 시에 참여했던 투자자들이 차익을 실현하거나, 혹은 손실을 확정짓기 위해 지분을 매각하는 유통시장이다. 물론 재매각 시장은 인프라 펀드에서만 형성되는 것이 아니고, 기업인수 펀드나 부동산 펀드에서도 상당히 활성화되어 있다. 재매각 시장은 지난 20년간 지속적으로 성장하여 2013년 말 현재 연간 300억 달러(원화 30조원 전후) 규모로 커졌다. _{아래 그림 참조}

최근 재매각 시장이 활성화된 데에는 여러 이유가 있다.

가장 큰 요인은 투자환경 및 금융환경이 크게 바뀌어 포트폴리오

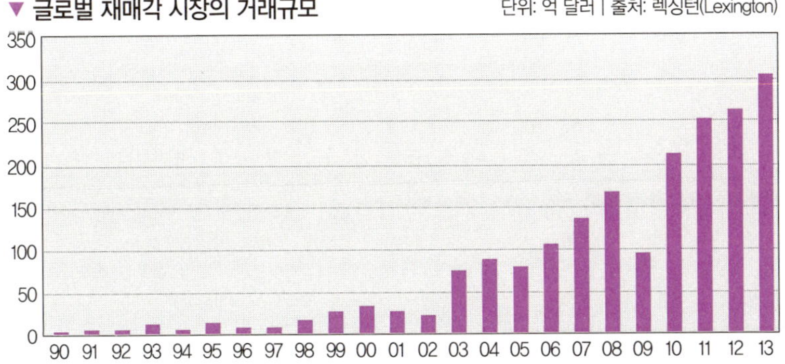

▼ **글로벌 재매각 시장의 거래규모**　　단위: 억 달러 | 출처: 렉싱턴(Lexington)

를 변경할 필요성이 높아진 데 있을 것이며, 특히 최근 미국의 볼커 룰
이나 바젤 III 같은 금융시장의 규제환경이 크게 바뀌고 있는 점도 재
매각 시장을 확대시키는 요인으로 작용했다.

그런데 여기서 한 가지 지적할 것은 재매각 시장에도 장단점이 혼재하
고 있어 투자에 신중을 기할 필요가 있다는 점이다. 재매각 시장의 장
점으로는 원금을 조기에 회수하여 유동성을 확보하는 한편, 현금흐름
이 일정하지 않은 이른바 대체투자의 J-커브 현상을 완화할 수 있다는
점을 들 수 있다.

반면 단점도 적지 않다. 무엇보다 포트폴리오 구성이 매도자의 의
지에 좌우되게 되고, 일시에 대규모 자금이 납입되어야 하는 불편함이
있다. 투자의사를 결정할 때 실사기간에 쫓기게 되어 매도자가 제공하
는 정보나 기존의 유한책임사원(LP)들에게 투자정보를 지나치게 의존
하게 되는 단점도 있다.

자산별로 재매각 시장의 비중을 살펴보면, 1990년대 중반에는 사모펀
드가 93%를 차지할 정도로 일반적이었으나, 2012년 기준으로는 인프
라의 비중이 22%까지 높아졌다.

더 나아가 미국 은행들의 비유동성 자산 투자를 제한하는 볼커 룰
의 시행, 그리고 은행들의 재무건전성을 유도하는 바젤 III의 도입으
로 금융기관의 사모펀드 투자가 더욱 어려워지기 때문에 재매각 시장
의 거래가 계속 증가할 것으로 전망된다.

대부분의 연기금들은 전체 자산 중 인프라 투자 비중이 5% 전후다. 포트폴리오 구축 자산군(Asset Class)에서 인프라 자산은 기관투자자들에게 매우 중요한 자산이며, 경제환경 변화로 그 중요성이 점점 더 커질 것이다. 이제 다음 절에서는 대체투자 자산 중 자원·상품시장 투자에 대해 살펴보자.

---

1) 브라운필드(Brownfield)란 이미 생산이 시작된 곳에 투자하는 것을 의미하며, 반면 그린필드(Greenfield)는 아직 생산이 시작되지 않은 자산을 의미한다.

05

경쟁이 더욱 치열해지는 자원·상품시장

인프라 자산에 대해서는 이 정도로 마무리하고, 필자가 겪었던 2011년 1월의 투자결정 사례에 대해 이야기해 볼까 한다.

국민연금의 브라질 니오븀 광산 투자

당시 국민연금과 포스코(POSCO)가 브라질의 희소금속 니오븀 광산을 경영하는 CBMM사의 지분을 5% 매입하는 투자 건에 대한 회의가 한창이었다. 국민연금 역사상 첫 번째 자원·상품시장 투자였기 때문에 많은 논란이 있을 수밖에 없었다. 특히 일본의 JPE 외 3개사가 컨소시엄으로 10% 지분을 매입하고, 지분 5%를 매입한 우리나라와 공동투자를 하기로 되어 있었기 때문에 더욱 중요한 회의였다. ^{241쪽 그림 참조}

많은 논란 끝에 결국 자원·상품시장 투자가 결정되었는데, 나중에 알았지만 당시에 국민연금이 투자를 하지 않았을 경우에 CBMM사의 지

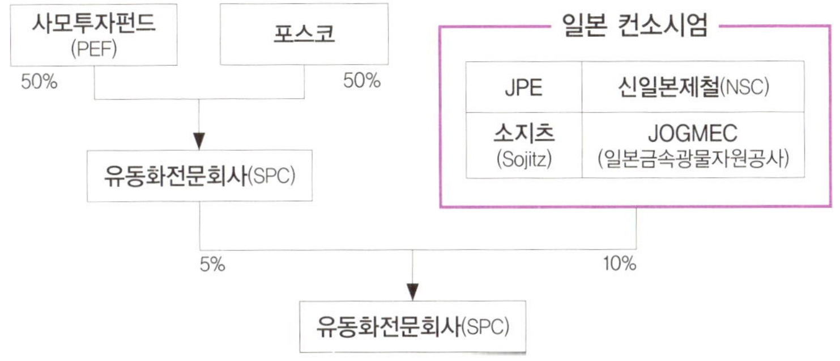

▼ 국민연금이 투자한 브라질 광산회사 CBMM사의 투자구조

분이 중국으로 넘어가기로 되어 있었다. 한마디로 말해 자원·상품시장 투자는 단순한 투자의 문제를 넘어선 국가 간의 자원확보 전쟁으로 격상된 느낌이다.

자원·상품투자의 장단점

세계 각국의 투자자들이 눈에 불을 켜고 덤벼드는 자원·상품시장에 2011년이 되어서야 투자가 이루어진 이유는 어디에 있을까? 바로 자원·상품투자에 대한 가치평가가 대단히 어렵기 때문이다.

다음의 그림에 표시된 국제유가와 국제 금 가격의 장기변동에서 보듯이, 상품의 수익률과 변동성은 때때로 급격히 변하기 때문에 이를 어떻게 측정할 것인지를 둘러싸고 많은 논란이 발생할 수밖에 없는 것이다. 242쪽 그림 참조

역설적으로, 그만큼 연구하고 정보를 분석하면 자산배분에서 좀 더 우수한 포트폴리오를 구축할 수 있다는 장점을 지니고 있음을 알 수 있다. 따라서 자원과 상품투자에서는 직접투자보다는 간접투자가

더 나은 선택일 수 있다.

자원·상품 전문 투자회사들의 투자전략을 심사해서 투자기관별 수익률과 위험을 조사하는 한편, 투자정책을 파악하여 적합한 전문 투자회사를 선정하고 투자시기만 내부에서 결정하는 것이다.

퍼스트 리저브사의 투자전략

상품투자에 대해 고민하는 국내 기관투자자들을 위해 에너지 분야에서 큰 명성을 얻고 있는 퍼스트 리저브(First Reserve Corporation)사의 투자전략을 소개한다.

첫째, 30년에 걸친 운용 경험을 바탕으로 세계 51개국에 걸쳐 450여 개의 에너지 관련 자산에 투자하고 있다.

둘째, 각 거래의 80%가 독자적으로 이루어지고 있으며, 다른 투자회사와의 공동투자는 20%에 지나지 않아 투자 단계에서부터

242

유리한 포지션에서 출발한다.

셋째, 투자구조를 만들 때부터 보수적으로 접근하기 때문에 순부채비율이 33%에 불과하다.

넷째, 에너지 부문뿐만 아니라 석유정제를 비롯한 다운스트림 (Down-stream)에도 투자한다.

다섯째, 투자 이후에는 적극적으로 영업을 활성화하여 가치창출을 추구한다.

이번에는 세계적인 에너지 투자기업인 퍼스트 리저브사가 위에서 소개한 투자전략을 어떤 식으로 투자에 관철하는지에 대해 살펴보자.

첫째, 투자수익을 최대로 가져올 수 있는 지역, 테마, 섹터를 깊게 연구한다. 즉 에너지 산업의 광범위성과 역동성을 고려하고, 산업의 흐름, 기술진보, 비용절감 기회, 정부 규제, 주요 경쟁자들의 전략동향 등을 지속적으로 모니터링 한다.

둘째, 경쟁입찰을 통한 무리한 가격협상보다는 배타적인 거래를 추구한다. 우수한 성과는 가능한 낮은 가격으로 투자대상을 매입하는 것이 기본이기 때문이다.

셋째, 투자 부문과 투자지역을 다변화하는 것을 기본으로 한다.

퍼스트 리저브사의 투자 비중을 살펴보면, 먼저 자원 장비와 서비스 부문에 30~40%, 탐사 및 생산단계인 이른바 '업스트림'(Up-stream)을 제외한 정제 및 수송 등에 15~25%, 자원개발에 40~50%를 배분한다.

자원·상품시장 투자의 특성

퍼스트 리저브사의 수익은 대부분 투자자산의 가치 상승에서 발생한다. 사업 초기에는 실적이 없지만, 매각 시점에서는 매장량 및 생산이 활성화되어 매출 증가에 따른 영업 부문의 현금흐름이 늘어나 기업의 가치를 증폭시키는 것이다.

자금 조달 측면에서 퍼스트 리저브사를 비롯한 자원·상품시장의 투자 수익을 설명해 보자.

투자 초기에는 출자하여 사업을 시작한 후 안정 단계에 이르면, 은행에서 대출을 받거나 혹은 회사채를 발행하여 확장시킨다. 부채를 늘리는 이유는 당연히 수익률을 극대화하기 위해서이다. 안정적인 현금흐름이 발생하는 등 사업이 정상적으로 돌아갈 때에는 매출을 빨리 늘리는 것이 유리하며, 이를 위해서는 더 많은 운전자금이 필요한 것은 당연한 일이다.

3장에서 살펴본 것처럼, 부동산 가격이 상승할 때에는 빚을 내 투자하는 것이 훨씬 큰 수익을 보장한다. 천연자원·상품 투자에서도 수익성 높은 광맥을 발견해 장기간 채굴이 가능할 경우에는 레버리지를 일으키는 것이 수익을 더욱 확대할 수 있다.

따라서 퍼스트 리저브사는 되도록 레버리지를 자제하지만, 레버리지에 따른 위험이 낮은 때에는 적극적으로 활용한다. 이 회사는 상품자산 중에서도 원유 및 천연가스 등 에너지 부문에 집중하지만, 상품자산은 에너지 관련 자산만 있는 것이 아니다.

스위스의 투자은행인 크레디스위스(Credit Suisse)사는 상품시장을 7개 부문(에너지·가축·곡물·식물성기름·산업용금속·귀금속·기타)으로 분류하며, 그 다음에 다시 19개의 세부 상품을 두고 있다. 이런 다양한 상품자산을 공부하다 보면, 국내 투자자들이 앞으로 배워야 할 영역이 참으로 많다는 것을 느끼게 된다.

상품시장은 주식시장과 상관관계가 낮다

더 나아가 크레디스위스사는 지난 2004년까지는 상품시장이 주식시장과 뚜렷한 상관관계를 보이지 않았다고 지적한다.

다음의 그림에는 이러한 관계가 잘 나타난다. 1998년 같은 경우에

▼ **다우존스-AIG 상품지수 구성** 기준: 2005년 목표치 | 출처: 크레디스위스

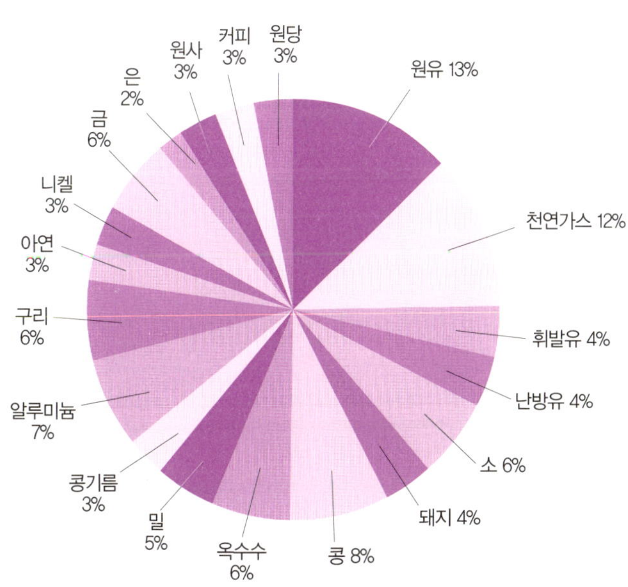

는 상품가격이 30.7%가 급락했지만, 반면 글로벌 주가는 22.8%나 상
승했다.

이 결과 2004년까지 상품은 미국 채권과 0.03, 미국 주식과는
0.07, 글로벌 주식과는 0.17의 상관계수를 기록했다. 그리고 이처럼
낮은 상관계수는 '분산투자'의 효과를 극대화시킨다.

▼ **상품과 주식의 수익률 추이**　　　　　단위: % | 출처: 블룸버그

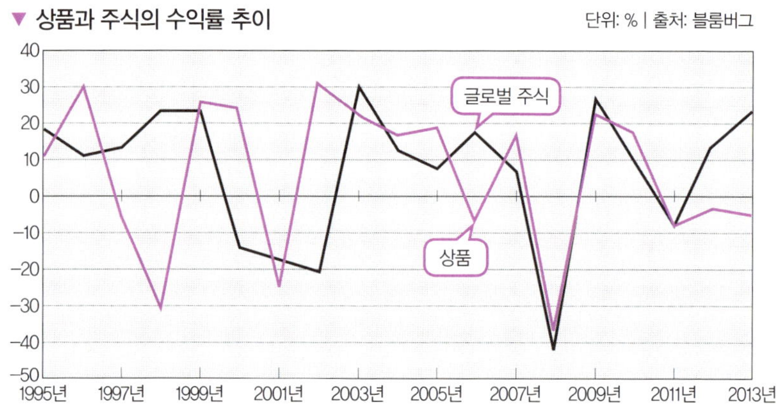

다음 절에서는 자산 간의 분산투자 효과에 대해 좀 더 상세히 살펴
보자.

06

상관계수가 낮은 자산을 편입해야 하는 이유는?

앞에서 여러 자산의 투자에 대해 다루며 분산투자의 효과에 대해 이야기했다. 여기서는 분산투자에 대해 조금 더 자세히 살펴보자.

자산 간 상관계수가 '+1'인 포트폴리오

다음의 그림에 표시된 자산 A와 B의 투자수익률과 수익률의 변동성(= 표준편차)이 완전히 동일하다고 가정하자. 248쪽 그림 참조

A 자산의 가격이 상승하면 B 자산의 가격도 상승하며, 반대로 A 자산의 가격이 하락하면 B 자산의 가격도 하락한다. 이런 관계를 '완전한 정(+)의 상관관계'라고 한다.

만일 우리가 가진 돈의 절반을 A에, 그리고 나머지 절반을 B에 투자한다면, 다음의 그림에서 점선으로 표시된 포트폴리오 수익을 얻게 될 것이다. 248쪽 그림 참조 즉 포트폴리오의 수익률은 그것을 구성하는 두 가지 자산의 수익률의 평균이다.

▼ 상관계수가 '+1'인 자산으로 이루어진 포트폴리오 성과

출처: 로저 C. 깁슨, 『재무상담사를 위한 자산배분 전략』(2005)

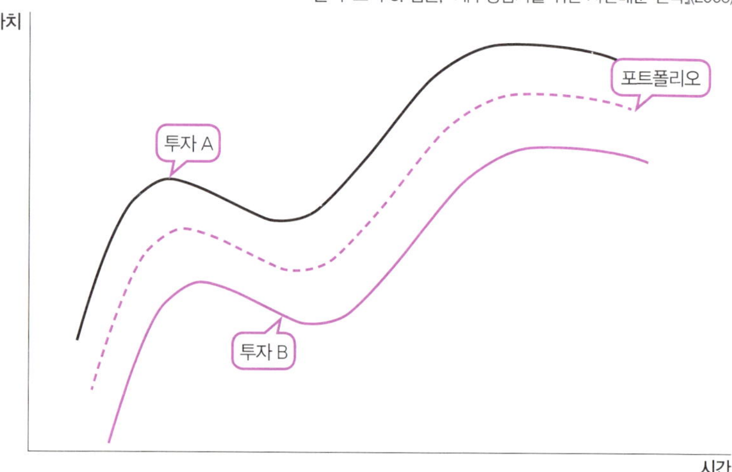

자산 간 상관계수가 '−1'인 포트폴리오

이번 그림에서 자산 C와 D의 특성은 완전히 동일하다. ^{249쪽 그림 참조} 즉 수익률도 같고 또 수익률의 변동성(=표준편차)도 동일하다. 그런데 이 자산들은 위 그림의 A, B 자산들과는 달리 정반대로 움직인다. 즉 자산 C와 D의 변화 방향이 정확하게 반대 방향으로 움직이는 것이다.

C 자산에 대한 투자에서 이익을 얻을 때 D 자산에 대한 투자에서는 손실을 기록한다. 따라서 가지고 있는 돈의 절반을 C 자산에, 그리고 나머지 절반을 D 자산에 투자하면 이 포트폴리오의 수익은 249쪽 그림의 점선처럼 표시된다. 즉 포트폴리오의 수익률은 자산 C와 D의 평균이지만, 변동성은 완전히 제거된다. 이런 일들이 실전 투자에서도 가능할까?

248

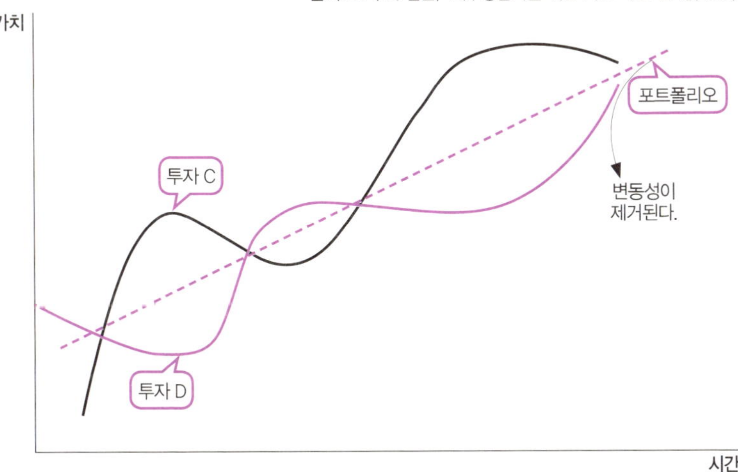

상품투자가 자산 포트폴리오에 미치는 영향^{250쪽 그림 참조}

이번에는 미국 주식에 40%, 미국 채권에 40%, 그리고 해외주식에 20%를 투자하는 가상의 포트폴리오를 생각해 보자. 지난 34년에 걸친 가상 포트폴리오의 연평균 수익률은 10.1%, 그리고 수익률의 표준편차는 9.5%였다.^{250쪽 그림 참조}

이제 이 포트폴리오에 상품을 추가해 보자. 먼저 포트폴리오에 상품을 5% 신규로 편입하면, 새로운 포트폴리오의 연평균 수익률은 10.2%로 0.1%포인트가 상승한 반면, 수익률의 표준편차는 오히려 9.0%로 급락한다. 다시 말해 투자의 수익률은 높아지면서 투자에 따르는 위험은 감소한다.

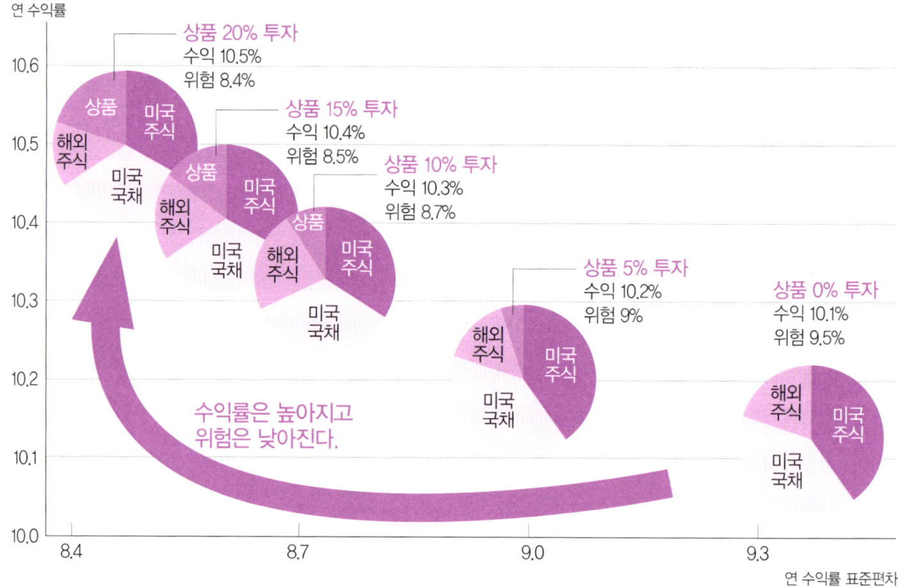

한발 더 나아가 상품의 투자비중을 10%와 15%, 그리고 20%로 높여나 간다고 가정하면, 새로운 포트폴리오의 연평균 수익률은 각각 10.3% 와 10.4%, 그리고 10.5%로 뛰어오른다. 반면 새로운 포트폴리오의 수 익률 표준편차는 각각 8.7%와 8.5%, 그리고 8.4%로 떨어진다. 이런 현상을 자산배분의 효과라고 한다. 상관관계가 낮은 자산을 편입하 면 수익률은 개선되고 변동성은 줄어드는 마법과 같은 일이 벌어지는 것이다.

이제 대체투자의 마지막 순서로 '헤지펀드'에 대해 살펴보자.

07

두 얼굴의 헤지펀드

2011년 3월 기금본부장으로 취임한 후 첫 번째 해외 출장으로 뉴욕 모건스탠리 본사를 방문했을 때, 해외 자산운용사들에게 국민연금을 소개하는 행사를 가진 적이 있었다. 문제는 Q&A 시간이었다.

"국민연금이 헤지펀드에 투자할 계획이 있는가? 투자하게 되면 언제부터 생각하는가?"라는 질문이 쉴 새 없이 쏟아져 대단히 곤혹스러웠다. 특히 뉴욕 맨해튼에서 자산운용업에 종사하는 교포 2세들의 관심은 온통 헤지펀드에 있었다. 그 후 국민연금 기금에서 헤지펀드에 투자하기 위한 노력을 다각적으로 순비해 왔지만, 3년이 지난 2014년에도 여전히 못하고 있다.

헤지펀드에 대한 오해

왜 이렇게 많은 투자자들이 헤지펀드에 관심을 가지며, 또 국민연금이 아직 헤지펀드에 투자를 못하는 이유는 어디에 있을까?

헤지펀드에 대한 관심이 뜨거운 가장 큰 이유는 바로 위험 대비 비교적 높은 수익률에 있다. 지난 1994년부터 2012년까지 글로벌 헤지펀드는 연평균 8.7%라는 높은 수익률을 기록한 반면, 수익률의 표준편차는 11.5%에 불과했다. 참고로 같은 기간 MSCI 글로벌지수의 수익률은 5.6%, 수익률의 표준편차는 18.6%라는 점을 감안할 때, 헤지펀드가 얼마나 탁월한 성과를 올렸는지 알 수 있을 것이다.

그럼, 헤지펀드의 수익률이 이처럼 높은데, 왜 국민연금을 비롯한 국내 기관투자자들은 헤지펀드 투자를 망설이는 것일까?

그 이유는 1998년 발생했던 롱텀캐피털 매니지먼트(LTCM) 위기처럼, 대규모 레버리지를 이용해 공격적인 매매를 수행하는 헤지펀드들도 분명 존재하기 때문이다. 그러나 '구더기 무서워 장 못 담글 수는 없는 법'이다. 위험한 매매전략을 채택하는 헤지펀드들이 분명 존재하지만, 헤지펀드를 모두 배격할 필요는 없다고 본다.

기금본부장으로 일할 때 만났던 FRM(Financial Risk Management)사의 블레인 톰린슨(Blaine Tomlinson) 회장은 헤지펀드 투자에 관해 긴 이야기를 나눈 후, 며칠 뒤 『헤지펀드 해설』(*Hedge Funds Demystified*)이라는 소책자를 보내주었다. 필자는 이 책을 정독한 후에 헤지펀드 투자에 대하여 모르는 게 너무 많다는 것을 알고 얼굴이 화끈거린 적이 있다.

헤지펀드는 LTCM 같은 스타일만 있는 것이 아니라, 매우 다양한 투자전략이 존재한다는 것을 발견했기 때문이다. 특히 대다수의 헤지펀드는 시장의 방향에 관계없이 플러스(+) 수익을 찾아내는 운용기술을 구사하며, 그 결과 헤지펀드의 수익률 변동성은 주식에 비해 대단히 낮다. 이런 측면 때문에 헤지펀드를 절대수익 추구형(Absolute Return) 펀드로 분류하기도 한다.

헤지펀드 투자를 고려해야 하는 이유

헤지펀드에 대한 기초지식은 이 정도로 마치고, 헤지펀드에 대한 투자를 진지하게 고려해야 하는 이유를 살펴보자.

첫째, 자산배분에 필요하다.

헤지펀드는 기본적으로 전통적 투자자산인 주식, 채권, 선물 및 옵션, 외환 시장에 참가하지만, 앞에서 소개한 대체투자 자산시장에서도 이익을 추구한다. 즉 헤지펀드는 돈을 벌 수 있는 투자대상의 범위가 매우 넓다.

따라서 기관투자자나 개인투자자들은 헤지펀드를 포트폴리오 구축 시 사용하는 주식·채권 등 전통적 자산군을 보완할 수 있는 위치에 있다고 볼 수 있다. 이러한 측면에서 긍정적인 자산배분의 효과, 다시 말해 동일한 위험을 부담하면서도 더 높은 수익을 올릴 수 있게 만들어 준다.

헤지펀드의 이러한 특성을 잘 보여주는 것이 바로 헤지펀드와 다른 자산의 상관계수이다. 1998~2012년의 수익률을 기준으로 상관계수를 추정해 보면, 헤지펀드와 미국 주식시장(S&P500)의 상관계수는 0.64, 그리고 헤지펀드와 글로벌 채권시장(JP모건 채권지수)의 상관계수는 -0.19를 기록하고 있다.

▼ 1998~2012년 주요 자산의 상관계수   출처: 블룸버그

	코스피 지수	헤지펀드 지수	S&P500 토털리턴 지수	JP모건 글로벌 채권지수	RJ/ CRB 지수	DJUBS 상품 토털리턴 지수	원/달러 환율
코스피 지수	1.00						
헤지펀드 지수	0.59	1.00					
S&P500 토털리턴 지수	0.66	0.64	1.00				
JP모건 글로벌 채권지수	-0.35	-0.19	-0.06	1.00			
RJ/CRB 지수	0.18	0.50	0.26	-0.10	1.00		
DJUBS 상품 토털리턴 지수	0.17	0.57	0.27	-0.15	0.98	1.00	
원/달러 환율	-0.56	-0.59	-0.70	-0.22	-0.24	-0.23	1.00

상품시장에 대해 이야기할 때 이미 살펴본 것처럼, 주식이나 채권 등 주요 투자자산과 마이너스(-) 혹은 0에 가까운 상관계수를 기록하는 자산은 '자산배분'의 효과를 크게 높여주기 때문에 제일 먼저 관심을 기울일 필요가 있다.

저금리 · 저성장 · 저변동성 추세가 계속 이어지는 상황에서, 기관투자자의 성격상 헤지펀드는 최소한 손실을 보지 않고 안정적인 이익을 추구하는 경우에 더욱 적합하다.

스위스의 롬바르트은행은 주로 세계적인 부자들인 슈퍼리치(Super Rich)들의 자산(Family Asset)을 안정적으로 운용하면서 명성을 쌓아왔다. 이 은행은 세계적인 슈퍼리치의 자산을 운용하면서 메자닌 및 헤지펀드 투자를 기본 축으로 하고 있다.

셋째, 간접적으로 다양한 투자정보를 신속히 접할 수 있다는 것도 헤지펀드에 투자해야 하는 이유이다.

헤지펀드의 투자세계는 실로 수많은 투자자들이 다양한 시장을 대상으로 투자대상을 평가하고 분석한다. 결과적으로 시장의 투자대상들이 좀 더 효율적으로 평가받는 계기가 될 수 있다. 예를 들어 롱 · 숏 투자 헤지펀드는 사고파는 종목을 정확히 분석하지 못하면 도태될 수밖에 없기 때문에 열심히 기업을 분석하고 평가한다.

헤지펀드 시장은 이러한 장점 때문에 폭발적인 성장세를 지속했다. 2008년 글로벌 경제위기로 운용수익률이 떨어지면서 헤지펀드의 자산규모도 일시적으로 줄어들었지만, 2010년 이후 헤지펀드 간의 인수합병이 일어나고 기관투자자들의 참여가 시작되면서 2012년 말 자산규모가 2조 달러를 넘어섰다.

그러나 이러한 성장의 수혜는 극소수의 헤지펀드에만 집중되고 있다. 자산규모가 최상위 1%인 헤지펀드에 돈이 집중되면서, 그 1%가 전체 헤지펀드 자산의 70% 이상을 점유하고 있기 때문이다. 예를 들어 줄리언 사이먼(세계적인 헤지펀드인 르네상스 테크놀러지사 대표) 같은 세계적인 스타 헤지펀드 매니저에게 돈을 맡기려는 사람들이 줄을 길게 서서 기다리고 있다는 이야기이다.

따라서 자산 기준 최상위권의 헤지펀드에 돈을 맡기기 위해서는 일단 거액의 자금이 필요하며, 또한 많은 시간을 기다려야 한다. 왜냐하면 스타 매니저에게 돈을 맡기려는 투자자들이 너무나 많은 반면, 그들은 일거에 많은 자금을 받고 싶어하지 않기 때문이다.

헤지펀드 운용의 세계에서는 '규모의 경제', 즉 운용자금의 규모가 커질수록 운용수익률의 개선이 나타나는 일이 드물다. 따라서 대부분의 헤지펀드들은 대규모 자금을 한 번에 수용하지 않는다.

결국 헤지펀드에 투자하기 위해서는 '펀드 오브 헤지펀드'를 이용하는 것이 최선이라고 할 수 있다. 그런데 이 역시 '인기 펀드의 수익률이 하락하는' 이른바 핫핸드(Hot Hand) 편향이 존재한다.

핫핸드 편향이란 수익률이 좋은 펀드에 자금이 몰리지만, 정작 그 인기 펀드의 수익률이 떨어지는 현상을 말한다. 앞에서 이야기했듯이, 헤지펀드 운용에 '규모의 비경제' 현상이 자주 발생하는데다가, 과거의 높은 수익률이 능력이 아닌 '운'에 기인했을 수도 있기 때문이다.

일부에서는 "이런 위험을 무릅쓰고 헤지펀드에 투자해야 하느냐?"고 반문을 하기도 한다. 하지만 헤지펀드는 높은 수익률과 강력한 '분산 투자' 효과가 너무 커서 도저히 포기할 수 없는 자산이라고 생각한다.

문제는 기관투자자들이 훌륭한 헤지펀드를 찾아내는 선구안이 축적되어야 한다. 앞에서 설명한 예일대학교 기금이 얼마 되지 않는 내부 인력으로 외부 전문 운용기관들을 잘 선정하여 높은 수익을 창출하는 전략은 적극적으로 배워야 한다.

특히 최근 우리나라 학계의 연구도 이러한 생각을 지지하고 있는 만큼, 어서 빨리 국내 기관투자자들이 헤지펀드에 본격 투자하기를 희망해 본다[원승연, 『헤지펀드의 투자효과와 활용방안』(2014) 참조].

08

헤지펀드 투자의 기본 특징

헤지펀드에 투자하기로 결정했다면, 헤지펀드 투자의 기본적인 특징에 대해 알아둘 필요가 있다.

헤지펀드의 10가지 특성

헤지펀드는 종류가 매우 다양하지만, 환매가 자유롭지 못하며 운용 투명성에 한계가 있다는 등의 공통된 특징을 가지고 있다.

헤지펀드는 일반 펀드와 달리 유동성에 제약이 있다. 이는 헤지펀드 매니저가 펀드를 좀 더 장기적이고 안정적으로 운용할 수 있게 하기 위해서이다. 헤지펀드를 환매하려는 경우에 적어도 1~3개월 정도의 기간이 필요한데, 회사에 따라서는 1년을 요구하는 곳도 있다. 따라서 투자 전에 이 부분을 기억해 둘 필요가 있을 것이다.

▼ 헤지펀드의 10가지 특성　　　　　출처 : 한국금융연수원, 『헤지펀드의 이해와 운용전략』

구분	내용
일반적으로 액티브하게 운용됨	헤지펀드의 성과는 매니저의 능력과 적극적인 운용이 결합되어 창출된다. 헤지펀드 매니저들은 시장이 모든 자산의 가치를 정확하게 평가하지는 못하고 있다고 믿으며, 따라서 시장의 비효율성을 포착하기 위해 특별한 전략을 채택한다.
투자은행의 트레이딩 부서가 증권화된 것	기능적인 관점에서 볼 때, 헤지펀드는 투자은행의 트레이딩 부서와 매우 유사하다.
유연한 투자전략	헤지펀드는 투자 스타일, 자산집단, 투자전략에 대해 매니저에게 폭넓은 재량권을 부여한다.
특이한 법적 구조	규제를 회피하고 세금을 줄이기 위해 다양한 법적 형태를 취한다.
유동성 제약	헤지펀드는 일반적인 공모펀드와 달리 운용기간을 길게 설정하고 환매를 제한하며, 의무적인 최소 투자기간을 설정한다.
성과보수	일반적인 펀드는 운용 수수료만 부과하는 반면, 헤지펀드는 운용 수수료 외에 성과보수(연간 실현이익의 15~25%)를 받는다.
헤지펀드 매니저는 직원이 아니라 파트너	일반적으로 헤지펀드 매니저는 개인적으로 상당한 금액을 펀드에 투자하므로 펀드의 성과를 투자자와 공유한다.
투명성의 한계	헤지펀드는 운용상의 특성을 가지고 있으므로 성과에 대한 정보를 일반인에게 공개하지 않는다. 펀드의 포지션이나 전략에 대한 정보를 공개하지 않는다.
투자규모 확대가 힘듦	헤지펀드의 전략이 펀드매니저의 투자기법과 투자 가능한 기회에 전적으로 의존하며, 이 두 요소가 규모의 경제에 적합하지 않기 때문이다.
특정한 투자자가 대상	헤지펀드는 투자원금을 보호받으면서 적절한 수익을 얻으려는 거액 개인 투자자를 목표로 운용한다.

헤지펀드의 운용은 불투명하고 베일에 가려져 있다. 이 문제는 2008년 글로벌 경제위기 이후 많이 개선되었으나 아직 완전하지는 않다. 왜냐하면 헤지펀드는 기본적으로 자신들의 운용기술을 투명하게 공개하기를 꺼리기 때문이다. 예를 들어 특정 주식을 매집하려는 펀드는 포지션을 완전히 취할 때까지 정보를 공개할 수 없을 것이며, 특히 공매도 포지션을 취하는 펀드는 아마 더욱 그러할 것이다.

마지막으로 헤지펀드들은 대규모 자금의 유입을 원하지 않는다. 왜냐하면 자신들이 운용하는 전략의 효과를 떨어뜨릴 수 있기 때문이다. 예를 들어 누구나 롱·숏 전략을 모방한다면, 결국 이 전략을 실행할 수 있는 대상이 될 주식의 수는 점점 줄어들 것이다. 따라서 탁월한 성과를 기록하는 헤지펀드에 투자하기 위해서는 충분한 시간을 가지고 네트워크를 구축할 필요가 있다.

헤지펀드의 4가지 운용전략

다음 순서로 헤지펀드의 운용전략에 대해 살펴보자. 헤지펀드에 돈을 맡기려면, 각 헤지펀드가 어떤 운용전략을 구사하는지 기본적으로 알아둘 필요가 있기 때문이다. 글로벌 헤지펀드들이 자주 구사하는 전략은 다음의 4가지를 들 수 있다.

첫째, 마켓 중립화 전략 또는 상대가치 전략이다. 마켓 중립화 전략(Market Neutral)이란 시장의 움직임에 크게 의존하지 않으

며, 시장 벤치마크와 관계없이 투자하기 때문에 붙은 이름이
다. 상대가치(Relative Value) 전략은 때때로 채권의 가격 차
이를 이용한 차익거래, 주식으로의 전환이 가능한 전환사채
(CB), 모기지증권, 파생상품 등을 주된 운용 대상으로 한다.

둘째, 롱 · 숏 전략이다. 롱 · 숏(Long/Short) 전략이란 말 그대로
고평가된 주식을 매도하여 자금을 조달하는 한편, 저평가된
주식을 매수하는 전략을 의미한다.

셋째, 사건 추구 전략이다. 사건 추구(Event Driven) 전략이란 투
자 적격등급의 회사채가 부실증권(Distressed Securities)으로
전환되거나, 기업 인수합병(M&A)이 발생하는 등 특수 상황
(Special Situation)에 대응해 수익을 추구한다는 것이다.

넷째, 전술적 거래 전략이 있다. 전술적 거래(Tactical trading)
전략이란 시스템 트레이더들이 컴퓨터를 사용하여 외환,
원자재, 선물 옵션물을 거래하는 전략이다. 대표적으로
CTA(Commidity Trading Advisor)사 등이 있다.

헤지펀드 투자의 마지막 단계에서 부각되는 것은 헤지펀드 심사(Due
Diligence)의 중요성이다. 각 기관투자자들이 원하는 조건을 만족하는
헤지펀드를 찾는 작업은 앞에서 이야기했던 문제, 바로 헤지펀드의 투
명성 문제로 인해 많은 어려움을 겪게 마련이다.

헤지펀드 선정 체크리스트

다음에서 소개하는 「헤지펀드 선정 체크리스트」와 같은 체크리스트를
활용하여 헤지펀드 매니저의 특성, 투자전략의 다양성, 포트폴리오
헤징, 종목 헤지 여부 등에 대해 신중히 점검하면 좋을 것이다.

지금까지 글로벌 헤지펀드 시장이 빠르게 성장하고 있다고 말했지만,
우리나라의 여건은 그리 좋지 않다. 국내 헤지펀드 시장은 2011년 운
용사 9개(펀드 수 12개), 총 설정액 1,490억원으로 출발해서 2014년 3
월 말 현재 설정액은 2조 7,000억원에 달하고 있다. 그러나 대부분의
헤지펀드 투자자들은 개인이며, 국내 기관투자자들의 헤지펀드 투자
가 늘어나는 징후는 아직까지 보이지 않고 있다.

　헤지펀드가 국내 자산운용 시장에 하루빨리 정착되어, 해외 주요
투자기관처럼 국내 기관투자자들의 중요한 투자자산으로 발전되기를
바란다.

▼ 헤지펀드 선정 체크리스트　　　　　　　　　　　　　　　출처: Hedge Funds Demystified

구분	내용
인사 및 조직	• 헤지펀드는 기본적으로 규모가 작기에 핵심운용역(Key Man)을 파악해야 한다. • 핵심 운용역의 배경, 경력, 기술 특징, 고용 조건, 인프라, 자원, 고객 평판 등이 주된 체크리스트이다.
투자전략	• 헤지펀드는 자신들의 투자전략을 구체적으로 알려주지 않는 경우가 많아서 투자자가 일반적 헤지펀드 투자전략을 이해할 필요가 있다. • 기대수익의 원천, 실적 저조를 낳을 수 있는 시장 이벤트와 투자환경, 투자절차의 투명성 및 일관성 등이 주된 체크리스트이다.
자산 선택 과정	• 헤지펀드의 목표수익률 • 타 운용사와의 특별한 차별성 유무 • 투자 유니버스* 및 그 선정 기준 • 대체투자 자산에 대한 투자 유무 • 투자 의사결정 과정 • 포트폴리오 회전율 • 공매도와 파생상품 이용 여부 및 레버리지 규모
위험관리	• 투자과정 위험 및 관리 방법 • 투자위험 정의 및 관리 여부 • 불리한 시장환경 및 대처 방법 • 공매도와 파생상품의 위험 관리 및 헤지 방안 • 레버리지 규모와 제약조건 및 조달 조건 • 대차대조표 및 포지션 유동성 관리 방법 • 현금관리, 컴플라이언스, MIS 통제, 거래보고 절차 • 운용자산에 대한 스탭 자원
포트폴리오 구축과정	포트폴리오 구축 제약조건(포지션 수, 국가, 섹터, 산업 집중도, 포지션 크기, 손실 제한, 포지션 내 공분산, 신용노출의 통제, 시장 순노출 정도)
포트폴리오 평가	헤지펀드는 투자에 제약이 덜하기에 시장 관련 통제 과정을 투자자가 이해하는 것이 중요하다. 특히 비유동화증권, 지분형 투자에서 할인 전략, 과도한 파생상품, 사모 발행 등 여부를 점검해야 한다.
투자조건	• 록업(Lock-up, 의무보호예수) 기간, 계획되지 않는 시기의 상환수수료 • 록업 기간 이후 성과수수료 • 펀드 규모 제한 여부 • 허들레이트(Hurdle rate, 성과보수를 지급하는 펀드의 기준 수익률) • 인센티브 수수료 및 관리 수수료

* 투자 유니버스(Investment Universe)는 투자 대상이 되는 종목군을 말한다.

국민소득 5만 달러 달성,
자산운용기관이 주도해야

7장에서는 3대 버블 붕괴 후에 달라진 금융환경에 우리가 어떻게 대응할지, 그리고 자산운용기관의 역할이 무엇인지에 대해 살펴볼 것이다.

저금리 · 저성장 · 저변동성 시대에 대비하는 방법을 알아보고, 금융위기가 닥쳤을 때 손실을 최소화할 수 있는 포트폴리오를 구축하며, 특히 위기가 발생했을 때 오히려 투자기회를 포착하는 것의 중요성을 강조한다.

자본주의 사회에서 버블 붕괴는 필연적인 현상이다. 우리도 이제 우물 안 개구리에서 벗어나, 금융업이 국민소득 증가를 주도하자고 제안한다.

01

다음 번 금융위기를 어떻게 넘길 것인가?

1976년 필자가 대학에 다닐 때 읽었던 책, 『불확실성의 시대』(*The Age of Uncertainty*)는 지금까지도 깊은 인상을 남겼다.

당시 하버드 대학교 교수로 재직하던 고(故) 갈브레이스(John Kenneth Galbraith) 교수가 저술한 책으로, 유명한 경제학자의 눈에도 당시 세계 경제환경은 한치 앞을 예측할 수 없을 정도였던 모양이다.

그도 그럴 것이 당시 우리나라의 1인당 국민소득은 825달러에 불과했지만 중동 건설경기와 중화학공업 등으로 비교적 활기를 보이고 있었던 반면, 미국 경제는 베트남 전쟁의 후유증과 달러 변동환율제로 전환, 그리고 1차 오일쇼크 등으로 암울하였고, 불확실한 시간의 연속을 보내고 있었기 때문이다.

『불확실성의 시대』의 저자 갈브레이스 교수

▼ 분산된 포트폴리오의 수익률 변화

단위: % | 출처: 롬바르트 자산운용

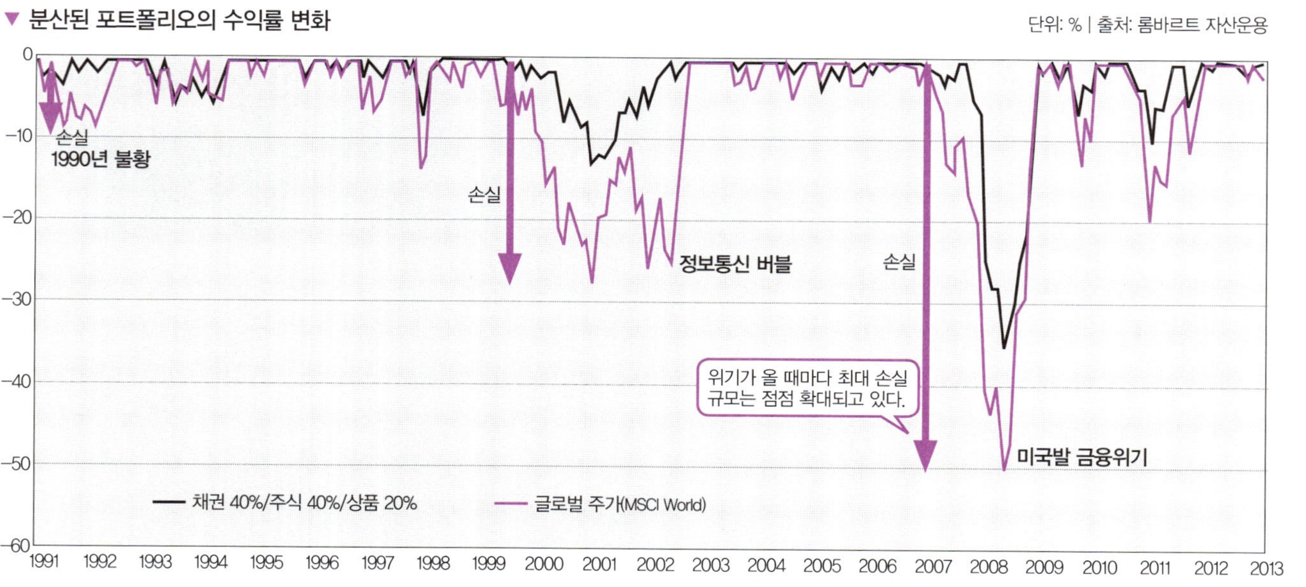

급기야 1990년대에 들어와서는 미국의 시사주간지 비즈니스위크의 기자였던 마이클 먼델(Michael Mandel)이 『고위험 사회』(*The High-Risk Society*)라는 책을 출간하면서 현대 사회가 위험이 더욱 높아지는 곳으로 변모하고 있다고 주장한 적이 있다. 이는 사회만 그런 것이 아니라 금융시장도 마찬가지다.

다음의 그림에서 보듯이, 과거 금융위기로 인한 최대 손실규모(Drawdown Scale)도 1990년대 이후 점차 커지고 있다.

물론 현재 자산배분 체계, 그리고 현재 사용되는 사전적, 사후적 위험관리 체제가 아무 소용없다는 이야기를 하려는 것은 아니다. 다만, 그 한계를 알고 대비하자는 이야기일 뿐이다.

만에 하나 금융위기가 닥쳤을 때 어느 정도의 손실이 발생하며, 또한 손실을 최소화할 수 있는 포트폴리오를 구축하고 있는지 고민하는 것이 필요할 것이다. 특히 위기가 발생했을 때, 오히려 투자기회를 포착하여 손실 이상의 이익을 창출해 나가는 시스템을 만드는 것이 더욱 중요하다고 본다.

02

저금리 시대, 어떻게 대비할 것인가?

1~3장에서 자세히 살펴본 바와 같이, 저금리·저성장 환경은 앞으로도 상당기간 지속될 가능성이 높다. 특히 문제가 되는 것은 선진국 중앙은행의 공격적인 통화공급 확대정책의 후유증이다.

기축통화를 가지고 있는 선진국의 중앙은행이 강력한 통화공급 확대정책을 펴면, 한국은행이 2011년부터 최근까지 기준금리를 인하한 것처럼, 다른 국가들도 이런 정책을 추종하지 않을 수 없다. 선진국이 정책금리를 인하하거나 통화공급 확대정책을 펼 때, 그것을 따라 정책금리를 인하하지 않으면, 무엇보다 선진국과의 금리차가 커지고 핫머니가 이탈하기 시작할 수 있기 때문이다. 그러므로 개별 국가의 중앙은행으로서는 이에 적극적으로 대처하지 않을 수 없다.

물론 이러한 강력한 통화공급 확대정책이 2008년 글로벌 경제위기 이후 세계 경제를 구원했다는 것은 분명한 사실이다. 다만 선진국 중앙은행이 적기에 통화공급 증가 흐름에 브레이크를 걸지 못할 경우, 다시 한 번 자산시장에 거대한 버블이 형성될 위험 역시 충만하다고 생각된다.

특히 얼마 전 국제결제은행(BIS)의 자산시장 버블 경고가 아무런 영향을 미치지 못하고, 혼자만의 외침으로 사라져 버린 것은 '버블'의 위험을 크게 높인 요인임에 분명하다고 본다.

우리나라의 기관투자자들은 이러한 상황에서 어떤 자산배분 전략을 수립해야 할 것인가?

필자는 지난 봄에 모 경제지에서 진행한 국내 공제기관들의 자산운용 실태 평가단에 참가해서 각 기관들의 운용 시스템을 살펴본 경험이 있다.

대부분의 기관들이 각자의 특성에 맞게 운용하고 있었으나, 자산배분부터 위험관리 체계까지 제대로 된 운용 프로세스를 가진 기관들이 많지 않았다. 특히 자산배분 측면에서 가장 잘한다고 평가받은 기관도 운용자산을 구성하는 포트폴리오를 들여다보면 주식, 채권 같은 전통적인 투자자산에 편승되어 있는 것으로 나타났다.

국내 기관 중 가장 앞서 있다는 국민연금조차 대체투자 포트폴리오를 구축해 나가는 과정에 있으니, 다른 기관은 말할 것도 없다고 할 수 있다. 다만 기관들이 자산배분에서 전통적인 투자자산에 대한 의존도를 낮추고, 대체투자 자산의 비중을 높이려는 의지를 확인할 수 있어 조금이나마 희망을 가질 수 있었다.

필자가 대체투자 자산의 중요성을 재삼 강조하는 것은 이들 자산이 무조건 고수익을 보장하기 때문이 아니다.

대체투자를 강조하는 이유는 바로 자산배분의 효과가 크기 때문이다. 전문적인 용어로, 포트폴리오를 구성하는 자산 간 상관계수가 낮아져 총 위험이 떨어지게 되므로, 부분적으로 성과가 좋지 않은 자산이 있더라도 다른 자산들이 성과를 보완해 주는 역할을 한다는 것이다.

앞에서 살펴보았듯이, 대체투자 자산들의 위험과 수익의 조합 스펙트럼은 매우 다양하다. 따라서 기관들은 각자가 수용할 수 있는 다양한 대체투자 자산 중에서 적합한 포트폴리오를 구축할 수 있다.

물론 한 번 결정된 자산배분의 비율을 그대로 유지하라는 것이 아니라, 투자환경의 변화에 맞추어 계속해서 리밸런싱(Rebalancing, 수시로 자산배분 비율을 조정하는 것)을 해 나가는 작업이 필요하다고 생각한다.

03

개인연금과 퇴직연금 수익률, 낮아도 너무 낮다

국민연금 기금본부에서 근무할 때 각종 모임에 참가하면, 항상 모임의 마지막 화제는 국민연금에 관한 질문이었다. 그리고 노후생활에 관한 관심으로 이어지면, 개인연금을 오랫동안 불입하고 있는데 연간 수익률이 너무 낮다는 불만을 자주 접했다. 실제로 개인연금과 퇴직연금 운용기관의 연간 수익률은 3%대로 떨어지고 말았다. 274쪽 그림들 참조

수익률 저조의 원인을 분석하면 할 말이 많겠지만, 운용상의 규제를 조금 더 완화히어 운용사들끼리 운용 성괴 측면에서 경쟁을 시기고 가입자가 수익률 공시를 알기 쉽게 만들면, 실질 수익률이 아마 현재보다는 배가 될 수 있다고 생각한다. 더 나아가 감독기관이나 제3의 기관이 개인연금과 퇴직연금 운용사들을 평가하는 제도를 도입하면, 지금과 같은 모든 운용기관의 기계적인 매뉴얼 운용은 사라질 것이다.

물론 이러한 변화를 가져오려면 먼저 금융당국이 운용기관의 자산운용 준칙에 대한 규제완화를 선행해야 가능할 것이다. 근래 지면을 통하여 개인연금과 퇴직연금의 운용에 대한 규제를 완화한다는 움직임이 있어 늦게나마 다행이라고 생각한다.

04

새로운 투자 패러다임에 적응하자

근래 자산배분의 프레임이 전통적 자산배분 프레임인 알파,[1] 베타 차원의 프레임에서 벗어나 새로운 수익창출의 원천에 대한 연구가 이루어지고 있다. 가장 대표적인 경우가 '스마트 베타'로, 이전에는 그냥 '베타'로 뭉뚱그려 분석되던 부분들이 점점 세분화되고 있다. 따라서 투자수익의 원천이 다양해짐에 따라 근본적으로 다른 차원의 자산배분 프레임을 요구하고 있다. 276쪽 그림 참조

자산운용의 입장에서 이를 해석해 보면, 앞에서 설명한 메자닌이나 리츠, 혹은 인프라 같은 '중위험·중수익' 자산에 대한 관심이 필요하다는 것을 의미한다.

위험관리를 위한 자산배분 전략

이제 위험관리를 기반으로 하는 자산배분(Risk-based Allocation Approach) 전략에 대해 좀 더 자세히 살펴보자.

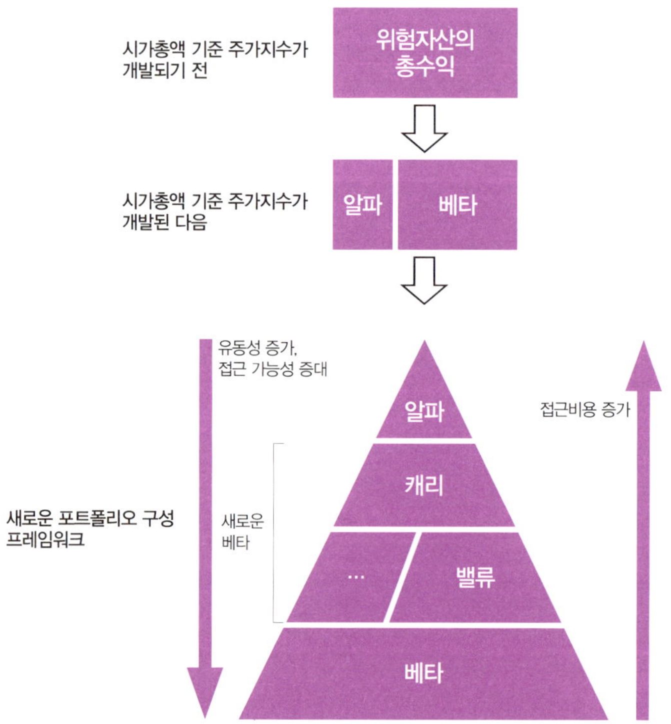

예를 들어 전통적 자산배분이 주식 40%, 채권 40%, 원자재 20%라고 하면, 실제로 위험배분은 경기성장에 의존하는 주식의 위험이 약 80%를 차지한다고 볼 수 있다. 주식은 분명히 높은 수익을 기록하지만, 대신 2008년 같은 글로벌 경제위기가 발생할 때에는 −50% 이상의 손실을 기록하는 위험자산이기 때문이다. 277쪽 그림 참조 결국 '위험 배분'에 대해 주목하지 않을 경우에는 금융위기에 따른 손실위험을 과소평가하는 결과를 낳게 될 것이다.

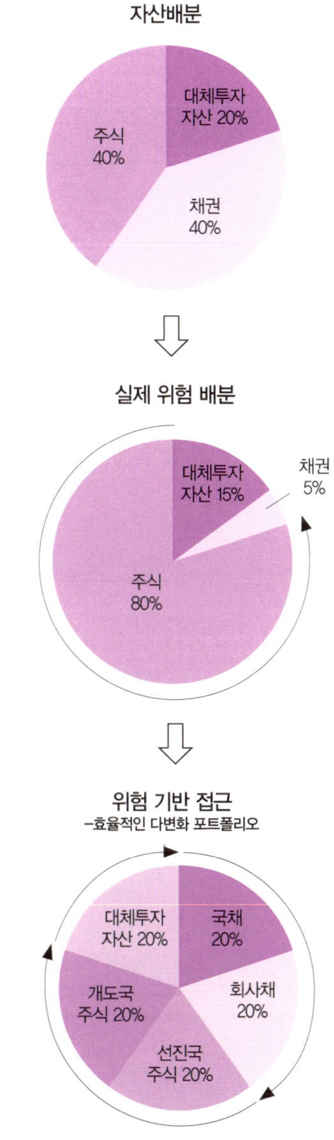

---

1) 알파란 시장의 변동성을 제외한, 운용의 능력과 기술에 의해 창출된 수익을 의미한다.

05

중위험 · 중수익 자산은
'최악의 포트폴리오'를 막는 안전판이다

앞에서 말한 현실을 감안해 '위험관리를 기반으로 하는 자산배분'이 필요하다. 즉 고위험 · 고수익 자산(=주식)의 비중을 다소 줄이는 대신, 중위험 · 중수익의 자산(=대체투자 자산)을 각자의 위험 감내 수준에 따라 편입하면 안정된 성과를 낼 수 있다는 것이다.

특히 이와 같은 자산배분은 적어도 어떠한 위기에도 안정된 수익을 가져올 수 있기에, 연기금을 비롯한 기관투자자들이 자산을 운용할 때 큰 도움이 될 것이다.

또한 모든 투자자들은 각종 위험 관리지표인 변동성이나 트레킹 에러 (TE, Tracking Error)[1] 등을 이해하기 어려워하며, 무엇보다 손실을 내는 것을 가장 싫어한다는 점도 감안할 필요가 있다. 한마디로 말해 주식투자의 장기적인 성과에 놀라워하기보다, 주식투자가 가져올 큰 변동성에 대해 혐오감을 느끼는 경우가 많다는 것이다.

따라서 중위험·중수익 자산은 투자자들을 '극단적이고 안정적인' 포트폴리오로 내쫓는 최악의 사태를 막을 수 있는 매우 유용한 자산이라고 할 수 있다.

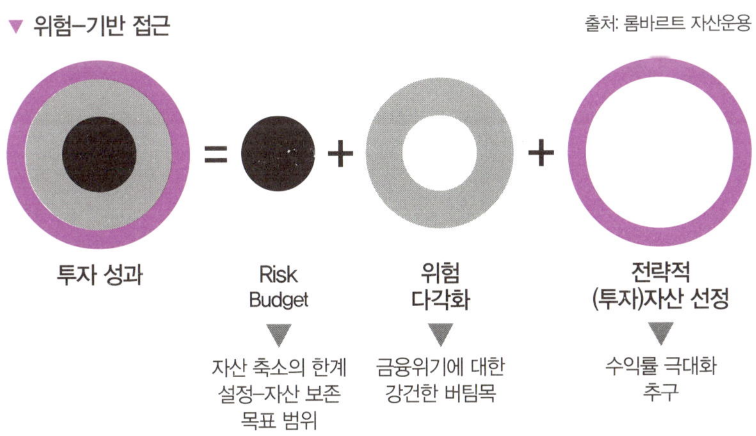

---

1) 트레킹 에러(TE, Tracking Error)는 실제 운용하는 자산이 벤치마크에 비해 얼마나 떨어져 있는지를 측정한 것이다.

06

금융산업이 '국민소득' 증가를
주도할 수는 없을까?

2013년 우리나라의 1인당 국민소득은 2만 6,205달러를 기록했다. 그러나 우리나라 경제가 현재 5만 달러 선인 서구 선진국 경제의 수준으로 올라서기란 참으로 쉽지 않아 보인다.

특히 최근 우리나라 제조업 생산직 근로자의 평균 연령이 빠르게 상승한 것은 큰 걱정거리가 아닐 수 없다. 예를 들어 50세 이상 근로자 비중이 2000년 23%에서 2013년에 48%로 높아진 것은 제조업의 '노령화' 위험을 단적으로 보여주는 사례라고 할 수 있다.

결국 우리나라 경제가 1인당 국민소득 5만 달러가 되기 위해서는 제조업 인력의 노령화 흐름을 완화시켜야 하며, 제조업뿐만 아니라 비제조업의 부가가치를 높이려는 노력이 함께 진행되어야 할 것이다. 예를 들어 현재 GDP의 6% 수준에 불과한 금융산업의 부가가치를 호주 수준(10%)으로 올리기만 해도 경제성장에 크게 기여하게 될 것이다.

최근 우리나라 정부가 금융산업을 육성하기 위해 상하한가 제도를 손질하고, 증권사의 영업용 순자본비율 규제를 완화한 것은 이런 면에서 매우 긍정적인 변화로 판단된다.

금융산업의 발전은 경제의 자금 흐름을 원활하게 만들어 돈이 수익성이 더 높은 곳으로 배분될 수 있게 만들어 준다. 우리 몸의 혈액 흐름처럼, 돈이 잘 돌아야 경제가 잘 움직일 것이다.

금융산업 발전의 혜택은 이것뿐만이 아니다. 바로 개인연금이나 퇴직연금 등 각종 연금의 수익률이 상승하면, 국민들의 노후준비 공포를 완화시켜 내수경기의 위축을 막는 역할을 할 것으로 기대된다.

최근 중국의 정책당국이 사회보장기금(NSSF)[1]의 규모를 확대하는 한편, 주식 등 위험자산의 비중을 높이고, 중국 국부펀드(CIC)가 대대적으로 투자전략을 변경한 것 또한 이런 맥락에서 이해할 수 있다. 특히 중국 국부펀드인 CIC가 2011년 큰 손실을 기록한 후, 대체자산을 대거 편입한 것도 결국 중국 국민들의 노후에 대한 불안감을 덜어주는 것이 가장 중요한 경기부양책이라는 것을 인지한 결과로 볼 수 있을 것이다.

이러한 움직임은 비단 중국뿐만이 아니다. 운용자산 1,300조원을 자랑하는 세계 최대 연금인 일본 공적연금(GPIF)도 뒤늦게 대체투자 시장에 뛰어들고 있다.

2013년 초 일본의 3대 사모펀드사인 유니슨 캐피털의 에하라 회장

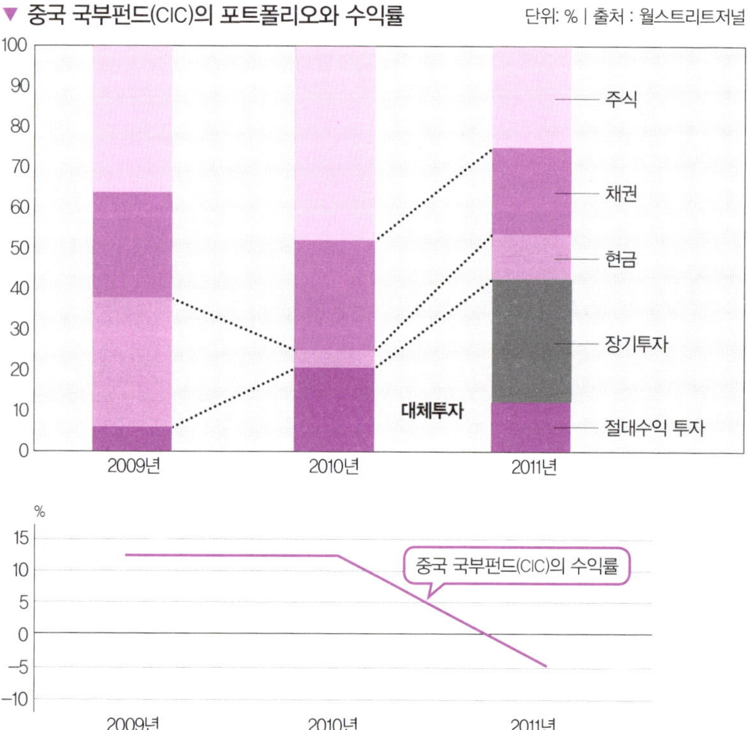

을 만났는데, 그는 일본 공적연금이 대체자산에 투자하기로 한 것은
보수적인 그동안의 운용태도에 비추어볼 때 혁명적인 사고 전환이라
고 평가했다.

네덜란드의 공적연금기관인 APG 역시 450조원의 자산 중 30% 이상
을 대체투자 자산에 배분하고 있으며, 특히 5% 이상을 배분한 헤지펀
드 투자는 별도 계정으로 운용하고 있다. APG의 아시아 대표인 윔 하
이제리거는 '전체 자산의 수익률을 극대화시키는 것이 아니라 운용을
최적화(Optimization)'하는 데 초점을 맞추고 있다고 말했다. APG 역

시 안정적 수익창출을 위하여 대체투자를 하고 포트폴리오 다변화를 위하여 노력하고 있음을 알 수 있다.

싱가포르투자청(GIC)은 대체투자 자산의 비중이 30%를 넘어선 지 오래되었다. 2008년 글로벌 금융위기 때 상당히 큰 손실을 기록했지만, 이에 굴하지 않고 세계 시장을 상대로 공격적인 투자를 지속하고 있다. 싱가포르투자청의 최고투자책임자(CIO)는 해외투자를 적극적으로 하기 위하여 한해 중 절반을 해외에 머물고 있어 매우 피곤하다고 필자에게 이야기한 바 있다. 국내의 수많은 이해관계자들과의 업무를 처리하는 데 시간을 쏟고 있는 우리 처지와 비교되어 씁쓸한 미소를 지을 수밖에 없었다.

마지막으로 캐나다의 공적 연금기관으로 260조원에 이르는 자산을 운용하는 CPPIB의 운용전략도 관심을 가질 필요가 있다. CPPIB는 대체투자도 많이 하지만, 국내투자와 해외투자 비중이 35대 65라고 한다. 운용자산이 국민연금 기금총액의 절반 정도인 CPPIB의 인력은 약 600명으로 국민연금 기금운용 인력의 거의 3배 이상이다.

여기에서 간과해서는 안 될 사안이 해외투자 비중이다. CPPIB뿐만 아니라 주요 해외 연기금들의 해외투자 비중이 높은 것은 대체투자 확대 때문이다. 미국을 제외하고는 어느 나라나 국내 대체투자 시장이 협소하기에 해외로 투자 기회를 찾아나갈 수밖에 없다.

---

1) 중국의 사회보장기금인 NSSF는 우리나라의 국민연금에 해당되는 연금으로, 2000년 발족했으며 2012년 말 운용자산 규모는 2,016억 달러이다.

07

우물 안 개구리 꼴이 되지는 말자

이제 시야를 국내로 돌려보자. 현재 국민연금의 해외투자 비중은 20% 전후에 불과한데, 이는 장기적으로 큰 문제가 될 가능성이 높다. 왜냐하면 연금의 운용규모가 날로 증가하고 있기에, 현재 약 80%에 이르는 국내 투자는 '연못의 고래' 꼴이 날 위험을 내포하고 있기 때문이다.

더구나 최근 2년 동안과 같이 해외시장이 호황일 때는 상대적으로 수익을 거두지 못하게 된다.

협소한 국내 금융시장에서 국민연금의 비중이 날로 증가할 경우, 자유로운 운용에 제약이 발생할 가능성이 높을 뿐만 아니라 먼 훗날 운용자산을 줄여야 하는 시기가 올 때 큰 충격을 받을 가능성이 높다.(국민연금 연구원의 '중기자산추계'에 따르면, 2040년대를 전후해 국민연금의 운용규모가 줄어들 것으로 전망된다.)

우리나라 경제의 규모는 5년째 세계 14위의 자리를 지키고 있다. 그런데 이렇듯 높은 위치를 유지하는 가장 큰 이유는 높은 수출입 규모 때문이다. 2013년 기준으로 우리나라의 수출 규모는 세계 6위의 자리를 차지하고 있다.

우리나라 경제의 대외개방 수준은 이처럼 세계 최고 수준인데, 왜 금융산업은 국제화, 세계화가 이토록 어려운 것일까?

단적인 사례를 하나 들어보자. 기금본부장 자리를 그만두고 오랜만에 만난 모 저축은행 회장에게 우량고객들에게 해외 메자닌 펀드 투자를 권유하는 것이 어떻겠냐고 이야기했다. 그런데 답변인즉슨, 해외펀드 투자에 어려움이 많다는 것이다. 그 만남이 있은 후, 해외펀드의 투자자는 세금 면에서 매우 불리해 쉽게 추천하기 어렵다는 사실을 알게 되었다.

한 가지 사례만 더 들어보자. 지난 여름 모 증권사의 홍콩법인장을 그의 사무실에서 만났다. 그는 "2013년 홍콩증시에 신규 상장된 기업이 총 110건(25조원)으로 뉴욕증시에 이어 2위를 기록했을 뿐만 아니라, 중국 기업의 해외채권 발행이 홍콩시장을 통해 대부분 조달되고 있어 주식과 채권의 발행시상이 활기를 띠고 있다"며 홍콩 금융시장이 영광의 시기를 보내고 있다고 이야기했다.

그의 말에 따르면, 홍콩 금융시장의 경쟁력은 낮은 세율과 개방된 외환시장에 있는 것으로 보인다. 낮은 투자세율은 실질 투자수익률을 높이며, 개방된 외환시장은 투자자금 회수 및 자금조달의 편의를 높이기 때문이라는 것이다.

과거에 만들어진 제도만이 우리 금융시장의 발전을 가로막는 것이 아니다. 필자가 2년 전에 겪은 일은 우리의 후진적 글로벌 태도 역시 금융시장의 발전을 가로막고 있음을 잘 보여준다.

당시 외국계 증권사가 설립했던 자산운용사가 누적 적자에서 벗어나지 못하여 우리나라에서 철수를 결정한 일이 있었다. 이때 국민연금이 이 외국계 증권사에게 패널티를 주어야 한다고 주장하는 사람들이 있었다.

필자는 이러한 분위기를 보면서 앞으로 우리나라의 금융기관이 해외에서 어떤 대우를 받을지 걱정이 앞섰다.

1997년 외환위기 직후 미국의 대형 사모펀드인 TPG의 아시아 자회사인 '뉴브리지 캐피털'이 제일은행을 4,500억원에 매입한 후 2005년 스탠다드차타드(SC) 은행에 매각함으로써 수 배의 차익을 남겼던 것을 기억하는 독자들이 많을 것이다.

반대 사례를 생각해 보자. 2008년 글로벌 금융위기와 2011년 발생한 유럽 재정위기 때, 국민연금을 비롯한 국내의 기관투자자들은 런던 HSBC 타워와 베를린 소니센터 등을 매입하여 큰 시세차익을 거두었다. 그런데 영국이나 독일에서 '국부 유출'을 이야기하며 우리나라의 기관투자자들에게 패널티를 주자고 주장한 사람들의 이야기를 들어본 적이 있는가?

글로벌 투자세계는 자본의 논리로만 통하는 냉정한 세계이다. 냉혹한 글로벌 투자의 세계에서 동등한 플레이어가 되려면 줄 것은 주고, 받을 것은 받는 글로벌 비즈니스 룰을 지켜야 한다.

특히 앞으로 적극적으로 개척해야 할 대체투자 시장은 '자기들만의 리그'가 형성되어 있는 곳이 많다. 이러한 곳에 국내 기관투자자들이 접근하기 위해서는 무엇보다 의식구조부터 글로벌스탠다드로 바꿀 필요가 있다.

08

다음 번 금융위기에 우리도 되갚아 주자

기관투자자들에게 부탁하고 싶은 것은 패러다임의 변화에 빨리 적응하라는 것이다. 전통적인 자산, 특히 국내의 안전자산에만 집중할 경우 저금리·저성장의 시대에 큰 고통을 받을 수밖에 없다. 더 나아가 감정적인 논리에 치우치면 치우칠수록, 우리 기관투자자들에게 돌아올 고수익 투자의 기회는 점점 줄어들 것이다.

세상만사가 그렇듯이 자산운용에도 역시 왕도는 없다. 평상시에는 철저한 위험관리에 기반을 둔 자산배분으로 적정한 수익을 지속적으로 창출하면서, 또 다른 위기가 올 때는 맹수와 같이 질주하여 이익을 철저히 챙기는 다변화된 자산배분과 신속한 자산운용 프로세스를 가져가야 한다.

19세기 서양 열강에 대적하기 위하여 청나라는 부국강병(富國强兵) 정책을 추진했으나, 정작 부국강민(富國强民)에 대해서는 눈을 감았다. 자산운용을 둘러싼 해외 기관투자자들의 경쟁은 치열하며, 특히 국부 증식을 위해서 소리 없는 전쟁을 벌이고 있다.

앞으로도 금융위기는 계속 반복될 것이며, 이런 위기에 대응하는 유일한 방법은 '자산운용의 경쟁력'을 갖추는 것뿐이다.

특히 우리나라처럼 급격한 노령화를 겪으며 향후 성장전망이 불투명한 나라일수록 자산운용업의 경쟁력이 더욱 강화되어야 한다.

'위기는 기회'라는 격언의 뜻을 살려, 부디 '금융위기의 시대'를 투자의 적기로 활용할 수 있기를 기원한다.

▼ 노인 1명당 생산인구　　　　　　　　　　단위: 명 | 출처: 서울경제신문

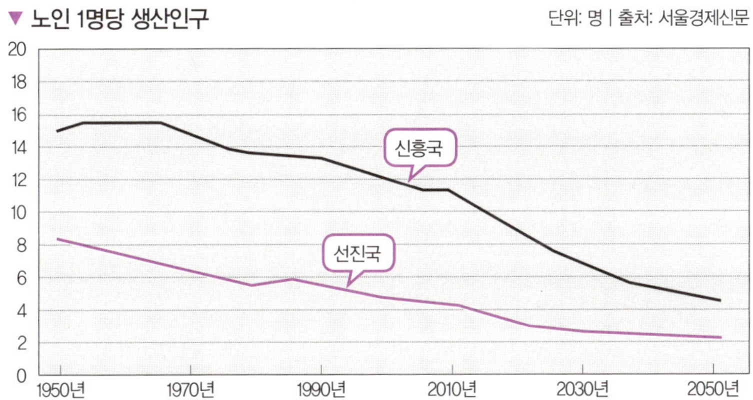

▼ 빠르게 고령화가 진행되는 국가들　　　　　　　　　출처: 서울경제신문

	2015년	2020년	2025년	2030년
일본	26.4%	28.6%	29.6%	30.7%
독일	21.4%	23.1%	25.1%	28.2%
이탈리아	21.7%	22.8%	24.4%	26.8%
한국	13%	15.5%	19.4%	23.4%
미국	14.7%	16.6%	18.6%	20.1%
중국	9.5%	11.7%	13.5%	16.2%

* 65세 이상 노인인구 비중

■ 초고령사회(20% 이상)　　■ 고령사회(15% 이상)　　■ 고령화사회(7% 이상)

개인투자자는 어떻게 대처해야 하는가?

8장에서는 개인투자자들이 저금리 · 저성장 · 저변동성 시대에 자산시장의 변화를 인식하고, 어떻게 자산을 배분하고 대처해야 하는지 살펴본다. 아울러 개인이 할 수 있는 구체적인 대체투자 방법과 추천상품을 수록했다.

01

횡재의 시대는 끝났다

앞으로 윈드폴(Windfall, 이른바 횡재)을 경험하기는 쉽지 않다. 2008년 금융위기 직후인 2009년 1월 월스트리트저널은「투자자들을 위한 6가지 교훈」이라는 흥미로운 글을 게재한 바 있다. 그중에서도 두 번째 교훈 부분은 너무나 인상적인 내용을 담고 있다.

② 자산배분의 중요성은 아무리 강조해도 지나치지 않다. 투자는 주식을 소유하는 것만이 아니다. 마찬가지로 과거의 주식 수익률은 미래 수익률을 예측하는 데 참고가 되지 않는다. 모든 투자자들은 자신의 포트폴리오에 높은 등급의 단기 및 중기 채권을 보유해 어려운 시기에 유동성을 보유할 수 있어야 한다. 이런 교훈을 제대로 배우지 못한 투자자들은 2008년 대단히 어려운 시기를 보내야 했을 것이다.

그럼, 채권을 얼마나 보유해야 하는가? 가장 쉬운 방법은 자기 나

이에 맞추어 채권 보유 비중을 결정하는 것이다. (중략) 과거 주식의 높은 수익률을 강조하는 사람들이 많지만, 채권을 절대 무시하지 말라. 미래 주식의 기대수익을 고대하는 만큼, 그 기대가 어긋날 가능성에 대해서도 대비해야 한다.

— 월스트리트저널, "Six Lessons for Investors"(2009.1.13.)

전체 자산에서 채권의 투자 비중을 자기 나이만큼 가져가라는 조언은 개인투자자들에게도 큰 도움이 된다. 예를 들어 나이가 60세이면 보유자산의 60%는 채권 또는 채권과 유사한 상품에 투자하라는 것이다. "3년 만기 국채금리가 2%대로 떨어진 지금도 채권의 투자 매력이 있느냐?"고 묻는 독자들이 많을 것으로 생각된다.

필자가 대학을 다니던 1970년대 초반 우리나라의 1인당 국민소득은 300달러에도 미치지 못했다. 2013년 1인당 국민소득이 2만 6,000달러로 증가했으니, 약 40년 만에 90배 이상 늘어난 셈이다. 이런 고성장은 부동산이나 주식 등 거의 모든 자산의 가격 상승을 이끌었다.

그러나 지금의 상황은 전혀 다르다. 생산활동인구의 비중은 2010년대 중반부터 줄어들고, 2025년에는 65세 이상 노인인구의 비중이 20% 선을 넘어설 것으로 예측된다. 물론 우리나라는 수출 의존도가 높기 때문에 인구가 감소하더라도 일본처럼 마이너스 성장을 하지는 않을 것이다. 그러나 과거에 비해 성장률이 떨어지는 추세 자체는 바뀌지 않을 가능성이 높다.

더 큰 문제는 글로벌 경향이다. 최근 우리나라의 채권시장을 보면,

유럽과 아시아의 중앙은행들이 큰손으로 부각되는 것을 볼 수 있다.

10%대의 금리에 대한 기억을 가지고 있는 우리나라 투자자들은 2% 혹은 3%대의 금리에 실망할지 모르지만, 외국의 중앙은행은 그렇게 생각하지 않는다. 이미 유럽의 정책금리는 제로 수준이며, 미국은 이것도 부족해 양적완화 정책을 통해 장기금리마저 억누르고 있는 상황이기 때문이다.

따라서 앞으로 국내 자산의 수익률은 점점 글로벌 환경에 영향을 받을 가능성이 높다. 결국 금리가 마음에 안 드는 수준이라고 하더라도, 자산의 일정 부분(=연령)은 채권 등 안정적이며 유동성이 뛰어난 상품에 투자하는 것이 필요하다.

물론 주식투자를 하지 말자는 것이 아니다. 자산의 일부는 주식에 투자해야 하며, 특히 우리나라 주식에만 투자할 것이 아니라 중국 등 해외 주식에 투자하는 것이 바람직하다. 최근 중국 본토지수를 추종하는 상장지수펀드가 대거 출시되는 등 국내뿐만 아니라 해외 주식시장에 편리하게 투자할 수 있는 길이 열린 만큼 이를 참고하는 것도 좋은 선택이 될 것이다.

다만, 이 책에서 주식에 대해 특별히 강조하지 않은 이유는 우리나라 가계가 부동산에 올인한 후 극히 일부의 여유자금을 주식에 투자하는 패턴을 보였던 데 있다. 특히 지난 2008년의 해외펀드 붐에서처럼, 소떼처럼 몰려다니는 투자를 하여 큰 손실을 입지 않도록 채권과 주식, 그리고 대체투자 자산에 배분하는 지혜가 필요할 것이다.

02

대체투자, 상장지수펀드로 하자

내가 가진 자금 중 일부를 채권과 주식에 투자했다면, 나머지 자금은 어디에 투자해야 하는가? 이 책에서 지속적으로 주장했던 것처럼, 대체투자 자산이 가장 핵심적인 투자대상이 되어야 한다.

상장지수펀드(ETF)에 주목하는 이유

물론 개인투자자가 리츠나 인프라, 사모펀드 같은 대체투자 상품에 접근할 방법이 없는 것이 현실이다. 하지만 최근 미국을 중심으로 상장지수펀드 시장이 활성화되면서 이런 어려움은 거의 해소되었다. 상장지수펀드란, 다양한 벤치마크 지수를 추종하는 펀드를 상장시켜 주식처럼 자유롭게 거래할 수 있도록 한 상품이다.

특히 미국의 상장지수펀드는 평균 보수율이 0.59%에 불과하며, 국내 상장지수펀드의 보수율 역시 0.38%에 불과할 정도로 낮다. 참고로 우리나라 주식형 펀드의 평균 보수율이 1.47%임에 비추어볼 때, 상장지수펀드 투자는 매우 매력적인 대안이라고 할 수 있다. 상장지수펀드 투자를 다룬 흥미로운 책 『현명한 ETF 투자자』는 상장지수펀드의 특성을 잘 요약하고 있다.

> 상장지수펀드는 증권거래소에서 거래되는 증권을 담은 바구니다. 상장지수펀드는 증권사들을 통해서 투자자들 사이에 거래된다. 뮤추얼펀드는 증권시장이 마감된 다음에야 사거나 팔 수 있지만, 상장지수펀드는 온종일 증권시장에서 거래되므로 이용하기가 더 편리하다.
>
> — 마빈 아펠, 『현명한 ETF 투자자』(2010)

한 가지만 덧붙이자면, 상장지수펀드 중에서 되도록 거래량이 많은 것을 고르는 것이 낫다. 거래량이 많은 상장지수펀드는 순자산가치와 비슷하게 움직이기 쉬운 반면, 거래량이 적은 경우는 순자산가치와 떨어져 움직일 가능성이 높기 때문이다.

상장지수펀드에 대해 알아보았으니, 다음 순서로 대체투자 자산의 다양한 상장지수펀드에 대해 살펴보도록 하자.

상품(commodity)은 가장 대표적인 대체투자 자산이다. 특히 상품은 주식·채권 등 전통적인 자산과 수익률의 상관관계가 낮아서 매력적이다. 자산 포트폴리오에 상품을 넣을 경우에 수익률은 개선되고 변동성은 줄어들어 '자산배분'의 효과를 더욱 높일 수 있기 때문이다. 상품은 직접투자보다는 간접투자가 효과적인데, 여기에 대표적인 상장지수펀드를 추천해 보겠다.

미국 상장지수펀드 시장에서 '상품' 상장지수펀드의 자산 비중은 7.5%에 이를 정도로 거래가 활발하다. 다만 아쉬운 것은 우리나라의 경우 '상품' 관련 상장지수펀드의 자산 비중이 0.8%에 불과해서 유동성의 부족을 느끼는 경우가 많다는 것이다.

따라서 해외에서 활발하게 거래되는 상품 관련 상장지수펀드에 초점을 맞추어 소개했으며, 국내 상장지수펀드는 참고용으로 보는 것이 좋을 것 같다.

전체 원자재시장에 대해 투자하는 파워셰어스 DB 상품 상장지수펀드(Powershares DB Commodity IND)는 총 54억 9,000만 달러에 달하는 자산규모를 자랑한다. 그러나 상품에 투자하는 상장지수펀드 중에서 가장 규모가 큰 것은 금에 투자하는 스파이더 골드 셰어스(SPDR Gold Shares)로 총자산 규모가 무려 332억 5,000만 달러에 달한다.

▼ 상품 상장지수펀드 추천 14선

기준: 2014년 8월 13일 | 출처: 현대증권, 「대내외 ETF를 활용한 자산배분 포트폴리오 소개」

항목	ETF 이름	추종하는 벤치마크	수익률(%)			총자산 (100만)	거래 통화
			3개월	6개월	1년		
원자재 전체	Powershares DB Commodity IND	DBIQ OptYld Comdty Ix ER	−5.8	−5.7	−6.4	5,488	달러
	Ishares S&P GSCI Commodity I	S&P GSCI Tot Return Indx	−7.3	−6.6	−6.7	1,042	달러
원유	TIGER 원유선물	S&P GSCI Crude Oil ERet	−6.1	−4.0	−7.2	5,287	원
비철 금속	TIGER 금속선물(H)	S&P GSCI Industrial Metals Sel	4.9	5.6	−2.0	3,980	원
구리	KODEX 구리선물(H)	S&P GSCI North American Copper	−1.5	−4.3	−6.3	5,685	원
	TIGER 구리실물	S&P GSCI Cash Copper	−2.2	−9.2	−15.1	8,223	원
금	SPDR Gold Shares	London Gold Market Fixing Ltd	0.3	−1.0	−5.3	33,246	달러
	Ishares Gold Trust	London Gold Market Fixing Ltd	0.5	−0.9	−5.2	6,917	달러
	Samsung KODEX Gold Futures	S&P GSCI Gold Total Rec	0.9	−0.8	−5.2	39,789	원
은	Ishares Silver Trust	LBMA Silver Price−Price/US C	1.3	−8.5	−15.5	6,440	달러
	KODEX Silver Futures ETF	S&P GSCI Silver INDX TR	1.6	−9.0	−16.0	14,631	원
농산물	Powershares DB Agriculture F	DBIQ OptYld Div∧gr Ix ER	−7.5	−1.5	3.4	1,201	달러
	TIGER 농산물선물	S&P GSCI Agriculture Enhanced	−16.8	−11.1	−13.7	16,733	원
	KODEX 콩선물	S&P GSCI Soybeans Official Clo	−14.8	−5.6	2.2	6,108	원

우리는 헤지펀드라고 하면 대규모 레버리지를 이용해 공격적인 매매를 하는 위험한 펀드만을 연상한다. 물론 일부 그런 헤지펀드들도 분명 있지만, 실제로는 매우 다양한 투자전략을 구사하는 헤지펀드들이 많다. 헤지펀드는 위험 대비 수익률이 비교적 높으며, 주식·채권 등 전통적 투자자산 외에 투자대상의 범위가 매우 넓으므로 '자산배분' 차원에서도 투자를 고려할 만하다. 또한 일부의 '편견'과는 달리 실제 헤지펀드 수익률은 매우 안정적인 편에 속한다. 여기에서는 헤지펀드에 투자할 수 있는 상장지수펀드를 소개하겠다.

헤지펀드 상장지수펀드가 모두 '헤지펀드'인 것은 아니다. 정확하게는 헤지펀드의 운용전략을 복제한 펀드라고 할 수 있다. 예를 들어 변동성에 주목하는 경우는 VIX 등 대표적인 변동성 지수를 투자자산으로 보고, 매수·매도·중립 포지션을 구축하는 상장지수펀드이다.

롱·숏은 고평가된 자산을 공매도하고 저평가된 자산을 매수하여 안정적인 수익률을 추구하는 상장지수펀드이며, CTA는 주식·채권·통화·상품 등에 대한 시스템 매매를 통해 시장 방향성에 관계 없이 절대 수익을 추구하는 상장지수펀드이다. Multi-Strategy는 헤지펀드의 모든 전략을 조합하여 포트폴리오를 다각화하는 상장지수펀드이다. 마지막으로 Multi-Asset은 증권, 채권, 파생 및 부동산 등 다양한 자산에 고루 자산배분을 하는 상장지수펀드이다.

▼ 헤지펀드 상장지수펀드 추천 10선

기준: 2014년 8월 13일 | 출처: 현대증권, 「대내외 ETF를 활용한 자산배분 포트폴리오 소개」

구분	ETF 이름	추종하는 벤치마크	수익률(%)			총자산 (100만)	거래 통화
			3개월	6개월	1년		
변동성	IPATH S&P 500 VIX S/T FU ETN	S&P 500 VIX Short–Term Futures	−23.0	−37.1	−54.8	968	달러
	Velocityshares INV VIX SH–TM	S&P 500 VIX Short–Term Futures	21.1	41.8	67.4	525	달러
롱 · 숏	ADVSHRS Accuvest GBL LNG SHR	MSCI World	2.9	−0.5	−1.6	26	달러
	Proshares RAFI Long/Short	#N/A Invalid Security	−1.3	3.6	0.4	60	달러
	CS Long/Short LIQUID Index	CS Long/Short Liquid Net	3.5	3.6	6.8	15	달러
CTA	Wisdomtree MGD Futures STRAT	DTI Diversified Trend TR	2.0	2.6	−0.2	172	달러
Multi-Strategy	IQ Hedge Multi–Strat Tracker	IQ Hedge Multi–Strtgy TR	1.5	2.9	6.6	796	달러
Multi-Asset	FT NASDAQ US MA Divers INC	NASDAQ US MultiAssetIncm	1.6	5.1	8.9	756	달러
	Ishares Growth Allocation ET	S&P Target Risk Growth Index	1.7	4.3	11.7	311	달러
	Ishares Moderate Allocation	S&P Target Risk Moderate Index	1.0	3.0	8.7	252	달러

리츠 상장지수 펀드의 대표주자는 뱅가드 리츠 ETF(Vanguard Reit ETF)로 총자산이 무려 239억 5,000만 달러이다. 그리고 지난 1년 수익률은 21.2%로 역시 최고 수준이다. 글로벌 리츠 펀드 투자를 고민할 때, 가장 먼저 투자대상이 될 펀드라고 생각한다.

미국을 제외한 세계 각국의 리츠에 투자하는 펀드로는 스파이더 다우존스 인터내셔널 부동산(SPDR DJ International Real E)이 대표적인데, 지난 1년 수익률은 12.0%, 그리고 총자산은 50억 2,000만 달러에 달한다. 마지막으로 주택건설 기업에 투자하는 상장지수펀드들도 높은 수익률에 힘입어 인기를 끌고 있으니 참고하면 좋을 것이다.

▼ 리츠 상장지수펀드 추천 7선

기준: 2014년 8월 13일 | 출처: 현대증권, 「대내외 ETF를 활용한 자산배분 포트폴리오 소개」

항목	ETF 이름	추종하는 벤치마크	수익률(%)			총자산 (100만)	거래 통화
			3개월	6개월	1년		
미국	Vanguard REIT ETF	MSCI US Reit Index	3.6	10.5	21.2	23,945	달러
미국 제외	SPDR DJ International Real E	DJGblsctxUSRESIN	2.1	9.1	12.0	5,022	달러
	Ishares International Develo	FTSE E/N Dev xUS Net TR	1.6	6.3	1.1	831	달러
아시아	Ishares Asia Developed Real	EPRA/NAREIT Asia Net $	3.9	7.9	2.7	23	달러
유럽	Ishares Europe Developed Real	FTSE EPRA Europe Net TR$	−1.3	2.8	19.3	53	달러
주택 건설 기업	SPDR S&P Homebuilders ETF	S&P Homebuild Select TR	0.9	−3.6	10.0	1,643	달러
	Ishares U.S. Home Constructi	DJ USSelHomeConT	1.0	−5.4	13.3	1,462	달러

인프라 상장지수펀드의 대표주자는 아이셰어스의 글로벌 인프라 ETF(Ishares Global Infrastructure ETF)로 10억 달러가 넘는 총자산을 자랑한다. 그리고 지난 1년 수익률은 24.4%로 글로벌 인프라 시장이 얼마나 뜨거웠는지를 입증해 주고 있다.

인프라 펀드 중에서 그 다음으로 총자산 규모가 큰 것은 미국 에너지 관련 인프라 펀드인 Gloabl X MLP & Energy Infras로 총자산 규모는 1억 8,000만 달러, 그리고 지난 1년 수익률은 38.8%에 달한다.

▼ 인프라 상장지수펀드 8선

기준: 2014년 8월 13일 | 출처: 현대증권, 「대내외 ETF를 활용한 자산배분 포트폴리오 소개」

항목	ETF 이름	추종하는 벤치마크	수익률(%)			총자산 (100만)	거래 통화
			3개월	6개월	1년		
글로벌	Ishares Global Infrastructur	S&P Glb Infr Net TR	2.3	10.0	24.4	1013.7	달러
	SPDR S&P Global Infrastructu	S&P Glb Infr Net TR	1.8	9.4	24.0	141.9	달러
신흥국	Ishares Emerging Markets INF	S&P EmergingMktInfras NTR	6.2	14.0	19.3	109.5	달러
	Powershares EM–MKT Infrastr	S–Net Em Infra TR	3.1	8.2	9.7	43.1	달러
브라질	Egshares Brazil Infra ETF	FTSE FTBRXXN INDEX	4.7	16.0	4.9	30.9	달러
인도	Egshares India Infra ETF	INDXX India Infrastr TR	(3.0)	40.0	52.6	59.3	달러
미국 에너지	Global X MLP & Energy Infras	Sol MLP Engy Inf Index	12.1	22.9	38.8	184.2	달러
	Yorkville High Income MLP ET	SolHighIncInfr MLP	5.9	10.3	12.7	43.0	달러

03

무엇보다 손실을 보지 않아야 한다

대체투자 자산에 어떻게 투자해야 하는지에 대해서는 충분히 설명했으니, 마지막으로 잊지 말았으면 하는 투자원칙에 대해 이야기하고자 한다.

개인투자자의 투자에서 무엇보다도 중요한 것은 손실을 보는 투자를 하지 말아야 한다는 것이다. 왜냐하면 저성장·저수익의 시대에는 손실을 메우는 데 과거보다 훨씬 더 긴 시간이 필요하기 때문이다. 따라서 모험적인 투자를 감행해 '일확천금'을 꿈꾸기보다는, 포트폴리오를 분산시켜 차근차근 불려나가는 전략이 바람직하다고 본다.

특히 앞에서 잠시 이야기했던 것처럼 적정한 유동성(=채권 혹은 예금)을 보유하는 일은 무엇보다 중요하다. 당장 지난 2008년 글로벌 경제위기 때만 하더라도 주식이나 부동산 등 수많은 자산의 가격이 적정가치 아래로 급락했지만, 이때 저가매수에 나설 수 있는 사람들은 많지 않았던 것이 기억날 것이다. 자산의 일부를 채권이나 은행 예금으로 보유했던 극소수의 투자자들만이 이러한 투자기회를 활용해 큰 자산소득을 올렸음을 떠올릴 필요가 있다.

이와 관련해 월스트리트저널의 흥미로운 기사, 「실망스러운 지난 10년의 경험에서 배운 돈에 대한 교훈」의 한 대목을 인용해 볼까 한다.

> 저축을 대체할 만한 것은 어디에도 없다. 지난 10년간 미국의 저축률은 바닥 수준으로 떨어졌다. 믿기 힘들겠지만, 지난 10년 전만 해도 일부 분석가들은 미국인들이 주식과 주택에서 큰돈을 벌고 있기 때문에 열심히 저축할 필요가 없다고 주장했다.
> 저축은 다이어트와 비슷하게 실천하기 어려운 과제임에 분명하다. 그렇지만 저축에는 마진콜도 없고 경매집행의 위험도 없다. 당신이 벌어들인 것을 조금만 덜 쓰면 된다.
>
> — 월스트리트저널, "Money lessons from a decade of disappointment can help avoid pitfalls in the future"(2009.12.31.)

수익을 크게 내는 일은 참으로 어렵지만, 조금 덜 쓰고 돈을 모으는 일은 상대적으로 훨씬 쉽다는 이야기이다.

대체자산에 대한 투자를 통해 분명 더 나은 성과를 올릴 수 있을 것으로 생각되지만, 1970년대나 1980년대에 기록했던 수십 퍼센트의 수익률은 기대하기 힘들 것이다. 따라서 노후를 위해, 그리고 자녀교육을 위해 자산을 모으려면, 먼저 자신의 소비를 합리적으로 줄이는 데에서 출발하는 것이 최선의 선택이라고 생각한다.

2년 뒤의 대선을 앞두고 있는 미국 민주당과 공화당은 서로 잡아먹지 못해 안달이지만, 가끔 뜻밖의 '의기투합'이 이루어지기도 한다. 최근 하원을 통과한 '저축증진법안'(American Savings Promotion Act)이 그런 경우다.

양당이 모처럼 손을 맞잡은 이 법안의 핵심은 은행 등 금융회사들이 PLS(Prize-Linked Savings) 상품을 취급할 수 있도록 법적 장애물을 제거해 주겠다는 것이다. PLS 상품이란 저축에 따른 이자나 배당금을 지불하지 않고, 저축 가입자의 일부분에게 상금을 몰아주는 상품을 말한다. 어찌 보면 복권과 비슷하지만, 당첨이 안 되더라도 원금은 보장해 준다.

이런 정책 덕분인지 모르지만, 2014년 미국의 가계 저축률은 4%에 이른다. 이는 유럽의 부자나라 스위스(13.1%), 독일(9.9%)보다는 낮지만, 거품이 부풀어 오르던 2000~08년의 1%대보다는 훨씬 높은 수준이다. 물론 높은 저축률은 단기적으로 소비를 위축시켜 경제회복을 더디게 할 수 있다. 하지만 장기적으로는 경제성장의 강력한 원동력이 된다. 미국뿐만 아니라 일본의 서점가를 방문해 보면, 저축의 중요성, 그리고 저축하는 방법을 다룬 책이 항상 베스트셀러에 오르는 것을 발견할 수 있다.

이렇듯 선진국 사례를 장황하게 설명한 이유는 별 것 아니다. 이제 1인당 국민소득 2만 달러 수준에 이른 우리나라의 가계가 샴페인을 먼저 터트리는 것은 대단히 위험하다는 이야기다. 예전처럼 고성장·고수익 사회로 다시 돌아갈 희망이 사라진 만큼, 어떻게든 저축을 늘려 미래를 대비할 자산을 형성하는 것이 무엇보다 중요한 '출발점'이라는 것을 잊어서는 안될 것이다.

중국 인민대학의 천위류 교수는 최근의 저서 『금융으로 본 세계사』의 말미에 '위기는 영원히 피할 수 없으며, 과거에도 현재에도 미래에도 존재할 것이다'라고 하며 글을 맺고 있다. 절대적으로 공감을 느끼게 하는 표현이다. 부디 저축을 통해 위기에 대비할 유동성을 마련하고, 축적된 자산은 대체투자 자산에 일부 투자하여 복리투자의 효과를 누리기를 바란다.

노자는 『도덕경』에서 부자는 '지족자부'(知足者富)라고 했다. 부를 쫓는 일도 중요하지만, 만족할 줄 아는 자세가 진정한 부자가 되는 길이라는 뜻으로 해석할 수 있다. 끝까지 읽어준 모든 녹자늘이 현녕하게 부를 창출할 수 있기를 주님에게 기도하며, 이 책을 마칠까 한다.

지나온 발자취를 더듬어 유익한 정보를 찾아 체계적으로 정리하는 일은 생각만큼 쉬운 작업이 아니었다. 지금까지 몸담아 온 자산운용업계의 과거가 조명되는 과정에서 한없이 어리석었던 일들이 나를 부끄럽게 했기 때문이다. 알고 있는 지식과 경험을 찾을수록 작아지고 있는 자신을 확인하게 되었다.

그러나 "생각의 색깔은 우리의 현재만이 아니라 과거와 미래까지도 결정한다"는 글귀에 용기를 내기로 했다. 내가 좋아하는, 한평생 우주의 별만 찾다가 하늘로 간 위대한 천문학자 '칼 세이건' 역시 많은 좌절과 어려움을 겪으면서 수백 광년 떨어진 밤하늘의 별들을 혼자서 찾지는 않았을 것이다. 아무리 하찮은 일도 수많은 인간관계 속에서 훌륭한 결과로 이루어지게 된다.

자그마한 졸저가 나오기까지 도와주신 분들이 너무나 많다. 우선 지난 여름방학에 오래만에 만나 함께 저녁식사를 하던 중에 추천사를 부탁하자, 스스럼없이 받아주신 (전)보건복지부 임채민 장관님께 진심으로 감사를 드린다.

책의 내용에 대하여는 과거 몇 번의 금융위기로 너무나 많이 바뀐 자산운용 패러다임 변화에 대하여, 항상 열린 마음으로 의견을 교환하여 준 대우경제연구소 선후배들에게 많은 고마움을 느끼고 있다.

특히 감사해야 할 후배는 전문서적을 이미 몇 차례 출간한 경험을 가지고 있는 국민연금 기금운용본부의 홍춘욱 박사이다. 바쁜 일정에도 책이 나오기까지 많은 조언과 날카로운 비판을 해 주지 않았다면 글의 정합성과 객관성을 높일 수가 없었을 것이다. 지면을 통하여 심심한 고마움을 표하고 싶다.

그밖에도 감사한 마음을 전하고 싶은 분들이 많다. 기금본부를 떠나 학교에서 후학을 가르치게 해 주신 국민대학교 유지수 총장님, 현업에서 떠났지만 계속 현장의 정보와 실정을 알려주는 사모펀드 업계 후배들인 유은싱 대표, 김종훈 대표, 이제우 대표, 송인준 대표, 김수민 대표, 정두현 대표, 이정진 대표, 자산운용업계 최현만 부회장, 황성택 대표, 정찬형 대표, 송상종 대표, 박건영 대표 들에게 진정 감사한 마음을 드리고 싶다. 바쁜 중에도 항상 좋은 자료와 정보를 보내주어 도움을 주고 있는 후배 구희진 전무, 이강목 센터장, 윤여철 상무, 황하연 상무에게도 고마움을 전하고 싶다.

마지막으로 냉엄한 투자의 세계에서도 항상 웃음을 짓고 좋은 의견을 주시는 REORIENT 그룹의 Johnson Ko 회장과 Brett 사장에게 감사한 마음을 보낸다. 그밖에도 자본시장의 애환을 함께해 온 업계의 선후배들에게도 항상 고마움을 느끼고 있다.

1차 교정을 마치고 횡성의 깊은 계곡에 있는 조그만 풍수원 성당을 찾았다. 가을바람에 뒹구는 낙엽을 밟으며 작년에 하늘의 부름을 받은 아버지의 모습을 보았다. 책이 나오면 어머니께 보여 드리고 그리운 아버지 영전에 올리고 싶다. 옆에 있는 아내에게도 인생의 동반자로서 많은 고마움을 느낀다. 올 여름방학 내내 연구실에서 고민할 때마다 건강하게 자라준 아이들의 격려와 사랑스러운 손자의 눈빛에서 지친 피로를 극복할 수 있어 행복했다.

2014년 10월
정릉 연구실에서 이찬우

찾아보기